DR. BRANDY E[…]

Florida School of Professional […] eğitimin ardından, New York'ta […] teorik ve pratik çalışmalar yapmış […] makaleler yazmıştır. Yıllarca çalıştığı New York'tan Los Angeles'a taşınmıştır. Erkek ve kadınların cinsel sorunlarının tedavisine yönelik çalışmalarını halen burada yürütmektedir.

DAVID RENSIN

Kendisinin yazdığı ve başkalarıyla ortak hazırladığı *All for a Few Perfect Waves; The Audacious Life and Legend of Rebel Surfer Miki Dora and The Mailroom; Hollywood History from the Bottom Up; Promises I Made My Mother* gibi çoksatar kitapların yazarıdır.

Ayrıntı: 731
Lacivert Kitaplar Dizisi: 37

Divanımdaki Erkekler
Gerçek Seks, Aşk ve Psikoterapi Hikâyeleri
Dr. Brandy Engler & David Rensin

Kitabın Özgün Adı
The Men on My Couch
True Stories of Sex, Love and Psychotherapy

İngilizceden Çeviren
Pınar Aytuğ İnam

Yayıma Hazırlayan
Gökçe Çiçek Çetin

Kapak İlüstrasyonu
Sevinç Altan

Kapak Tasarımı
Gökçe Alper

Dizgi
Esin Tapan Yetiş

Baskı ve Cilt
Ali Laçin - Barış Matbaa-Mücellit
Davutpaşa Cad. Güven San. Sit. C Blok No. 286
Topkapı/Zeytinburnu - İstanbul - Tel. 0212 567 11 00
Sertifika No: 46277

Birinci Basım: 2013
İkinci Basım: 2015
Üçüncü Basım: 2019
Dördüncü Basım: 2020
Beşinci Basım: 2021
Altıncı Basım: 2022

ISBN 978-975-539-762-7
Sertifika No: 10704

AYRINTI YAYINLARI
Basım Dağıtım San. ve Tic. A.Ş.
Hocapaşa Mah. Dervişler Sok. Dirikoçlar İş Hanı
No: 1 Kat: 5 Sirkeci – İstanbul
Tel.: (0212) 512 15 00 Faks: (0212)512 15 11
www.ayrintiyayinlari.com.tr & info@ayrintiyayinlari.com.tr

twitter.com/ayrintiyayinevi facebook.com/ayrintiyayinevi instagram.com/ayrintiyayinlari

Dr. Brandy Engler & David Rensin

Divanımdaki Erkekler

Gerçek Seks, Aşk ve Psikoterapi Hikâyeleri

AYRINTI

LACİVERT SERİSİ

COOL
Bir Tavrın Anatomisi
Dick Pountain & David Robins

COOL ANILAR III - IV (1990-2000)
Jean Baudrillard

KENDİNİ ALDATMA
Herbert Fingarette

GÖĞÜ DELEN ADAM
Papalagi

ŞÖHRET
Chris Rojek

KÖTÜLÜĞÜN ŞEFFAFLIĞI
Aşırı Fenomenler Üzerine Bir Deneme
Jean Baudrillard

APTALLIK ANSİKLOPEDİSİ
Matthijs van Boxsel

ÖPÜŞME, GIDIKLANMA
VE SIKILMA ÜZERİNE
Hayatın Didiklenmemiş Yanlarına Dair
Psikanalitik Denemeler
Adam Phillips

KARŞILIKSIZ AŞK
Kovalamak ve Kovalanmak Üzerine
Gregory Dart

BİR ÇİFT SÖZ
Julian Barnes

İMKÂNSIZ TAKAS
Jean Baudrillard

COOL ANILAR V (2000-2004)
Jean Baudrillard

MASUMİYETİN AYARTICILIĞI
Pascal Bruckner

SON MEKTUP
Bir Aşk Hikâyesi
André Gorz

DİKİZLEME GÜNLÜĞÜ
Hal Niedzviecki

BEN ÖZELİM
Hal Niedzviecki

KORKULACAK BİR ŞEY YOK
Julian Barnes

ÖMÜR BOYU ESENLİK
Mutluluk Ödevi Üzerine Bir Deneme
Pascal Bruckner

GÜNAH KEÇİSİ
Charlie Campbell

DİVANIMDAKİ ERKEKLER
Dr. Brandy Engler & David Rensin

AŞK ÜZERİNE BİR DİYALOG
Eve Kosofsky Sedgwick

OKUMADIĞINIZ İÇİN
TEŞEKKÜR EDERİZ
Dubravka Ugresiç

ÇOKAŞKLILIK
Thomas Schroedter & Christina Vetter

KOMŞUM SADE
Alçak Filozof İle Birlikte
Pierre Klossowski

TEMBELLİK HAKKI
1848 "Çalışma Hakkı"nın Çürütülmesi
Paul Lafargue

PENCEREMDEN
17 Deneme + 1 Kısa Öykü
Julian Barnes

BİR İSYANCININ SÖZLERİ
Pyotr Kropotkin

ÖYLE VE BÖYLE
Yeni ve Seçilmiş Denemeler
Adam Phillips

AĞAÇLAR
John Fowles

AKIL SAĞLIĞI ÜZERİNE
Adam Phillips

SHAKESPEARE'İN DOKUZ YAŞAMI
Graham Holderness

DAVALAR
Franz Kafka Hakkında
Elias Canetti

CHE GUEVARA'NIN YAŞAM ÖYKÜSÜ
Lucía Álvarez De Toledo

SESSİZLİKLERİN DOKUNUŞU
Nâzım Hikmet Üzerine Konuşmalar
Ali Özgentürk

ZYGMUNT BAUMAN
Tony Blackshaw

İYİLİK ÜZERİNE
Adam Phillips & Barbara Taylor

İçindekiler

Giriş

Divanımdaki Erkekler erkeklerin erotik düşüncelerine yapılan beklenmedik yolculuğumun hikâyesidir. Bu yolculukta, cinsellik ve aşkın kesiştiği noktada, hastalarımın arzu ve davranışlarıyla ilgili öğrendiklerim beni şaşırtmakla kalmadı, kendim ve erkekler hakkındaki varsayımlara da meydan okudu.

Bir kadının aşk ve kendisiyle ilgili gerçekleri keşfedebileceği sayısız yol vardır. Bazıları meditasyon merkezlerine gider ya da vahşi doğaya doğru tek başına bir yolculuğa çıkar. Bazıları bir yığın kişisel gelişim kitabı satın alır, sanal ilişkiler kurmaya yeltenir ya da maraton için idman yapar. Bazıları da Vegas'ta çılgın bir hafta sonu geçirmeyi tasarlar.

Benimse tek yapmam gereken, işyerime gitmekti.

Birkaç yıl önce çiçeği burnunda bir klinik psikolog olarak, Manhattan'da kendi muayenehanemi kurma hayalimi gerçekleştirmek üzere harekete geçtim. Önümde sadece küçük bir engel vardı: Henüz bir düzen kurmamıştım. Benimle aynı alanda çalışan herkes, hasta kitlesi oluşturmanın zaman aldığını bilir. Pek çok meslektaşım daha yavaş ve geleneksel yoldan gitmemi önerdi: Halihazırda varolan bir gruba katıl, sağlık camiası içinde yer al, tıp doktorlarıyla, diğer meslektaşlarınla ve sana hasta gönderebilecek diğer meslek gruplarıyla bağlantı kur. Arkadaşlarımın tavsiyelerini ve maaşlı bir işe girmenin maddi getirisini düşündüm; ama isim yapmış bir pratisyen hekimle beraber çalışarak seks terapisi üzerine uzmanlık eğitimimi yeni tamamlamıştım ve çok hevesliydim. Uzmanlığımı tamamladığım Brooklyn hastanesindeki danışmanım da bu konuda beni uyarmıştı. "Seks terapisi mi? Dalga mı geçiyorsun sen? Onun modası geçti. Herkes Viagra kullanıyor. Artık kimse seks terapisi için hasta kabul etmiyor."

Bana hastanede bir iş teklif etti fakat ben kararımı vermiştim. Bitirme tezimi, kadınlardaki cinsel isteksizlik üzerine yazmıştım ve kadın cinselliği konusunda uzmanlaşmak istiyordum. Viagra umrumda değildi.

Elbette ben de hasta saygısını belli bir seviyeye çıkarmanın zaman alacağını düşünüyordum. Araştırmalarım esnasında öğrendim ki endişe, depresyon ya da keder gibi sıkıntıları olan kadınlar erkeklere oranla daha fazla terapi talep ediyor fakat nadiren, cinsel isteksizliğe karşı çözüm arayışı içine giriyorlardı; çünkü trajik bir şekilde, arzularının zaman içinde azalmasının normal olduğunu düşünüyorlardı. Kadınlar arasında normal addedilen bu durum çok yaygın olduğundan, yapmak istediğim işi yaptığım sürece, yavaş ilerlemek benim için sorun değildi. Yaygın bir sorun olmasından ötürü, hizmetlerimin reklamını yaparsam kadınların er geç geleceğini umuyordum.

Yanılmışım.

Çok geçmeden telefonlar gelmeye başladı.

Ne var ki arayanların neredeyse hepsi erkekti.

Erkekler? Kesinlikle beklemediğim bir şeydi. Kısa süre içinde, baş edebileceğimden daha fazla telefon aldım. Her türlü cinsel mesele hakkında arıyorlardı: kronik kadın avcılığı, porno bağımlılığı, fahişeler, cinsel kimlik, kıskançlık, sertleşme sorunu, cinsel ilişki korkusu, cinsel istek kaybı, aşkın anlamını bulmaya çalışmak ve dahası. Erkeklerin çeşitli duygusal rahatsızlıklarından ötürü psikoterapi talep etmeleri pek karşılaşılan bir durum olmayabilirdi; ne var ki penisleri işe yaramadığında derhal çözüm arayışı içine giriyorlardı.

Erkeklerin cinsel sorunlarını tedavi etmek, elbette eğitimimin bir parçası olduğu halde, aklımdan geçirdiğim tarzda bir terapi olmamasına rağmen, yardım edebileceğimi düşünüp bu zorlu işe giriştim.

Beni rahatsız edecek ve kızdıracak hikâyeler duymaya yaklaştığımdan kuşkulanıyordum; ama öte yandan, katilin kuytularda saklanmış olabileceğini tahmin etmesine rağmen neler döndüğünü ortaya çıkarma konusunda inatçı davranan, cesur fakat saf bir film kahramanı gibi meraklıydım. Bu yüzden, gelsinler bakalım dedim; işyerimin kapısını açtım ve randevu vermeye başladım. Beni bekleyen her türlü macerayla yüzleşmeye hazırdım.

Hayal kırıklığına uğramadım.

Divanımdaki Erkekler sizi, benim mahrem terapi seanslarıma konuk edecek; böylelikle erkeklerin cinsel davranışlarının temelinde yatan nedenleri ortaya çıkaran, güçlü ve kışkırtıcı konuşmalara tanık olacaksınız. Bu konuşmalara tanık olmak, size hastalarımın çözüme dair yardım arayışında oldukları, modern cinsel sorunların ardındaki ham duyguları ve asıl dürtüleri gözlemlemenize fırsat verecek. Ayrıca erkeklerin cinsel davranışları hakkında yazılmış pek çok kitaptan farklı olarak *Divanımdaki Erkekler*'de, gerek seanslarda paylaşılmış gerek üzerine konuşulmamış mesleki ve kişisel tepkilerime de sırdaş olacaksınız.

Kısa sürede, değişmez bir gerçeği keşfetmiştim: Seks, nadiren sadece seksti. Seks, yoğun anlamlar yüklü bir deneyimdi. Başlangıçta cinsel semptomları tedavi edeceğimi düşünmüş olmama rağmen hastalarımın davranışlarını yönlendiren hemen her şeyin özü gelip psikolojiye dayanıyordu. Cinsel alışkanlıkların gerisinde birçok başka şeyin yattığını ortaya çıkarmaya başlamıştım. Bazıları, seksi bastırılmış duygularını dışa vurmak ya da kontrol edilemez duygularını yatıştırmak için kullanmıştı. Bazıları, hayal dünyalarının derinliklerine gömülmüş eski travmaları yeniden yaşayarak sorunlarının üstesinden gelmek için bir arayış içindeydiler. Çoğu, cinselliği güç, onaylanma, özsaygı, rahatlık ve şefkate dair karşılanmamış ihtiyaçlarını gidermek için kullanıyordu. Genellikle, hastalarım kendilerini yönlendiren güdüler konusunda sınırlı bir fikre sahipti. İçgüdüsel olarak, cinsel oyun alanını iyileştirme çabası içindeydiler ve sonuç genellikle cinsel işlev bozukluğu ya da iletişimsizlikti.

Erkeklere dair tüm yanıtların elimde olduğunu ya da kadınlara mükemmel bir ilişki yaşayabilmek için hayatlarındaki erkekleri nasıl değiştireceklerini söyleyebileceğimi öne sürmüyorum. Bu kitap, davranışları ve tutumları bizim sosyoseksüel ahlak diye adlandırdığımız şeye uymayan erkeklerin kötü olduğunu ileri sürerek tartışma yaratma iddiasında değildir. Ama bu kitapta, erkekleri ciddi anlamda mercek altına alıyor, sık sık gözyaşı dökmelerine ve öfkelenmelerine neden olacak konulara değiniyorum. Bunu yaparken de onlara olduğu kadar kendi ayrıcalıklı konumuma da saygıda kusur etmiyorum. Bu yüzden, yüzeysel ve –köpekler, domuzlar, iflah olmaz piçler gibi– aşağılayıcı ve basit tanımlamalardan kaçınmak benim için önemli; ama itiraf etmeliyim ki zaman zaman bu gibi düşünceler aklımdan geçmedi değil. Erkeklerin davranışlarına bahane bulmaya ya da onları haklı çıkarmaya çalışmıyorum;

sizden onlara merhamet etmenizi de istemiyorum ve hatta size verdikleri zararlardan ötürü onları affetmenizi de. Benim sizden istediğim daha çok, erkeklerin psikoseksüel dürtülerinin içyüzünü kavramaya yönelik yolculuklarına ve bu süreçte neler keşfettiklerine tanık olmanız.

Size erkeklerin ne düşündüklerini ya da istediklerini anlatmak yerine, doğrudan bana anlattıklarını okumanızı istiyorum. Sadece psikolog olarak değil bir kadın olarak da şahsi çözümlemelerimi ve onlara verdiğim kişisel tepkileri sunuyorum. *Divanımdaki Erkekler* basit bir vaka incelemesi dizisi değildir; aynı zamanda benim için de bir çeşit gelişim ve keşif yolculuğu, terapi odasında öğrenilen derslere ve bunların benim duygusal ilişkimi nasıl etkilediğine dair bir günlüktür. İşyerimi açtığımda çalkantılı ama uzun süreli bir ilişki yaşıyordum ve tıpkı hastalarım gibi, âşık olma arzusu ile âşık olmanın gerçekte ne olduğunu bilmeme arasında sıkışıp kalmıştım. Romantizm ve cinsellik söz konusu olduğunda, sonsuz hayranlığın güneşli tarlalarından sevgilimle el ele kayar gibi geçtiğimiz, hayalimde yarattığım kusursuz dünyada uzun süre yaşamıştım. Erkek arkadaşım Rami'ye (gerçek adı bu değil) âşık olduğumda, "aşk" farklı nitelikler kazanmıştı. Aşk birden acemi, değişken ve tahmin edilemez bir hal almıştı. Şehvetli bir cinsel ilişkimiz vardı. Ama güven sorunu yaşıyorduk. Tamamen farklı dünyaların insanlarıydık. Aramızda tutkulu mücadeleler yaşandı ve ben genelde kaybeden taraftaydım. Ve hatasız değildim.

İlişkim üzerine yeniden düşündüğümde, aldığım derslerin çalışmalarıma faydalı olduğunu ve değer kattığını görüyorum. Her şey bir yana, kaç kadın, sıradan iş hayatına devam ederken bir taraftan da bir erkeğin bakış açısıyla aşkın ve cinselliğin derinliklerinde inceleme yapma fırsatı bulur ki? Kaçımız *er-*

kekler hakkındaki gerçekleri, akıllarına bile gelmeyecek gerçekleri *erkeklerin kendi ağzından* duyuyor?

Önceleri bu yanıcı bilgi kokteyli beni yüzümün ortasında patlamakla tehdit ediyordu. Bazı seanslarda, yapılan itiraflar beni şaşkınlığa uğrattı ve kaçınılmaz olarak hızla, Rami'yle olan ilişkime uyarlayacağım sorulara ve kuşkulara dönüştü.

Neyse ki sonunda erkeklerle çalışmaktan faydalanabileceğimi fark ettim ve yeni bir aşk anlayışı geliştirmeye başladım. Sürecin bir parçası olarak, ben ve başka pek çok kadının benimsediği, "Eğer beni seviyorsa aldatmayacaktır" ve "Eğer zayıfsam ya da sevimliysem ya da çekiciysem ya da belli kurallara göre oynarsam her zaman beni ister" gibi varsayımlardan vazgeçmem ve genellikle gerçeklikten uzak olduklarını anlamam gerekti.

Örneğin, yakın bir kız arkadaşım bir kere bana, "Erkek arkadaşımın beni aldatacağını sanmıyorum. Benimle çok ilgileniyor. Benim için her şeyi yapıyor. Arabamı temizliyor, yemeğimi pişiriyor. Çok yoğun cinsel istekleri yok; ne bileyim, cinsel açıdan fazla maceracı değil gibi görünüyor. Benimle olduğu için gerçekten mutlu sanırım" demişti.

Umarım haklıdır. Ama bu kitaptaki bazı hastalardan da anlaşılacağı üzere, bir kadına âşık olmak cinsel sadakati garanti altına almaz ya da sadakatsizlik bir erkeğin sevgisinin gerçek olmadığı ve ilişkiyi ciddiye almadığı anlamına gelmez.

Başka bir genel varsayım da erkeklerin sadece sevişmek istedikleridir ve belki de ardından bir pizza ile bira. Ve sonra yine sevişmek isterler. "Sadece sevişmek istiyor" diyerek şikâyette bulunan kız arkadaşlarımın sayısını ise unuttum. Ve evet, gerçekten erkekler işyerime sadece cinsellik hakkında konuşmak için geliyordu: "Yeterince tatmin olmuyorum" ya da "Sertleşemiyorum" ya da "Ben oral seksten zevk alıyorum ama o yapmak istemiyor."

Ama kaçınılmaz bir biçimde, her defasında konu dönüp dolaşıp aşka geliyordu.

Şunu öğrendim ki, erkekler *gerçekten sevişmek* istiyorlar ama istedikleri *sadece sevişmek* değil. Hastalarımı dinlerken cinsel davranışlarının altında derin *bağlar kurmaya dair nasıl güçlü bir istek* yattığını fark ettim. Yaşamlarındaki kadınlarla ilişkilendirmenin genelde zor olduğu bir ihtiyaç bu. İşte tam da bu noktada, penislerinin nelere sebep olduğu konusunda onları suçlamak yerine kalplerinde yatanları incelemek, onlara daha iyi hizmet vermek için küçük bir adımdı.

Divanımdaki Erkekler, bilimsel bir çalışma değil. Bir kişisel gelişim kitabı değil. Listeler, alıştırmalar ya da saptamalar içermiyor. Hikâyeleri okuyacak, içlerinden istediklerinizi alacak ve kendi kararlarınızı vereceksiniz. Hepimiz biliyoruz ki aşk konusunda net yanıtlar yok. Yani anlayacağınız, bu kitap bir keşif. Amacım, benim için de bir öğrenme süreci olan bu yolculukta, okurları da yanıma almak. Bu kitabın cinsellik ve ilişki dinamiklerinde yeni bir bakış açısı, okurlar için (özellikle de kadın okurlar için) bir seçenek sunacağını umuyorum; çünkü kız arkadaşlarımla ne zaman bu konular üzerine konuşsak, *her seferinde* erkeklerin gerçekten ne istediklerini bilmeyi, davranışlarının nedenini anlamayı istediğimiz konusunda hemfikir oluyor ve bu konuda ne yapabileceğimizi tartışıyoruz.

Son olarak belirtmek isterim ki, bu kitaptaki tüm erkekler birbirlerinden farklı da olsa şu gibi ortak noktalarda buluşuyorlar: Ahlaksız ya da sapık değiller; ülkenin herhangi bir yerinde herhangi bir zamanda rastladığımız insanlardan ve çok çeşitli sosyal tabakalardan geliyorlar; herhangi birimizin sevgilisi, eşi, kardeşi ya da arkadaşı olabilirler.

Onlar şu hepimizin bildiği ve kadınların hakkında bilgi sahibi olmak istedikleri erkekler.

David

David finans dünyasının yükselen, genç bir yıldızıydı. Profesyonel mankenlik yapan ve gözde semtlerden Tribeca'da evi olan bir sevgilisi vardı. Hareketlerine kendine güvenin verdiği bir rahatlık, bir soylu zarafeti ve Güney Carolina'da zarif Charleston sosyetesinde yetişmiş bir beyefendi havası sinmişti. Bir futbolcu fiziğine sahip, uzun boylu ve zayıf bir adamdı. Üzerine geçirdiği pahalı takım elbisesi ve ne istediğini bilen ve istediğini almaya da alışkın olan birinin buyurgan havasıyla ofisime geldi. Gözlerini yumuşak bir ışıkla aydınlatılmış odada gezdirdi ve bana şöyle göz ucuyla, kayıtsız bir bakış atmadan önce duvardaki resmi onaylayıcı bir ifadeyle inceledi.

"Vayy, Doktor! Çok çekici bir kadınsınız" dedi. "Sanırım sizinle sohbet etmekten zevk alacağım."

Kızardım. Bu yakışıklı adamın iltifatı beni etkilemişti; ama biraz da korktum çünkü beni bekleyen şeylerin bir işareti olarak görmüştüm bu sözlerini: Üzerimde iktidar kurmak için beni cinsel bir objeye dönüştürmek istiyordu. David benim ilk hastalarımdan biriydi ama onu yorumlama konusunda umutluydum. Eğitimim sayesinde hasta yansıtmalarıyla başa çıkma konusunda deneyimliydim; David'in gösterdiği havalı kişiliğinin altında yatanlara odaklanacaktım. Giriş tarzı öyle gösteriyordu ki, özellikle de kendi yaşlarında bir kadınla cinsel meseleler hususunda konuşurken pek tabii, bir hasta olarak gelmiş olmaktan doğan kırılgan konumundan duyduğu rahatsızlığı gizleme gereği duyuyordu.

Ona sıcak fakat mesleki konumumun icabı bir gülümsemeyle karşılık verdim. Lafına gönderme yaparak, "Çekici kadınların yanında kendinizi rahat hissetmenize sevindim" dedim. Ardından divanı işaret ettim. "Buyurun."

David, rahatça arkasına yaslanıp yastıklara gömülürken elini parlak, siyah deride gezdirdi. Pelvis önde, bacaklar açık, kollar yayılmış; bakışları bacaklarımdan yukarı çıkıp bedenimde gezinmeye başladı. Bir ara, gözlerini gözlerime dikince ben de gözümü kaçırmadım, karşılık verdim. Bunun bir çeşit satranç maçı olacağı ortadaydı. Nazik bir hamleyle saldırmaya başlamıştı ve bu bende savunma mekanizmalarını kırma isteği uyandırdı.

Kışkırtmalarına karşın, onu çok da çekici bulmadım. Gözlerinde, sahici bir karizmanın yoksunluğunu ele veren sıkıcı, cansız bir bakış vardı. Çekiciliği bir oyun senaryosu gibiydi ve dergi kapağını andıran suratı, mükemmele yakınlığından dolayı fazla sıkıcıydı. Evet, harika bakışlar bir kadının ilgisini çekebilir; ama nihayetinde kadın güzel olanın kendisi olmasını ister.

Oturup sakinleşince David'e ne hakkında konuşmak istediğini sordum. Aslında, başka bir cilveli karşı hamle bekliyordum. Fakat o aksi yönde ilerledi. "Âşık olma kapasitesine sahip miyim, bilmiyorum" dedi yumuşak bir ses tonuyla. "Aşkın ne demek olduğunu bile bildiğimi sanmıyorum. Aşk nedir gerçekten? Bana yardım edebilir misin?"

David'in sorusu dürüst ve içten görünüyordu; üstelik beklenti içinde bana bakıyordu. Duraksadım, hazırlıksız yakalanmıştım ve bu basit ama zor soruya verilecek halihazırda bir yanıtım olmadığını fark ettim. Nedir sahi aşk?

Bazen hastaların, psikologların, "Öldüğümüzde ne olur?", "Ruh eşi gerçekten var mıdır?", "Tanrı var mı?" gibi varoluşa ait gizli bilgilere sahip olduğuna inandıklarını düşünürüm. Ama durum bu değil. Biz insan davranışını gözlemler, harekete geçirir, dinler, yansıtır ve hastalarımızı onlar için işe yarayacak sonuç her neyse onu bulma konusunda yönlendirmeye çalışırız. Hayatın anlamını açıklamayı, söz konusu durumda da aşkın anlamını açıklamayı, teori ve öğretilerini seve seve sunacak olan maneviyatçılara, biyologlara ve felsefecilere bıraksak daha iyi olur.

Bu yüzden, bir yanıt bulma çabasını bir soruyla karşılamaya karar verdim. David'den, aşkın ne olduğunu neden öğrenmek istediğini açıklamasını istedim.

"Sevgilim kesinlikle göz kamaştırıcı biri" diyerek anlatmaya başladı. "Uzun boylu, sarışın, kusursuz göğüsleri ve taş gibi kalçası olan bir manken. Nedenini bilmiyorum ama onu aldatıyorum. Kendime engel olamıyorum. O geceleri çalışırken ben arkadaşlarla içmeye çıkıyorum ve hemen telefon numarası toplamaya başlıyoruz."

Genç bir kadın ve acemi bir terapist olarak, mantıktan ziyade duygulara dayalı bir tepki geliştirdim; gerçekten rahatsız ediciydi: Mideme bir kramp girdi ve boğazıma doğru bir yumru yükseldi. Önümde, kadınların en korktuğu şey vücut bulmuş, gelip karşıma oturmuş, benden yardım bekliyordu. Ciddi ilişkisine karşın tam bir kayıtsızlıkla, doyumsuz bir şekilde zamparalık eden gururlu, çapkın ve yetenekli bir baştan çıkarıcı. David o an gözümde değersizleşmişti; fakat bu hissi terapist kimliğimin yargısız tarafsızlığı ardına gizlemek zorunda kaldım.

"Toplamak?"

Yeniden kibirli tavrını takınarak, "Evet, bu bir süreç" dedi. "Ve ben bu işte en iyi olarak biliniyorum. Önce, en ateşli hatunu bulmak için barı gözden geçiriyorum ve seçtiğim kadınla ayaküstü sohbet ediyorum. Çok da ilgili görünmemeye çalışarak onun güzelliği konusunda klasik iltifatlar yağdırmaya başlıyorum. Çok istekli görünmeden kendimi kabul ettirmenin yollarını biliyorum. Onun kim olduğuyla gerçekten ilgilenen biri gibi görünüyor ve ona sorular soruyorum fakat kendim hakkında fazla konuşmuyorum; ara sıra maddi durumuna yaptığım göndermeler dışında tabii. Kızın kendisini anlatmasına fırsat veriyorum; isteklerini dinleyip kendimi ona istediklerini sunacak biri gibi tanıtıyorum."

Yaptıklarından hangisi daha iğrençti bilmiyorum: Hayatındaki kadın ne kadar kusursuz olursa olsun bundan memnun olamaması mı; yoksa erkeklerin bir kadını kandırmak için gizli bilgiler paylaşıp bunu grup sporu olarak kullanmaları mı?

Ben bu sahneyi kafamda canlandırırken, David oturduğu yerde kendine çekidüzen verdi. "Sonra, 'götürme' işine geçiyorum" dedi. "İlgimi kaybetmiş gibi tavır değiştiriyorum ya da başka bir kızla ilgilenmeye başlıyorum ama asla onun arkadaşlarından biriyle değil: Bu bir acemi hatası olurdu. Tekrar ilgimi çekmek için uğraşmasına fırsat veriyorum. Eğer yapmazsa onunla yine de konuşacağım; ama bu şekilde, ilerleme kaydetmiş oluyorum. Her iki şekilde de benim tavrım gelişigüzel ama ilgili. Her zaman işe yarıyor."

"Pekâlâ. Ne kadar sıklıkla yapıyorsun bunu?"

"Bir gecede birçok kadınla sanırım."

"Ve bunu yapmaktaki amacın?"

"Telefon numaraları toplamak. Belki de daha fazlası. Heyecan verici, bir yarış kazanmak gibi..."

David'in rekabetçi doğasını araştırmak üzere birkaç not karaladım. "Yani sen devamını getirip bu kadınlarla sevişiyorsun?"

"Bazen. Ama asla bir kereden fazla değil."

Olası bir övgü için kendini hazırladığını görebiliyordum. Bunun yerine cesaretlendirici, hatta onaylayan bir tavır takındım. Gülümsedim ve söylediklerine tamamen tepkisizmişim, hikâyesi diğerlerininkine benziyormuş ve işyerimde sıradan bir gün geçiriyormuşum gibi başımı salladım. Bu, hastanın bana her şeyi anlatmasını sağlamak için sık sık faydalandığım bir yöntemdir. "Seks nasıl peki?"

Biraz rahatlamıştı. "Oldukça iyi" dedi. "Ama ben daha çok arkadaşlarla bara gitme ve numaraları alma aşamasını seviyorum. Avlanmak, seks yapmaktan daha çok ilgimi çekiyor."

David'in tanımlaması, bana kadın avcılığı sürecinin hangi aşamasının onun için daha önemli olduğunu göstermişti. Bu tarz bir etkileşimin zirvesi, erkekten erkeğe farklılık gösterebilirdi. David'in numara toplama deneyiminin en sevilen kısmını incelemenin, onu gerçekten hangi durumların buna yönlendirdiğine dair veriler ortaya çıkaracağına inanıyordum. Örneğin, bazı erkekler sadece kadınlara bakarak mutlu olabilirler. Bazıları onlarla tanışmaktan keyif alırlar. Bazı erkekler seks isterler, bazıları da kendilerine âşık olacak kadınlara ihtiyaç duyarlar. David'i heyecanlandıran şey, bir telefon numarası elde edebilmekti. Zaman zaman bu kadınlarla yatsa bile onun asıl istediği, ihtiyaç duyduğunda devamını getirebilmek için bir davetiyeye sahip olmaktı.

David'in hikâyesi bana, bir kız arkadaşımın görüştüğü adamın ona hiç iltifat etmemesinden ve bazen kız arkadaşlarına kur yapmasından yakınmasını hatırlatmıştı. Arkadaşım, "Gerçekten benimle ilgilenip ilgilenmediğinden emin olamıyorum" demişti. Ve bir gün sevgilisinin yatak odasında *Oyun* adlı bir kitap bulmuştu. Sayfalarına biraz göz atınca dehşete kapılmış, ardından kitaptan bir tane de kendisi alıp bana göstermişti. Kitap, kadın tavlama konusunda uzman biri tarafından yazılmış, kadınları baştan çıkarma teknikleri üzerine bir derlemeydi. Üstelik kitapta, okurların öneri alışverişinde bulunabileceği sanal bir topluluktan da söz ediliyordu.

Kendimizi birtakım gizemli ve şeytani entrikalar düzenleyen erkeklerin yeraltı dünyasını keşfetmiş gibi hissetmiştik. Arkadaşımın görüştüğü bu adam ve David'in yapmakta olduğu her şey, doğrudan bu alçak tavlama protokolünden kaynaklanıyordu: onu önemseme, iltifat etmekten kaçın ya da iltifat et sonra aksi şekilde davran. "Sen hoş bir kızsın ama bir manken kadar değil" gibi. Bu plan erkeklere, kadınların kendilerine olan güvenlerini kırıp karşı cinse neler sunabilecekleri konusunda onları sınamayı, kadınları kendilerini erkeğe pazarlayan kişi konumuna düşürüp, böylece ilişkide kontrolü nasıl ele geçireceklerini öğretiyordu.

Mantıklı düşünen yanım, bu tekniklerin kısa bir dönem için işe yarayabileceğini anlamıştı. Uzun vadede bunlar sadece kadının egosunu meşgul eder ve yaklaşım eninde sonunda geri teperdi. Yine de bazı erkeklerin, "ilişkileri" sadece bir oyunmuş gibi algıladığını bilmek can sıkıcıydı. Arkadaşım sanal topluluğa göz atmış ve okuduklarından ötürü kendini son derece aşağılanmış hissetmiş ve şu iletiyi göndermişti: "Selam ahmaklar, Zindanlar ve Ejderhalar aradı, oyuncularını geri istiyorlar!" Onun bu küçük sataşmasına çok gülmüştük. Bu arada erkek arkadaşından ayrıldı mı dersiniz? Hayır.

David'i ve onunla aynı kafadaki düzenbazları küçük görüyordum. Fakat bu hisse göre hareket edip, iğneleyici bir yorum yapamaz ya da barda tanışmış olsak yapacağım gibi, onun olduğu ortamdan uzaklaşamazdım. Ben bir terapisttim. Yardımcı olmam gerekiyordu. İyi bir terapinin, empati tekniğinden faydalanması gerektiğini biliyordum ama o an hiç empati hissetmiyordum.

Karşı aktarım, yani günlük dilde kişisel tepkim, konusunda dikkatli olmam gerektiğini fark ettim. Bir terapist, hangi kişisel sorunları harekete geçirdiği konusunda her zaman uyanık olmalıdır ki hastanın sorunlarına kendi sorunları gölgesinde yanıt vermesin. Başka bir deyişle, seanslarda neyin onların meselesi neyin benim meselem olduğunun farkında olmak zorundaydım; çünkü her terapistin hasta tarafından gün yüzüne çıkarılabilecek bir meselesi vardır. Bütün terapistler gibi ben de sürekli aradaki farkı bilmek ve durumu kontrol altında tutmak zorundaydım.

Kalan süremizi, David'e cinsel durum testi uygulayarak değerlendirdim. Bu, ilk seanslarda başvurduğum sabit bir değerlendirme aracıdır; hastanın yakın geçmişteki cinsel ilişkisine tıpkı bir film karesi gibi anlık bir bakış sağlar. İlk olarak kimin girişimde bulunduğunu, nasıl bir önsevişme gerçekleştiğini, hangi pozisyonları uyguladıklarını, göz teması oranını ve David'in neler düşünüp, nasıl hissettiğini öğrenmek istiyordum. Ayrıca mastürbasyon eylemleri ve fantezilerinin içeriği hakkında sorular da sordum.

Bir erkeğin kişiliği ve ruhsal ihtiyaçları ile ilgili pek çok bilgiye cinsel davranışlarını inceleyerek ulaşılabileceğini keşfetmiştim. Sevme yeteneği, özsaygısı, ne derece iddialı biri olduğu, kişisel gücü ve hatta çocukluktan kaynaklanan sorunları hakkında bile fikir sahibi olabilirim. Cinsellik, benliğin küçük bir temsilcisidir.

Önceleri, bu gibi sorular sormak beni biraz utandırıyordu. Hatta "seks terapisti" olarak adlandırılmaktan rahatsızdım. Aklıma sürekli, seks oyuncaklarıyla büyülenmiş yaşlı kadınların görüntülerini getiren bir unvandı bu. Cinselliği fazlasıyla analitik açıdan çalışmayı seçmiştim ve tutucu yetiştirilmemden ötürü, cinsel tartışmalar konusundaki mutlak rahatlık da hâlâ kolayca renk değiştirmeme sebep oluyordu. Örneğin, "becermek" yerine "sevişmek" sözcüğünü kullanıyordum. Bunun nedeni kendi cinselliğimden rahatsız olmam değildi. Ben Güneylilerin görgü ve ahlakıyla yetiştirilmiştim. Biz kibar ifadeler kullanırız. Annem bana sürekli "hanım hanımcık" olmanın önemini, uzun elbiseler giyip inciler takan, çok saygın ve dini bütün kadınların soyundan geldiğimi hatırlatırdı.

David gittikten sonra yaptığım değerlendirmeye göre, cesaret gösterilerine rağmen tepkileri özbilinç, korku ve rekabetçi eğilimlerle yüklüydü. David'in ilişki kurma tarzına yönelik tedavimdeki engel, bunun onun kimliğinin bir parçası haline gelmiş olmasıydı; hastanın hastalığı bir kez kimliğinin önemli bir parçası haline geldiğinde ciddi bir değişim gerçekleştirmek zaman alır. David'de bir içebakış inşa etme şansımın düşük olduğu hükmüne varmıştım ama olası bir açık buldum. Genellikle bir gurur kaynağı olan zamparalık artık ona yeterli gelmiyordu. David aşk yaşamak istediğinin farkındaydı, sadece bunun nasıl bir şey olduğu konusunda emin değildi. Ona bu yönde rehberlik etmek istedim; bu yüzden konu aşk olunca kendi ilişkime bakmam gerekti.

O an, aşkı çok iyi bildiğimi düşünüyordum. Aşk elbette romantizmdi. Benim aşkla devam etmekte olan harika bir ilişkim vardı. Erkekleri severdim, evet; ama benim asıl sadakatim aşkın kendisineydi. Yıllar boyunca romantizmin coşkusunu besleyecek bir yetenek geliştirmiştim. Bilediğim bir yetenekti; bakışlarımdan ya da zekâmdan değil, bu mutluluğa kendilerini kaptırmak istemelerinden ötürü, erkekleri kendime çekmede başarılı olmuştum. Aşk duygusunu herhangi bir zamanda herhangi birine karşı yaratabilirdim. Ve böyle bir durumda, erkeklerin asla hakkımda kötü niyetler beslemeyeceğine inanmak benim için kolaydı; çünkü kısmen bilinçli olarak, bir erkeğin koruma ve besleme içgüdülerini ortaya çıkarma eğiliminde olan bir masumiyet tasarlardım. David'le ben, odada bir çeşit Don Juan ile Pollyanna buluşması gerçekleştiriyor gibiydik.

~

Bir sonraki görüşmemizde, David'in yanıtlanmamış sorusuna geri döndüm.

"Yani" dedim, "sen aşkta becerikli olmadığın için kaygılısın?.."

"Sanırım."

"Neden böyle olduğunu hiç düşündün mü?"

"Belki de her ilişkimi, kendisine bağlanmak istemediğim, kendisine asla âşık olamayacağım kadınlarla beraber olup sevgilimi aldatarak baltaladığımdandır. Bu tuhaf mı?"

"Bunun tuhaf olduğunu mu düşünüyorsun?"

"Tuhaf olan, hiç ciddiye almamama rağmen onları yine de sevgilimle karşılaştırıyor olmam."

"Cinsel açıdan mı?"

"Pek değil. Her biriyle nasıl bir hayat yaşanabileceğini hayal ediyorum."

Böyle bir yanıt beklemiyordum ve David sıradaki sorumu tahmin etti.

"Gerçekten artık sakin bir hayat yaşamak ve evlenmek istiyorum. Artık düzenli bir gelirim var ve bütün arkadaşlarım evlenip Westchester veya Jersey'de büyük birer ev alıyor... İşte ben de tam bunları; en güzel kadını ve en büyük evi istiyorum."

Seanslar arasında, David'in rekabetçi doğası üzerine düşünüyordum. Numaralarını topladığı kadınlardan karşılık görmesi gerekmediğini söylediğinden beri -erkekler her zaman onurlandırılmaz ve hatta peşine düştükleri kadın tarafından reddedilebilirler de- dışarıda geçirdiği gecelerin ve arkadaşlarıyla sayı yarışı yapmasının nedeninin kadınlar değil, daha çok, kurallara uygun olmasına rağmen haksız kazanç elde ettiğinin ayırdına varması olduğunu düşünüyordum. Başka bir deyişle, David'in zamparalığı, diğer erkeklerle ilişkilerini şekillendirmesi bakımından toplumsal bir durumdu.

David benim içgüdümü doğruladı; birkaç kardeşi olduğunu ve son derece başarılı, performans odaklı bir aileden geldiğini söyledi. Bu tam da ya telaşlı bir mükemmeliyetçi ya da sonunda maruz kaldığı baskıdan depresyona giren bireyler yaratan tarzda bir çevreydi. David toplum tarafından yönlendirilmişti. Lisedeyken futbol takımında oyun kurucuydu. Şimdi ise aynı hırs ve stratejik düşünceyle başarılı bir fon yönetiyordu. Wall Street'in haftada seksen saatlik zorlu mesai maratonuna o da katılıyordu. Bu işteki erkekleri biliyordum. Bazıları kokain kullanarak ya da Rus fahişelerle zaman geçirerek sıkıntılarından uzaklaşıyordu. David o tip erkeklerden biri gibi görünmese de emin olmam gerekiyordu.

"Seks için para harcamaktan hoşlanmıyorum" dedi. "Ben sadece elde edilmesi zor kadınların peşinden koşmayı seviyorum." Ama onun ilgisine yeşil ışık yaktıklarında, David "kurban"larının neler hissedebileceğini fark edebilecek anlayıştan ve sosyal zekâdan yoksundu: yakışıklı ve hali vakti yerinde bir adamla tanışmanın heyecanı, hoş ihtimallerin baştan çıkarıcılığı, olası evlilik fırsatı, kendisiyle ilgilenildiğini ummak ve belki de şehirdeki kadınların sayısının erkeklere oranla bir hayli fazla olmasının açıkça farkındalığından ötürü duyulan endişe. David'in, avladığı kadınların nasıl hissedebileceğini anlamasını sağlamak istiyordum. David onlarla yer değiştirmeliydi. Sandalyemi ona yaklaştırıp öne doğru eğildim. "Ya kendisiyle konuştuğun kadının *sana* gösterdiği ilgi sahteyse?" diye sorarak David'i bu konuyu düşünmeye yönelttim.

Sersemlemişti; kuşkulu bakışlarla hafifçe gülümsedi.

"Ya seni *büyük bir dolar işareti* olarak görüyorsa ve onu alışverişe ya da seyahate götürmen için entrikalar çeviriyorsa? Ya bardaki tüm etkileşiminiz her *ikinizin de* belli bir tarafı oynadığı bir düzmeceyse?"

David sessizce, öne sürdüğüm fikirleri tarttı ve ben, yanıt yavaş yavaş yüz ifadesine yerleşirken onu izledim.

Güvensizlik.

Onunla ilgileniyormuş gibi davranan bir kadının aslında onu istemiyor olabileceğini hiç düşünmemişti. Arzu edilmeye ihtiyacı vardı ve eğer bir kadının onu arzuladığını hissettiyse bu sahte *olamazdı*. Benliği buna inanıyordu.

"Bir kadının seni *gerçekten* arzulaması senin için önemli" diye usulca açıkladım; artık anladığı belliydi ama daha önce bunun üzerine hiç düşünmemişti.

David'in beden dili değişmeye başladı. Endişe ve utancı yüzeye çıkarken yanakları kızardı. Kolunu göğsünün üstüne yaslayarak elini çenesine götürdü. Alnı kırıştı. Ayağıyla yeri dövmeye başladı. Benliğinin çöküşünü ağır çekimde izledim. Bir zamanlar onun için çok değerli olan gece kaçamaklarına şimdi şüphenin gölgesi düşmüştü. Egosunda bir çatlak yaratmıştım ve bir an, artık sağlam bir terapi yapabileceğimiz konusunda umutlanmıştım.

Sandalyemde daha rahat oturmak için kıpırdandım ve David'in üzerinde yarattığım baskıyı hafifletmek için bir süre önüme baktım. Tekrar David'e döndüğümde, yüzündeki o bozguna uğramış ifadeyi görebilmiştim. İşte! Şah mat. Ama zafer kazanmış gibi hissetmiyordum. Odadaki hava yeni bir şeyin varlığından ötürü ağırdı: duygular. İçimde ılık şefkat dalgasının yükseldiğini hissediyordum. Uzun süre ikimiz de konuşmadık. İlk kez o an kendimi David'in yerine koyabilmiştim.

"Şu an içinde neler oluyor?" diye sordum yumuşak bir ses tonuyla; ben de kendimi biraz buruk hissediyordum.

"Hiçbir şey" diye kestirip attı. "Gitmem gerek. Otuz dakika sonra randevum var." Aniden ayağa kalktı. Oda buz kesmişti. Ofisten çıkıp gidişini izledim. Onu odada tutmaya çalışmam gerektiğini biliyordum ama her şey çok çabuk gerçekleşmişti. Üstelik ben de üzgündüm ama öte yandan hata yapmıştım. Bir hasta erken ayrılmak istediğinde bu onun bir şeylerden kaçtığına dair klasik bir işaretti ve hemen o an, o noktaya yönelmek önemliydi. Ben bu konuda eğitim almıştım ama şimdi David'in bir daha gelip gelmeyeceğinden emin bile değildim.

Neyse ki ertesi hafta David geldi. Ama yirmi dakika gecikti ve bununla ilgili herhangi bir açıklama yapmadı: Diğer bir klasik direnme göstergesi. Tekrar geldiği için mutluydum; ama gecikmesi büyük olasılıkla, ruhunun derinliklerinde olan bitenlerin açığa çıkmasını engellemek için seansı kısa kesmek istediği anlamına geliyordu.

David'in başlardaki kibri, tüm ihtişamıyla tekrar yüzeye çıkmıştı. Divana kendini bırakırken, "Bugün hoş görünüyorsun, Doktor. *Gerçekten* çok seksisin, biliyorsun değil mi? Eğer seni bu ofisin dışında bir yerde görseydim tavlamak için uğraşırdım" dedi.

Bu kez ne heyecanlandım ne de rahatsız oldum. David'in beni bir seks objesine dönüştürme çabasına giriştiği ortadaydı. Endişesini erotikleştirmiş ve güç elde etme arayışıyla güvenli nesneleştirme sahasına geri dönüş yapmıştı. Bu beklenmedik bir şey değildi. David'in kendini risk altında hissettiği açıktı; eski tutumuna geri dönmesinin nedeni buydu. Şimdi tekrar başladığımız yerdeydik.

Cinselleştirilmeyi istemiyordum. Her zaman sadece, hastalarımın saygısını ve onayını istemişimdir. Yorumlarımın ve yöntemlerimin akıllıca ve faydalı bulunmasını arzu etmişimdir. Ne zaman bir hasta, "Kesinlikle öyle!" ya da "Hayatım iyi yönde değişti!" dese, ruhuma bir güven duygusunun hücum ettiğini hissediyordum.

Yine de görünüşümün ayartıcı olduğunun düşünülebileceğini biliyordum. Dar etekler, yüksek topuklular, bacak bacak üstüne atmam ya da atmamam, ilgili bakışlar ya da yumuşak terapist sesi... Enstitüdeyken bir kere, erkek danışmanlardan biri beni ofisine çağırdı ve işe gelirken eteğin altına uzun çizme giymememi tavsiye etti; ona göre bu tarz giyim erkek hastalarımın dikkatini dağıtabilirdi. (Onun dikkatini dağıttığımı mı söylemeye çalışıyordu?) İçten içe ilgisinden hoşlanmış olsam da tavsiyesine kulak asmadım. Kıyafetlerim, kesinlikle yerine göre uygundu. Her gün Manhattan caddelerinde gördüğüm diğer tüm iş kadınları gibi giyiniyordum. Biçimsiz elbiseler ya da sıkıcı takımlar giymek istemiyordum. Dikkat çekici olmaya çabalamıyordum, amacım sadece modern görünmekti.

Hastalarımla odaya girene kadar fiziğim daha önce hiç cinselleştirilmemişti. Bu yüzden, divanımdaki erkeklerin benim fiziğime tepki vermelerinin -enstitü danışmanımın haklı olduğunu varsayarak- bir fırsat olabileceğine karar verdim. Bana verdikleri tepkiler sayesinde cinsel ve duygusal sorunları ortaya çıkabilirdi ve böylece biz de doğrudan bu sorunlarla ilgilenmeye başlardık. Başka bir deyişle, tepkilerini, kadınlarla aralarındaki ilişkiyi anlamalarını sağlamak için bir araç olarak kullanacaktım.

Bir hastanın seans sırasındaki davranış şekilleri genellikle, sosyal olarak nasıl iletişim kurduğunun aynasıdır. Hasta, alışılmış ilişki kalıplarını terapiste yansıttığında terapistin aynı tavrı hastaya yansıtmasına *aktarım* denir. Masum nedenlerden kimyasal nedenlere pek çok sebepten ötürü cinsel açıdan etkilenmek mümkünse de David'in benim bedenime olan ilgisi ve rahatça kur yapması, erotik aktarımın onun için bir kalıp olduğunu ortaya koyuyordu. Bu kesinlikle benim çizmelerimle ilgili bir durum değildi.

Sık sık hastalarımın hayatlarındaki kadınların bir simgesi olmuşumdur ya da daha doğrusu, kadınlar hakkında benimsedikleri inançların. Bazen de sevgilileri ile ilgili durumları yansıtırlar: soğuk kadın, reddeden kadın, besleyip büyüten anne, eleştiren anne, baştan çıkaran kadın. Bazıları beni idealleştiriyor bazıları da önemsiz görüyor; kendi oyunlarında bana rol verdiklerinde, bana gösterdikleri tepkiler derinlerdeki arzularını ve en saklı dürtülerini su yüzüne çıkarıyor. Hastalarımın beni kimin yerine koyduğu ya da benim kim olmama ihtiyaç duydukları konusunda dikkatli davranıyorum. Onları reddeden kadını mı temsil ediyorum? Elde edemedikleri kadını mı? Onlar için ideal olan mıyım? David'in durumunu düşünürsek, beni olası zaferlerinden biri gibi görüyor olabilir miydi?

Normal şartlarda hemen erotik aktarıma yönelirim; ama bu kez David'in kur yapmasını göz ardı ettim ve doğrudan davranışlarının altında yattığını hissettiğim nedenleri keşfetmeye yöneldim.

"Son seansımız beni endişelendirdi" dedim. "Birden kalkıp gittin."

"Evet. Bir randevum vardı."

Geçiştirdiği açıklamasını sorgulamak yerine kendimden söz ettim. "Son konuşmalarımız beni rahatsız etti."

"Beni de" dedi David düz bir ses tonuyla.

"Seni rahatsız eden şey konusunda biraz daha net olabilir misin?"

"Her şeyin bir yanılsama olabileceğini daha önce hiç düşünmemiştim."

"Bunu fark ettiğinde canını en çok sıkan ne oldu?"

David sorumu es geçti. "Sanırım kızların beni arzulamasından keyif alıyorum" dedi. Sert tavrını eleştirmek yerine onu onayladım.

"Yani kızların seni arzulaması senin için önemli."

"Evet. Sanırım öyle."

"Bu sence ne anlama gelebilir?"

"Kahretsin, bilmiyorum. Kadınları etkilediğim zaman kendimi daha iyi hissettiğim anlamına gelebilir."

"Beni etkilemeye çalışmanın nedeni de bu mu?"

"Seni çekici buluyorum; bunda ne terslik var?"

Şimdi onun sorusunu savuşturma sırası bendeydi. "Benimle bu tarz bir konuşma yapmak sence nasıl bir duygu?" Sakin bir ses tonuyla sordum ama doğrudan gözlerine bakıyordum.

"Zaman zaman gerildiğimi hissediyorum ama bununla başa çıkabilirim."

"Öyle görünüyor. İçeri girdin. Bana seksi olduğumu söyledin. Bu senin kadınlarla ilişkilerinde her zamanki tavrın. Kendinden eminsin ve baştan çıkarıcısın... ve yine de" dedim kaygılı yüz ifademi takınarak, "ulaşılmazsın. Seninle iletişim kurmakta gerçekten zorlanıyorum. İlişkilerinde de durum böyle mi, merak ediyorum."

Damarına basmıştım. "Doğru" dedi David usulca. "Kız arkadaşım Nikki açık olmamamdan yakınır."

"Bununla ne ima ediyor sence?"

"Bilmiyorum. Aşk konusunda yetenekli olup olmadığımı mı; en azından onun olması gerektiğini düşündüğü gibi bir aşk konusunda? Buraya bu yüzden gelmedim mi?"

"Bana Nikki'den biraz daha bahset."

"Onun 'doğru kişi' olabileceğini düşünüyorum."

"Neden?"

"Beni sevdiğini biliyorum ve bana sadık kalacağını düşünüyorum. Ayrıca çok şehvetli. İşte tam da bu yüzden, başka kadınlarla takılmaya devam etmemin nedenini anlayamıyorum."

Bu adamın sorunu neydi? Neydi de sürekli konuyu buraya getiriyordu? Lafı sürekli ne kadar şehvetli olduklarına, sevgililerinin ne kadar şehvetli olduğuna, nasıl arabalar sürdüklerine, evlerinin boyutuna getirerek kendini pazarlayan insanlar bana her zaman sıkıcı ve gelişmemiş gelmiştir. Tekrar onu yargılamaya başlıyordum ve kendime engel olamıyordum. Bu gibi yüzeysellikler yapay ve acemiceydi. David ve kafadarlarının, haki pantolonlar içinde boş boş dolanan, erkek yurdu gençleri gibi barlarda gezindiğini kafamda canlandırdım: sıkıcı, sıradan, yavan. Ama en kötüsü küstahlık ve toyluktu; "muhteşem memeleri, taş gibi kalçaları var" bayağılığı. Bu tanımlama kadının fiziksel güzelliğini ifade etmiyor; "meme" sözcüğünü kullanış biçiminde en ufak bir saygı ya da beğeni yok.

Kullandığı dile karşı tepkim, ahlaka ya da Güneyli namusluluğuna değil, kadını kişiliksizleştirme çabalarının verdiği rahatsızlığa dayanıyordu. Bununla beraber, öfkenin beni David konusunda bazı yanıtlara yönlendirebileceğini hissetmiştim.

David, Nikki'yi betimlemişti ama fazla ayrıntıya girmemiştik. Sadık ve şehvetli olmasının ötesinde, beraberken nasıl vakit geçirdiklerini, birbirleriyle olan iletişimlerini bilmek istiyordum.

"Arkadaşlarımızla birlikte dışarı çıkıyoruz" dedi. "Barlara gidiyoruz ya da evde kalıp film izliyoruz. Ve tabii bol bol sevişiyoruz. Yatakta inanılmazdır."

"Öyle mi? Nikki'yle sevişmenin en çok nesinden hoşlanıyorsun?"

"Gerçekten kendini veriyor."

"Bu ne anlama geliyor?"

"Çekingen değil, o da sevişmekten hoşlanıyor" dedi. Bunun bir kadını iyi bir sevgili yapan en yaygın tanımlamalardan biri olduğunu öğrenmeye başlamıştım. David kışkırtıcı bir sırıtışla, uzun uzun gözlerime bakarak, "*Her şeyi* yapabilir" diye ekledi.

Yine bana kur yapıyordu. Ses tonu beni "her şey"in ne anlama geldiğini sormaya davet ediyordu. Ona bu zevki tattırmayı istemiyordum. Ama o yine de açıkladı. "Bağırıyor, kıvranıyor, çoklu orgazm yaşıyor."

"Harika" dedim.

"Ve bunu sadece beni mutlu etmek istediği için yapmadığına eminim" diye ekledi. Savunmacı bir rötuş. Daha önce öne sürdüğüm, kadınların da dürüst olmayabileceğini düşünmesi gerektiği fikri David'de bir etki yaratmıştı sanırım. "Yaptığım şeyde fazlasıyla iyiyim. Nikki beni mutlu ediyor ve beni arzuladığını biliyorum. Başka öğrenmek istediğin bir şey var mı?"

Yoktu. Adamın gösteriş balonunu hiç gözünün yaşına bakmadan patlatmak istedim. Gerçekten, ona bir pinyataya vurur gibi vurmak istedim. Ama bunun bir hastayla, özellikle de narsisistik eğilimleri olan bir hastayla başarılı bir iletişim kurma biçimi olmadığını biliyordum. David bir kadının gerçek değerini görme konusunda hiç yetenekli değildi ve bu beni rahatsız ediyordu. Gerçekten de bu nesneleştirme eğilimi bütün cinsel hasarların merkezindedir. Buna karşı mücadele etmek istiyordum; ama bir golf sopasıyla değil, David'e yardım ederek. Bir kadınla yeni ve farklı bir duygusal deneyim yaşaması için aramızdaki ilişkiden faydalanmaya karar verdim.

David'in bana gerçek duygularını açması için onun narsisizmiyle barışık olmam gerekiyordu. Bir narsistin abartılı savunmalarına karşı çıkmak, sadece övünmesini artırır. Bunun yerine, kendisinde sevdiği özellikleri ona geri yansıtmak, onun bu denli harika olmasının nedenini anladığımı göstermek zorundaydım. Bu, narsist birinin size saygı duymasını sağlamak için kullandığım bir numaraydı. Zor bir durumdu çünkü onda görmemeyi tercih ettiğim bir gerçeği açıklamaya zorlanıyordum. David, erkekler hakkında benimsediğim hayali bir kanıyı çürütmüştü: Viktoryen tarzı aşk yaşamaya eşit derecede takıntılı oldukları. Romantizm balonumu kaba saba sözcükleriyle patlatıyor, tıpkı barbar istilacıların ortalığı yağma etmesi gibi benim yüksek beklentilerimi bayağılığa indirgiyordu. David kadınları av olarak görüyordu. Elinden gelse barlardan eve getirdiği kadınları içini doldurup duvara asabilirdi.

Aslında David'in Nikki'nin ateşli tabiatından hoşlanması Nikki'yle ilgili bile *değildi*. Tek taraflıydı. David bu şekilde kendisi hakkında bir yargıda bulunuyordu. Onun fiziksel ölçüleri, David'in *kendini* nasıl algıladığını temsil ediyordu. Onun "bağırması, kıvranması ve çoklu orgazmları", David'in *kendisinin* nasıl iyi bir sevgili olduğunu, *kendisinin* Nikki'ye nasıl zevk verdiğini ve bu yüzden *kendisinin* arzu edilen biri olduğunu bilmesini sağlıyordu. İnsanın kendisinden hoşnut olması güzeldir; ne var ki söz konusu denklem Nikki'yi pek kapsamıyordu. Açıkça Nikki, ana kahramanın David olduğu bir oyunda cinsel açıdan tahrik edilen ve sesli bir şekilde takdir eden seyirciydi sadece. Bu, egonun eseriydi; benim bakış açıma göre ise büyük bağ koparıcının işiydi.

İşte burada da mesele, bütün insan ilişkilerinde varolan, ben ile öteki arasındaki güvenilmez dengedir. Şöyle bir düşünün: Bir tarafta sevdiğiniz kişi, tüm ihtiyaçlarınızı karşılayacak bir nesne gibi muamele görüyor; bir çeşit anne ve bebek ilişkisi söz konusu. Diğer taraftaysa, âşık olduğunuz kişiyi kendi şahsi ihtiyaçları olan gerçek bir insan gibi algılayabiliyorsunuz ve en güzeli, aranızda karşılıklı fedakârlık anlayışı oluşuyor.

David'in zamanını nesne olan tarafta harcadığını düşünüyordum; nasıl takdir göreceğine ve bunun sürdürülebilirliğini nasıl sağlayabileceğine odaklanmıştı. Kendini sevinçli ya da üzgün, hak sahibi ya da değersiz hissediyordu; aşk olarak düşündüğü şey, her zaman takdir edilmesini ve ihtiyacına yönelik çeşitli tepkiler gösterebilmesini garantilemeliydi. Ona göre *verme* eylemi, Rahibe Teresa tipli ya da ahmak kadınlara göreydi. Pek çok insanın içten içe bu gibi beklentiler içinde olduğunu fark etmeye başladım. Fakat açık söylemek gerekirse, fazla acımasızdı. Bu fikir doğrultusunda ilişkinin başlangıcında bir sözleşme verilse bunun nasıl bir şey olabileceğini hayal etmeye çalıştım. Şöyle yazılabilirdi:

> Ne istersem, ne zaman istersem yapmanı istiyorum. Her zaman benim istediğim gibi olmanı istiyorum. Aslında sen benim uzantımsın. İhtiyacım olan şeyi tam olarak ihtiyacım olan zamanda bana vermelisin. Senden onu istemek ya da nasıl yapacağını söylemek zorunda kalmamalıyım. Beni koşulsuz sevmeli ve güvenilir olmalısın. Sevgin ve güvenin asla azalmamalı. Benim kurtarıcım, İsa'm, annem ve babam olmanı istiyorum. Ve eğer olmazsan, huzursuzluk çıkarabilirim! Hatta seni terk edebilir ya da aldatabilirim; çünkü benim isteklerim her zaman yerine getirilmek zorundadır.
>
> Not: Senin gereksinimlerin hakkında bir şey duymak istemiyorum.

Şimdi elinizde böyle bir sözleşme, ilk buluşmada kendinizi tanıttığınızı hayal edin. İnsanlara nesne gözüyle bakmak narsisizmin özünde vardır. Bu, ilişkiler için çok zararlı bir olgu; bu yüzden bu konu üzerinde biraz daha durmalıyım. Her ne kadar "narsisizm" terimi, hak eden ya da pek de hak etmeyen birçok erkek için orada burada söyleniyorsa da (kolaylık olsun diye ben bile kullandım) aslında sanki bu eğilimi sadece birkaç kişi gösteriyormuş gibi insanların etiketlenmesinden hoşlanmıyorum. Narsisizm bir ruh halidir. Dünyayı çarpıtılmış olarak algılama durumu; hiçbiri nesnel bir gerçekliğe dayanmayan kişisel beklenti, inanç ve arzulardan oluşan bir kaleydoskopun içinde dünyanın sürüp gittiği farklı bir miyopluk. En yaygın ve en zararlı haliyle, bu sorunu yaşayanlar başkalarını fark etme yeteneklerini körelten (kendilerini ve kendi isteklerini içeren bir durum olması haricinde) at gözlükleri takıyorlar. Bu zararlı çünkü başkalarının varlığına dair farkındalığımızı kaybettiğimizde ötekini nesneleştirmeye başlıyoruz.

Hepimiz bunu bir dereceye kadar yapıyoruz; özellikle modern ilişkilerde, veba salgını gibi bir hal aldı. Bu kendini sevmenin tersi bir şey; kişinin kendi içinde tutsak kalması demek.

David başkalarının duygu ve düşüncelerini göz ardı ediyordu ve bunun yanı sıra onlardan *daha iyi* olması gerektiğine inanıyordu. Bu tarz bir narsisizm, ötekilerden üstün ve özel olma ihtiyacı etrafına inşa edilmiş bir benlik algısıdır. Kişinin gözünde herkes hiyerarşik düzende yerini alır. Zihninizde durmaksızın yaptığınız karşılaştırmalarda, diğerleri ya sizden aşağıda ya da sizden yukarıdadır. *Zengin ya da güzel ya da her ne yapıyorsam en iyisi olmalıyım* gibi düşünceler mantığınızı işgal eder. Gerçekte çok başarılı olsa bile bu tip bir narsist, yanılsama içinde yaşamaktadır; çünkü haliyle bu savaşın temelinde yatan takdir edilme arayışı asla tatmin edilemez. Eğer bu narsistler algılanan üstünlüğe ulaşırlarsa gerçekten kendilerini diğerlerinden ayırırlar.

Yani evet, hepimizin ilişkilerinde bir parça narsisizm vardır. Ben bile kendi aşk fantezilerimde, erkekleri nesneselleştiriyorum; ne var ki ben onları seks objeleri yapmak yerine aşk objeleri yapıyorum.

Sorunun David'le ilgili kısmına dönersek, onun gibi başarılı erkeklerin sık sık karşılaştığı üzere, egosu böyle şişirilen birey için egosunun okşanmasının keyfi öyle vazgeçilmez olabilir ki ortada onu durduracak zorlayıcı bir neden kalmaz. David, Nikki'yle oldukça güzel bir ilişki yaşadığını bile kavrayamıyordu. *Neden* her gece kadınları avlamaya ihtiyaç duyduğunu irdelemesini sağlamam gerekiyordu.

David'in narsisizmi bir güç ve güvenlik alanıydı ve ben oraya girmeliydim. Ama bu kez yavaş ve nazikçe.

Hâlâ Nikki hakkında konuştuğumuz bir sonraki görüşmemizde, "Umarım sana zor sorular sormaktaki amacımın, kendini keşfetmende sana yardım etmek olduğunu anlıyorsundur" dedim.

"Buna alışkın değilim" derken omuzları çöktü. "Kendimi savunmasız hissediyorum ve bundan nefret ediyorum. Daima kontrollü olmayı tercih ederim."

"Nikki'yi sevdiğini söylüyorsun. Peki birlikteyken bedeninde aşka dair nasıl *hisler beliriyor*?"

"Bilmiyorum." İç geçirdi. "Dışarıda bir yerlerde" derken David kafasının içindeki boşluğu kavradı. Ona göre aşk, içerideki organlarla ilgisi olmayan soyut bir kavramdı. Aşk bedenden ayrı bir şeydi. Daha önce bununla karşılaşmıştım ve bu fikir düşüncelerimi harekete geçirdi: Neden insanlar aşkı *hissetmekte* bu kadar zorlanıyordu?

"Senin ilişkiyi kontrol etmeye çalışman ve üzüntü yaşamaktan kaçınman aşk yaşamanı engelliyor olabilir mi?" diye bir fikir öne sürdüm.

"Ne demek istiyorsun? Ben kız arkadaşıma âşığım."

"Yani sen aşkın ne olduğunu *biliyorsun*..."

"Tamam, ben..."

David, Nikki'yle yaşadığı tutkulu cinsellikten söz edebilirdi ama aşkın sıcaklığını ve hazzını aslında hiç yaşamamıştı. Bunun yerine tüm anlatabileceği, tanımlanamaz bir duruma olan açlığıydı.

"Anladığım kadarıyla *seni* seviyor. Ama anlattıklarına bakılırsa senin ihtiyacın olan şey sevilmek değil arzulandığını hissetmek. Sen sürekli arzu edilmek istiyorsun. Kadınların seni arzulamasına doyamıyorsun. Peki *sen* kimi arzuluyorsun?"

David'in yanıtı yoktu. Zorlamaya devam ettim. "Birini arzulamak kendinden bir şeyler vermeni, kendine birine âşık olduğunu *hissetme* izni vermeni gerektirir. Senin bu riski aldığını görmüyorum henüz. Ancak bu riski göze alabildiğin zaman gerçekten güçlü olacaksın."

Sessizlik.

"Gerçekten neyin peşindesin? Aşkın mı yoksa takdir edilmenin mi? Birini sevmek... mutlaka testisleri mi gerektirir?"

David sert bir ifadeyle bana baktı ve kollarını kavuştururken, "Sinirlerimi bozuyorsun" dedi.

"Güzel. Neye sinirlendin?"

"Çok utanıyorum, kendimi sığ hissediyorum ve... zavallı."

"Harika" dedim. "Sonunda *seni* görmeme izin veriyorsun. Teşekkür ederim."

"Rica ederim!"

"Tamam. Artık biraz çalışabiliriz."

~

Sonraki görüşmemizde David odaya telaşla girdi; alışılmışın dışında sıkıntılıydı. Olağan serinkanlı tavrının yerini panik almıştı. Ne kur yapmalar ne de cilveli basit bir laf atma söz konusuydu.

"Sanırım kız arkadaşım beni aldatıyor" diyerek konuya girdi hemen. "Ama bunu reddediyor."

"Bu sonuca nereden vardın?"

"Cep telefonuna baktım ve başka bir adamdan gelen bir mesaj buldum. 'Geliyorum' yazıyordu. Mesaj sabahın üçünde gönderilmişti. Adamın sadece arkadaşı olduğunu, mesajın da yanlışlıkla kendisine atıldığını iddia ediyor. Çok sinirlendim. Eve döndüm ve telefon numaralarıma göz atmaya başladım."

Ah, telefon numaraları. David'in güvenlik örtüsü. Üstün yeteneğinin simgesi. Onu çöküşten koruyacak anahtarlar.

"Bir önceki gece Buddha Bar'da tanıştığım seksi, esmer güzelini aradım. Beni evine davet etti." Sesi tiksinti dolu bir fısıltıya dönüştü. "Ama sevişmeye başladığımızda sertleşemedim!"

Kaşlarımı çattım; nasıl hissettiğini tahmin edebiliyordum.

"Sürekli Nikki'yi düşünüyordum" diye devam etti. "Kendimi veremedim. Kadın bana oral seks yaptığında bile sertleşme sorunu yaşadım."

David'in kendinden hoşnutsuzluğu kriz noktasına varmıştı ve bu onun olgunlaşması için iyi bir fırsattı. Tek gecelik bir ilişkiye sığınarak üzüntüsünden kurtulmaya çalışmış ama kaçamamıştı. Artık savunma mekanizmaları işlemiyordu. Kendini reddedilmiş hissediyordu. Başarısız hissediyordu. Bu, takıma giremediği için ağlayan bir erkeği seyretmek gibi bir şeydi.

"Kafana takacak pek çok meselen varken sertleşemediğin için kendine kızıyor musun?"

"Evet." Altdudağını ısırdı, ardından tekrar kendini öfkeye teslim etti. "Lanet olası orospular!"

"Öfkelisin. Ayrıca üzgünsün ve sanırım artık kadınlara güvenemeyeceğine inanıyorsun."

Donuk bir ifadeyle, "Hepsi aldatır" dedi.

"Yine de kadınlara ihtiyacın var, sevilmeye ihtiyacın var" dedim içtenlikle.

"Evet" dedi. Suratı asılmıştı.

Başımı yana eğerek, "Ama onlara güvenmeye korkuyorsun" dedim. Yüzüne bakıyor, sımsıkı kapalı çenesindeki ketumluğun ardını araştırıyordum.

Kendi durumuna gönderme yaparak, "Sanırım bu yüzden bir kadına sahipken yedekte de bir sürü saklıyorum" dedi.

"Ve bu seni güvende kılıyor?.."

"Evet. Evet. Yalnız olmaktan nefret ediyorum. Hem de her şeyden çok. Yalnızlığa katlanamam. Çok sıkılıyorum. Bu yüzden, beraber takılacak kız aradığını bildiğim bütün arkadaşlarıma telefon etmeye başlıyorum."

"Yani kötü olan sadece bir ilişkinin olmaması değil; evde bir geceliğine bile olsa yalnız kalmak da sana fazla geliyor."

"Kendi derimin içinde rahat değilmişim gibi..."

"Bunun nasıl bir his olduğunu anlatabilir misin?"

Biraz uğraştı. Ardından, "Bilmiyorum" dedi. David kendi benliğinden o kadar uzaktı ki ruhunun derinliklerinde neler olup bittiğinin farkında bile değildi. Ama onu rahat bırakmayacaktım. Bu konu önemliydi: Onu böyle güçlü bir şekilde yönlendiren şeyi tanımlayabilmek.

"Çaba göster ve bedeninde nasıl bir his oluştuğunu anlat bana."

"Bilmiyorum" diye tekrar etti. Bekledim. Ona aradığı sözcükleri sunarak işini kolaylaştırabilirdim ama bunu kendi kendine anlamasını sağlamak zorundaydım. Sonunda, sessizliğimin üzerinde yarattığı baskıyla bir yanıt vermek zorunda kaldı.

"Sanırım bu bir çeşit... boşluk... burada" dedi, göğsünü işaret ederek. "Ve rahatsız bir enerji. Karanlık bir an... sanki yaşamıyormuşum gibi. Telaşa kapılıyorum. O an bir kadını aramam gerek. Israrcı bir his. Ve buna katlanamıyorum."

Aylar süren terapiden sonra nihayet samimi bir şekilde açılmıştı bana. David'in davranışına neden olan sıkıntıya ulaşabilmiştik.

"Yoğun bir huzursuzluk sanki..."

"Evet, işte tam da bu nedenle bara gidiyorum ya da kadınlara telefon etmeye başlıyorum."

"Böylece yalnız kalma korkusunun üstesinden geliyorsun. Bu, aldatılma durumunda da kadınların seni istediklerini ifade etmelerini sağlayarak..."

"Ama o kadınlarla ciddi bir ilişki yaşamak istemiyorum."

"Doğru. Derin bağlar kurmaktan kaçınıyorsun. Bu kadınlar senin için bir ayna gibi, senin değerini sana yansıtıyorlar. Onlar yoksa sen de yoksun."

"Gerçi bazen eğlenceli oluyor..."

"Eğlenceli olduğunu ve kendini iyi hissettirdiğini biliyorum" dedim. "Kadınlara kendini iyi hissetmek için bakıyorsun.

Ama sonra moralin bozuluyor ve kadınların ne kadar güvenilmez olduğuna inanmaya başlıyorsun. Kadının senin sevilebilir mi yoksa sevilemez mi olduğuna karar vermesine müsaade ediyorsun. Neyi kaçırıyoruz?"

"Bunu kendi başıma hissetmediğimi."

"Bu başkasına sunmak için fazla büyük bir güç. Sevilebilir olduğuna dair onaylanmak istiyorsun ama bunu elde etsen bile asla yeterli olmuyor. Bana göre tüm bunlardan çıkan sonuç, güç kazanmaya çalışırken aslında kaybetmekte olduğun."

"Hiç bu şekilde düşünmemiştim."

Aramızdaki mesafeyi kapatmak için öne doğru eğildim.

"Kendimi sevmem mi gerekiyor?" dedi; bu konuşmanın basmakalıp bir terapiye dönmüş olmasından ötürü gülmeye çoktan hazır görünüyordu.

"Evet. Bu, senin bu durumdan çıkış biletin. Eğer sevgiyi içinde bulursan dışarılarda kovalamak zorunda kalmayacaksın."

"Pekâlâ, Doktor. Pekâlâ, sana güveniyorum."

David kendini beğenmiş biriydi ama kolayca havasını söndürebileceğimi biliyordu. Özsaygısını; mesleği, fiziksel görüntüsü, maddi rahatlığı, ailesinden ve âşıklarından aldığı mesajlar gibi, yalnızca dışarıdan elde ettiği takviyelere dayandırmaktan vazgeçmek zorundaydı. Onlar kalıcı değildi. Bakışları solabilir, parasal durumu dalgalanabilir ya da kadınlar onu hayal kırıklığına uğratabilirdi. Sabitlik söz konusu değildi. Değerli hissetmek için, kendi kendine değerli olduğunu hissetmeyi öğrenmeliydi. Kendini takdir ve kabul etmeye başlaması, kendi kendini tanıma sürecinin önünü açması gerekecekti.

"Nasıl başlanır?" diye sordu.

"Başkalarının ne düşündüğünü umursamayı bırakmalı ve kendini bulmalısın" dedim. "İçgüdüsel olarak seni harekete geçiren şeyleri kabul etmelisin; bunların ne olduğunu şu an bilmesen bile. Belki de tam şu anda yapmakta olduğun şeydir; ama kadınlar olmadan bu işe koyulmaya ve bulmaya istekli olman gerek."

David'in narsisizmi tehlikeli olsa da aslında kendini kabullenmeye yönelik bir girişimdi. Gerçek aşka ulaşmak için güvenli ve daha az kırılgan bir yol araştırıyordu ama ben onu gerçek korkularının üzerine gitmeye zorluyordum ki artık onlardan kaçamasın. Eğer beraber o korkularla yüzleşebilirsek bunun onu aşka hazırlayabileceğini düşünüyordum.

İş çıkışı, boğucu yaz akşamında ağır ağır yürüyerek, her iki yanında restoran ve kafelerin sıra sıra dizili olduğu bir caddeden geçip en sevdiğim düşünme mekânına gidip oturdum; apartmanımın çatısındaki eski bir koltuğa. Burada oturur, sanki kendi oturma odamdaymışım gibi dışarıya, Manhattan'a bakarım. Caddedeki insanlardan birkaç kat yukarıda şehrin hareketliliğini izlemek bana rahatlatıcı gelir ve ayrıca olaylara hem şehrin karmaşasından hem de kendi duygularımdan uzak, farklı bir açıdan bakma fırsatım olur. Böylelikle şimdi David'e daha fazla odaklanabilirdim. Yaptığımız çalışmada bir uzlaşma noktasına varmak üzereydim; artık ona pinyataya vurur gibi vurmak istemiyordum ve gerçekten değişime açık olduğunu hissediyordum.

David önemli bir noktaya varmıştı. Zamparalığın kendisini iyi hissettirdiğini düşünüyordu ama sonunda, aksine kötü hissettiğini fark etti. Ama kendini sevmek kolay bir iş değildi; özellikle de David'in mesleki başarısından, arkadaşları ve ailesinin pohpohlamalarından, sosyal konumunun bir süsü olarak manken sevgilisinden ve kendi değerini kendine tekrar tekrar gösterme amacıyla diğer güzel kadınları da baştan çıkarabilme yeteneğinden aldığı kuvvetli destek söz konusuyken. Kendini başkalarına kanıtlama çabası, David'in gerçekten olabileceği kişi ile bağlarını koparan ve yalnızken hissettiği boşluğu maskeleyen kuvvetli bir dürtüydü.

Sonraki birkaç ay boyunca, David kendini keşfetme sürecinde yavaş yavaş yol aldı. Zamanını Brooklyn'de geçiren, sanata ilgi duyan birkaç arkadaşı sayesinde farklı bir sosyal çevreyle tanıştı. Güvenli sahasından dışarı çıkma riskini göze almıştı. Partilerde oturup kalabalığı incelediğini, "fakir ve gösterişsiz" insanların nasıl bu kadar mutlu ve hayat dolu görünebildiğini merak ettiğini söyledi. Bu düşünceye dair hoşnutsuzluğumu gizlemeye çalıştım çünkü bu soru onun için derin bir farkındalık içeriyordu: Yanıt, onların samimi bir hayat yaşıyor olmalarıydı ve David kendisinin hiç hissetmediği bu yaşam enerjisinden etkilenmişti. Onunla ilk görüşmemizdeki donuk bakışlarını, cesaretli tavrının gerisindeki bitkinliğini hatırladım. Bunlar artık yoktu. David, egosunun dar parmaklıklarının ve yanılsamalarının ötesine geçiyordu. Artık gerçekten *kendisinin* ne istediğini düşünebiliyordu.

Kendisine sürekli şunu sormasını istiyordum: Benim benliğim ne istiyor? Ben ne istiyorum? Sonunda David bazı kararlar aldı. Evlenmeye ya da Westchester'da bir ev almaya hazır *değildi.* Wall Street'te kaldı ama Nikki'den ayrılıp Brooklyn'e taşındı. Boş zamanlarını barda telefon numarası toplamak yerine gitar çalmayı öğrenerek geçirdi. Kitap okudu, müzeye gitti. Biz de görüşmelerimizi onun gerek basit gerek derinlikli keşiflerinden konuşarak geçirdik.

David'le bir yıldan fazla çalıştım ve onun yavaş ama etkili dönüşümünü izledim. Ve benim David'e olan tutumum da korku ve tiksinmeden sıyrılarak son derece insancıl bir çaba karşısında derin bir şefkate dönüştü.

David gibi zamparalık eden erkekler kolayca, "domuz" ya da "yavşak" gibi aşağılayıcı kelimelerle yaftalanabilir. Onları yargılamak ve onlardan nefret etmek kolaydır. Ama yine de bu zamparalık davranışı özünde aynı duygusal gereksinimlerden kaynaklanmaktadır: sevme, güvenme ve kabul görme. Bizi çok mantıksız ve işe yaramaz yollara sürükleyen şeyler de yine bunlardır.

Bu anlamda, hepimiz birer David'iz.

David aşkı buldu mu bilmiyorum ama kendini sevme konusunda hayat boyu sürecek bir yolculuğa başladığını biliyorum. Ne tuhaftır ki seanslarımız boyunca, aşkın gerçekte ne olduğunu *tanımlama* çabasına pek girişmedik. Aslında, aşkın ne olmadığı üzerinde daha çok durduk sanırım. Nihayetinde bir yerden başlamanız gerekiyor. Ama biliyorum ki şu an David, ilk seansımızda dile getirdiği gibi, kendini "sevmeye ehil" kılmaya çalışarak iyi bir iş çıkarıyor.

Ama aşkı soruşturma işi benim için henüz tamamlanmadı.

Rami

Rami ile Florida'da doktora yaparken tanıştım. O zamanlar haftada birkaç gece bir Lübnan lokantasında garsonluk yapıyordum. Rami düzenli aralıklarla gelen bir müşteriydi ve işyeri sahibinin bir arkadaşıydı; benim içinse siparişleri almak ya da servis etmek için koştururken karşılaştığım herhangi bir yüzdü sadece.

Tanıştığımız gece, Rami benim bölümümdeki büyük bir masada gürültülü bir grupla oturuyordu. Sonradan, o masaya bilerek oturduklarını öğrenecektim. Çok meşguldüm; devamlı o masadan bu masaya müşteriler arasında gelip giderken gözlerinin benim üzerimde olduğunu fark etmemiştim. Rami ve arkadaşları nargile içiyor ve sırayla dansözle dans etmek üzere ayağa kalkıyorlardı. Yemekten sonra, hararetli bir şekilde klasik Ortadoğu melodramını sahnelemeye koyulduklarını gördüm. Hesabı ödeme şerefine kimin nail olacağı üzerine tartışıyorlardı. Kargaşanın arasından geçip gidecekken Rami bileğimi kavradı ve telefon numaramı istedi. Açıkça. Önden ne kısa bir sohbet ne de bir iltifat; doğrudan konuya girmişti. Bu yeteneksiz bir zampara olduğunu ele veren bir yöntemdi. Ama yine de ses tonundaki bir şey beklenmedik şekilde dostçaydı, hatta içten. Ve aslında, bakışları o kadar ışıltılıydı ki sorusu bana itici değil doğal gelmişti.

Keşke, kalbi durduracak bir an olduğunu söyleyebilseydim ama değildi. Sadece beni aklımda bir sürü şey varken hazırlıksız yakalamıştı: Masa on bire yeni içecekler gidecekti, tavuklu sandviç büyük olasılıkla mutfakta hazır bekliyordu, masa üç hesabı istiyordu. Bu adamla hiç konuşmamıştım ama o çoktan benim numaramı istemişti bile. Tuhaf!..

Bununla beraber, büyük masa büyük hesap demekti ve henüz ödemeyi yapmamışlardı; bu yüzden arkadaşlarının yanında utandırmak istemediğim küstah müşteriler için hazırda tuttuğum yanıtımı verdim: "Tabii. Bana lokantayı arayarak ulaşabilirsin" dedim ve gülümseyerek uzaklaştım.

Ertesi sabah, öğle yemeği için masaların hazırlanmasına yardım ederken Rami yeniden geldi. "Sadece bir yerlerde kahvaltı yapalım" dedi. Yalın çekiciliği, böyle zararsız bir daveti reddetmek için aptal olmam gerektiğini söylüyordu.

Belki de beni yönlendiren Rami'nin ayartıcı gülümsemesiydi, bilemiyorum; ama sonuçta kabul ettim.

"Güzel. Seni yarın sabah on birde alırım" dedi ve ardından yanımdan uzaklaşıp, Rami'nin ilgisinden keyif aldıkları açıkça belli olan diğer kadın garsonlardan birkaçıyla sohbet etti. Bense kolayca kandırılarak istemediğim bir ürünü satın almış biri gibi hissediyordum kendimi. Bu nasıl olmuştu? Böyle kolay kandırılan biri değildim; dahası Rami'nin tarzı, benim flört radarımda kayıtlı bile değildi. Benden en az on yaş büyüktü; belki daha da fazla.

Çalışma arkadaşlarımla konuşurken onu bir süre inceledim; zararlı olmasa da biraz sıkıntı yaratabilirdi. Sağlıklı bir Akdeniz insanının karakteristik koyu renk gözlerine sahip, uzun boylu, buğday tenli bir adamdı Rami. Çene hatları sertti ve kırlar düşmüş, dalgalı esmer saçları vardı. Egzotik, sofistike ve insanda tedirginlik uyandıran bir havası vardı. Onu pahalı viskisini yudumlayıp sigara içerken hayal ettim. Clark Gable ya da Ömer Şerif gibi, klasik eski film yıldızlarını andıran tarzının çekici olduğunu kabul etmeliydim.

Ertesi sabah kahvaltıda Rami bana hayat hikâyesini anlattı. Filistin bölgesindeki Batı Şeria sığınma kamplarında büyüdüğünü ve şimdi Amerika'da, Güney'de çok sayıda gayrimenkulü olduğunu anlattı. Yirmili yaşlarının başında Amerika'ya göç etmiş ve yakın zaman önce, kırk yaşında emekli olmuştu. Zamanının çoğunu seyahat ederek geçiriyordu. Fas'ta ve İspanya'da evi vardı. "Yıl içinde defalarca oralara giderim" diye açıkladı. "Arkadaşlarımdan bazılarının da oralarda evi ve işyeri var."

Rami gibi biriyle hiç tanışmamıştım. Önceki erkek arkadaşım, eski bir Volkswagen marka minibüs kullanan ve ortalıkta ayakkabısız dolanan derbeder bir bohem havasındaydı. Hoş, şaşırtıcı ve sevecendi. İlişkimiz altı yıl sürmüştü. Sonra ondan ayrıldım. Benim için artık bir sevgili değil bir erkek kardeşti. Ayrıca ben hırslıydım ve büyük hayallerim vardı. Farklı tarzda bir adamla görüşmeye hazırdım; beni değiştirebilecek, harekete geçirecek biriyle. Rami yaşantıma yepyeni bir heyecan katmıştı; onunla hızlı ve yoğun bir ilişkiye kendimi bırakıverdim.

Rami bana para ve güzel bakışlardan daha cazip şeyler, örneğin macera sunabilirdi. Sanırım kararımda bu çok etkili oldu; çünkü ben tutucu bir sosyal çevreden geliyorum. Ailem hâlâ çocukluğumun geçtiği küçük, sevimli Güney kasabasında yaşıyor. Bir yetişkin olarak, artık o yalınlığın güzelliğini görebiliyorum ama gençken o yaşam tarzı bana çok sıkıcı geliyordu. Gezip görme tutkusuyla yanıp tutuşuyordum. Nedeni, küçükken babamın bana aldığı, Uzakdoğu'nun ve Amazonlar'ın fotoğraflarıyla dolu dünya ansiklopedisi olabilirdi; çünkü yetişkinliğimde bile yabancı şeylere olan ilgim azalmadı.

Rami ve ben farklı dünyaların insanlarıydık, dinlerimiz ve kültürel geleneklerimiz farklıydı. Çok anlamasam da farklılıkları seviyordum. Aslında, ilişkide bir ölçüye kadar benzerliklerin önemini kabul etmektense farklılıkların kesinlikle çok daha değerli olduğuna inanıyordum.

Rami'ye âşık olduğumda, kafalarında sadece türban ve terörist imgesi beliren bazı arkadaşlarım, Arap kültürüne karşı artan ilgimden kaygılanmıştı. Ama ben sihirli, büyük bir kapıdan geçip İpek Yolu'na adım atmış gibi hissediyordum kendimi. Rami beni arabesk müzikler eşliğinde dans etmeye götürdü, elmalı nargile içtik, baharatlı çaylar tattık ve Ortadoğu'ya seyahat ettik. Baş döndürücü mekânlarda aşkımız tam anlamıyla çiçeklenmişti; lüks yastıkların çevrelediği, üzeri kaliteli kumaşlarla örtülü alçak divanlara sevişme beklentisiyle uzanıyor, incir yiyorduk. Her yer kimyon, hindistancevizi ve yenibahar kokularıyla kaplıydı ve kabile müziklerini andıran hafif davul sesleri, neşeli flüt seslerinin eşlik ettiği, gırtlaktan söylenen sevda şarkılarına karışıp büyüleyici bir ahenk yaratıyordu. Flörtümüz duygusal anlamda tam bir ziyafetti.

Bu yaşam beni büyülemiş, ayaklarımı yerden kesmişti. Annem endişeleniyordu. Eninde sonunda Rami ve benim uyuşmadığımızı fark edeceğimi düşünüyor, "dengesiz bir terazi" olduğumuzu söylüyordu.

Ben bunun üzerinde durmuyordum çünkü ikimiz de dindar sayılmazdık. Bir yaz, Florida'daki bir nehirde yaptığımız kano gezisinde yaşanan istisnai durumu göz ardı edersek: Akşamüzeri, gökgürültülü bir fırtına patlak vermiş ve bizi nehrin ortasında yakalamıştı. Şimşekler etrafımızda çaktıkça korkudan büzülüyorduk. Nehirden çıkmak için elimizden geldiğince hızlı bir şekilde kürek çekmeye başladık. Ben İsa'ya sesleniyordum, o Allah'a. Nehrin kenarına varmayı başardığımızda, Rami'ye, "Neden Müslüman olduğunu söylüyorsun?" diye sordum. "Camiye gitmiyorsun, Ramazan gereklerini yerine getirmiyorsun; gerçi iftar yemeklerine gidiyorsun ama bütün gün de yemek yiyorsun! Üstelik büyürken bir Katolik okuluna gitmişsin."

"Müslüman doğdum" dedi.

"Ama dindar doğmadın" dedim.

"Evet; fakat dini bir kültürde doğdum" diye karşılık verdi.

Rami'nin İslam'ın en güzel taraflarını uyguladığını fark ettim. Kendini misafirperverliği, eli açıklığı ve başkalarına, özellikle fakirlere yardım edişiyle değerlendiriyordu. Vaktinin büyük bir kısmını, evsizler için açılan aşevinde gönüllü çalışarak geçiriyor ve aklına estiğinde kendi evini bile aşevine dönüştürüyordu. Bir keresinde, ev ve bahçe işlerine bakan işçilerini topladı ve onlar için yemek odasında tam bir ziyafet sofrası hazırladı. İşçiler şaşkındı. Başkalarına bir şeyler sunmaktan keyif alışını gerçekten hayranlıkla izliyordum ve nedeni dini inançları da olsa kişilik özellikleri de olsa, ben aramızdaki farklılıklara takılmaktansa bu güzelliklere odaklanmayı yeğledim.

Böylece herkesin yaptığı gibi, yaşadığım aşkı göklere çıkarmaya devam ettim; ilişkimi üzerine baştan çıkarıcı bir elbise giydirerek güzelce süslemiştim ve yüzeyin altında kalan herhangi bir kusuru görmeyi kesinlikle reddediyordum. Beni hayal dünyamdan koparacak, herhangi bir nahoş bilgiye ulaşmak istemiyordum. Farklılıklar olabilirdi ama bunlar sorun değildi.

İlişkimizin dördüncü ayında Rami beni arkadaşlarıyla Fas'a yapacağı seyahate dahil edene kadar...

Loş ve kalabalık Marakeş lokantasında dansözler kışkırtıcı bir edayla titrerken, davulların ve çınlayan zillerin sesi havayı dolduruyordu. Rami beni, Arap-Amerikan iş arkadaşlarıyla (aralarından bazılarının yakın çevrede evleri vardı) beraber sık sık eğlenmeye geldiği bir mekâna götürmüştü. Kuskusun yanında çeşni olarak, sürpriz bir şekilde, hiç beklemediğim halde en büyüğü ancak on yedi, en küçüğü de olsa olsa on üç yaşlarında kızların yer aldığı bir ziyafete oturmuştuk.

Birden kendimi çok huzursuz hissetmeye başladım. Seks turizmine yerinde tanık olmaktaydım. Her bir erkeğin geceyi geçirmek için bir ya da daha fazla kızı yanına alacağını anlamıştım.

Kızları inceledim. Genç olmalarına rağmen erkenden yaşlanmış gibiydiler. Bir tanesi, kavgacı sokak çocuğu gibi aç ve tetikte görünüyordu; bakışları ok gibiydi. İlkel bir pozisyonda yemeğinin üzerine eğildi ve bir taraftan düzenli aralıklarla omzunun üzerinden etrafı gözlerken kuskusu avuçlayarak yemeye başladı. Onun yanında iyi huylu, sakin bir kız oturuyordu. Ama dimdik duruşu ve kenetlediği elleri, gizlemeye çalıştığı tedirginliğini ele veriyordu. Batı tarzı giyimi başarısız bir girişim olan diğer bir kız ise oldukça cilveliydi; yetersiz beslenmeden kaynaklandığı apaçık ortada olan cansızlığını saymazsak fazlasıyla güzeldi.

Yanımdaki erkekler, ekonomik açıdan zor durumdaki genç kızları sömürmekte olduklarının farkında değil miydi? Bunun sebep olduğu fiziksel ve ruhsal zararları umursamıyorlar mıydı?

Dinlenme odasına giderken cilveli kızla konuşmaya başladım. Neden bu adamlarla beraber olduğunu anlamak istiyordum. Gerçek, çok can sıkıcıydı. Bu kızlar insan kaçakçılarının kurbanları değillerdi; bir örgüt ya da yerel bir kadın tüccarı tarafından satılmamışlardı. Aileleri tarafından gönderilmişlerdi ve işin aslı, bir Fransız turistle evlenmenin ya da Suudi bir işadamının ikinci karısı olmanın ve böylece tüm ailesine yetecek maddi kazanç sağlamanın hayalini kuruyorlardı. Bu arada da biraz yiyecek, az çok para ve bir pantolona razı oluyorlardı. Kız aksak İngilizce'siyle, işe girme fırsatlarının çok sınırlı olması ve işyerinde cinsel tacize karşı kadınları koruyan herhangi bir yasanın bulunmamasından ötürü, işyerinde çalışan erkekler tarafından sürekli cinsel ilişkiye girmeye zorlandıklarını ve bu konuda savunmasız olduklarını anlattı.

Bu kızların seçme şansı ve sığınağı yoktu. Sesleri yoktu. Maske takıp rahat ve çekici görünmelerine rağmen kahredici bir teslimiyet ve çaresizlik içinde olduklarını hissedebiliyordum. Bu kültürün bana ait olmadığını anladım; ama yüzeyin altında, kendi gerçekliklerini katlanabilir kılmak için epey zihin jimnastiği yapmaları gerektiğine inanıyordum. Bu kadınların gerçek hislerini öldürmek zorunda kaldıklarını ve inanç, güvenlik ve sevgi gibi ilişkiye dayalı temel ihtiyaçlarının ellerinden alındığını düşündüm. Bana göre, bu asırlardır süregelen basit bir seks ticareti değildi. Ortada her nasıl bir ticari alışveriş varsa bu genç kızların onuru ve insani değerleri pahasına yapılmaktaydı.

Buna daha fazla katlanamazdım. Ayağa kalktım, Rami'ye öfkeyle baktım ve "Amerikan Elçiliği'ni arayacağım ve eve geri döneceğim" dedim. Bağırarak konuşuyordum. Arkadaşları da kulak misafiri olmuş, saf birine bakar gibi bana bakıyorlardı. Buna rağmen, ezberden haklı sebepler sıraladılar. "Biz kızlara ve ailelerine *yardım* ediyoruz" dedi biri. Öbürü, erkekleri kandırıp, evlenmek için suçortaklığı yapan düzenbazlar olduklarını söyleyerek kızları karaladı. Rami umutsuzca, arkadaşlarının nahoş maceralarına asla katılmadığına dair beni ikna etmeye çalışıyordu. Beni sakinleştirmek için çok uğraşması gerekti. Fakat sonunda o an, Rami'yle aşk ve ilişkiler konusunda çok farklı bakış açılarına sahip olduğumuz inkâr edilemez bir şekilde kendini gösterdi.

Onunla tanıştığımda Rami yalnız yaşıyordu. Zamanının çoğunu bu arkadaş grubuyla geçiriyor, eğlenceler düzenliyor ve bir çeşit orta yaş derneği üyeleriymişçesine her yere beraber seyahat ediyorlardı. Aslında Rami ve arkadaşları herhangi bir kısıtlama olmaksızın, bolluk içinde, keyfince yaşayan özgür adamlardı. İnandıkları şey buydu. Rami'nin arkadaşlarından bazıları beni kışkırtıp felsefi tartışmalara çekiyordu. Ben bunları "Kusursuz Aşk Sefahatçilere Karşı" tartışmaları diye adlandırdım. "Aşkın amacı nedir?" ya da "Neden tüm vaktimi tek bir kadınla geçirmek isteyeyim ki?" diye soruyorlardı, sanki dünyayı tamamen saçma bir yöntemle anlamaya çalışıyorlarmış gibi. Kesinlikle aşka güvenleri yoktu; aşkı en iyimser açıdan bir yanılsama, en kötü haliyle de bir baskı olarak yorumluyorlardı. Bu adamlara göre tek gerçek, fiziksel zevkti. Kadınlar hayatın zenginliklerinin bir parçasıydı, tıpkı yiyecek ya da kaliteli bir şarap gibi.

Önceleri, aşka karşı tutumlarının, evliliğin bile bazen iş gereği olduğu kültürel kökenlerle bağlantılı olduğunu düşündüm. Bir ilişkiden duygusallık ya da arkadaşlık beklemediklerini fark ettim. Ama anlattıklarından, çocukluk döneminden bu yana arkadaş olduklarını ve gençliklerinde evlerini kaybetmemek için pasif direnişte bulunduklarını, dünyayı değiştirmeye kalkıştıklarını ve çeşitli sebeplerden ötürü kendilerini cezaevinde bulduklarını da biliyordum. Sonunda oradan ayrılıp Amerika'ya gelerek iş dünyasında başarılı olmuşlardı. Yüksek hedefler, ilkeler, adalet vb kavramların egemen olduğu yaşamlarını hepsi terk etmiş; dünyayı değiştirebileceğine inanmanın safça olduğu görüşünü benimseyerek hayatın tadını çıkarmakta karar kılmışlardı. Şimdi de bu hayali yaşıyorlardı; ama aslına bakılırsa, ruhsuz ve bunalımlı görünüyorlardı. Bu durum beni gerçekten çok etkilemişti. Bolca paraya ve böylesine özgürlüğe rağmen yine de Rami ve ben gibi neşe dolu ve zinde değillerdi ve tam da bu yüzden Rami, iki felsefe arasında sıkışıp kalmıştı.

Birbirimize beslediğimiz katıksız sevgi, tartışmayı usulca kazandı ve sonuç olarak Rami'nin arkadaşları bana karşı düşmanca bir tutum geliştirdi; bu, en sosyal bekâr arkadaşlarının, beni her yere (her yemeğe, her eğlenceye, her geziye) götürmesinden duydukları hoşnutsuzluğu dışa vurma biçimiydi. Bu adamlara göre tam bir vandaldım. Beni sohbetin dışında bırakmak için kasıtlı olarak yalnızca Arapça konuşuyorlardı.

Kurnazlık yapmaya karar verdim. *Barnes & Noble*'a gidip Mısır Arapçası sözlüğü buldum. Rami ve ahbapları dil değiştirdiklerinde konuştuklarından bir şeyler anlayabilmek için gizli gizli çalıştım. Size imkânsız gibi gelebilir ama ezberleme yeteneğim fazlasıyla iyidir. Kitabı hiç yanımdan ayırmadım ve mümkün olan her an okudum: metroda, kahve kuyruğunda, dişlerimi fırçalarken... Ayrıca nerede ve ne zaman fırsat bulduysam öğrendiklerimi uyguladım; örneğin evimin yakınlarında bir köşede seyyar satıcılık yapan Mısırlı adamla Arapça konuştum ve Ortadoğulu taksi şoförlerine yol tarif etmeye çalıştım.

Bir akşamüzeri, Rami ve arkadaşlarıyla bir kafede otururken konuşmaya başladım. Tam olarak ne söylediğimi hatırlamıyorum; ama elbette verdikleri tepki hâlâ hatırımda: gafil avlanmışlık ve şaşkınlık, ardından da kahkahalar. "Arapça konuşuyor! *Mısır* Arapçası!"

Arapça'nın farklı lehçeleri olduğunun farkında değildim. Yine de gönülsüz de olsa saygılarını kazanmıştım ve benimle ara sıra Arapça konuşmaya başladılar. Rami kendi lehçesini bana öğretmeye karar verdi. Çıplak halde çeşitli durumlarda yatakta uzanırken kelime oyunları oynayarak benimle saatlerini harcadı. Duygusal ve bir şekilde ruha yakın, boğazın derinliklerinden gelen bir dizi gırtlak sesiyle, bu dili kışkırtıcı bulmuştum. Dil herhangi bir kısıtlamaya izin vermiyordu; kendimi ifade etmeye çalıştıkça daha cesur ve açık hissetmemi sağlıyordu. Sesler kaba, ham ve ahenksizdi; sadece, herhangi bir ifadeye keskinlik ve tutku katan ses değişimleri vardı. Özellikle erkeklerin derinden gelen kulak tırmalayıcı sesleriyle bütünleştiğinde etkileyici olan bir dildi. Değişik bir harf vardı, diğerlerinden ayrılan yumuşak bir ses. Rami'nin dudaklarından dökülmesine bayıldığım, bir çeşit soluklu ses, uzatılmış H; insanın ya çok öfkelendiğinde ya da çok keyiflendiğinde çıkarabileceği tarzda bir ses. Ve kullanıldığında, sıradan ifadeler bile gösterişli bir şiirsellik ve ruhanilik içeriyordu. Sevgililer birbirlerine "ruhum" anlamına gelen *RoHi* (o soluklu H ile) ya da "kaderim" anlamına gelen *Naseebi* gibi kelimelerle sesleniyordu. Ama benim en sevdiğim iki kelime, *Habibi*, "aşkım" ve *ya-la*, "hadi gidelim"di. Birkaç genç, herkese Habibı diye seslenmek hoşuma gitmişti.

O zamanlar Rami'nin, arkadaşlarının etkisinde kalmasından korkuyordum ama daha çok, onların hayal kırıklığına uğramasına neden olacak şekilde Rami bana sadık kalmıştı; üstelik onların karşısında birlikteliğimizi sergilemekten keyif alıyordu.

Ve kısa bir süre sonra, bir gece uyuduğumu düşünerek nazikçe saçımı okşadı ve "Ana b'Hybek" ("Seni Seviyorum") diye fısıldadı. Ona âşık oluyordum. Gözlerinin içine bakıp, "Hadi birbirimizi çılgınca sevelim. Korunaksız olalım, bu aşkı hissedebildiğimiz kadar derinde hissedelim" dedim. Bu sözler benim için önemliydi. Yetişkinlerin yaşadığı aşkların çoğu koruyucu katmanlarla sarmalanmış oluyordu. Ama ben tamamen açık olma riskini almak, sürekli temkinli olmaktan vazgeçmek ve duygularımızı doyasıya yaşamak istiyordum.

Rami'yle ilişkimiz başladığında, lokantadaki iş arkadaşlarım onun çekici olduğunu söylediler fakat vurdumduymaz yaşam tarzı hakkında biraz mırıldanmakla yetindiler. Ve bir gece, medeni durumu hakkında bir şeyler gevelediler. Bu bir an için kaygılanmama neden oldu ama hiçbiri kesin bir bilgiye sahip değildi. Bana boşandığından söz etmişti ve ona inanmamak için hiçbir nedenim yoktu. Rami'ye her zaman ulaşabiliyordum ve düzenli bir şekilde geceleri onun evinde kalıyorduk; üstelik evi de bilindik bekâr evlerinden biri gibi görünüyordu.

Fakat Rami önüne geçilemez bir şekilde sosyal, çekici ve doyumsuz bir çapkındı. Giderek arkadaşlarımın neden bahsettiğini anlamaya başladım. Bir akşam, resmi bir yemeğe katılmıştık. Özenli giyinmiştim ve kendimi güzel hissediyordum. Rami'nin tanıdığı, göz alıcı genç bir kadın masamıza geldi. Rami heyecanlandı ve sandalyesinden kalkıp kadını yanağından öptü. "Masana bir şişe şarap gönderebilir miyim?" dedi. Anlaştılar ve sonra oturdu. Yirmi dakika sonra, tanıdığı başka bir kadın yanından geçip giderken Rami yine aynı şeyi yaptı. Kıskançlıktan mideme ağrılar girmişti.

Evine vardığımızda, karşı konulmaz isteğime teslim olup onunla yüzleştim.

"Diğer kadınlara kur yapıyorsun!"

"Dostça davranıyorum. Başka bir anlamı yok."

"Çok fazla kadın tanıyorsun. Bu kadar kadınla nasıl tanıştın?"

Omuz silkti. Ne söyleyebilirdi ki? Devam ettim. "Biliyor musun, lokantadaki insanlar daima senden bahsediyor."

"Onlar arkadaşım sadece."

"Sürekli bir şeyler duyuyorum."

Oltaya takılmıştı. "Ne gibi şeyler?"

"Pekâlâ... Biri bana senin evli olduğunu söyledi."

Rami başını iki yana salladı. "Kesinlikle evli falan değilim. Ben boşandım. Sana anlatmıştım."

Gözlerinin içine baktım.

"İslami... bir boşanma" dedi.

Nasıl bir boşanma? "Ne demek *bu*?"

"İslam dinine göre... kültürel... yasal değil. Ama aynı şey" diye ekledi aceleyle.

"Yani, sen *boşanmadın*!"

Rami sahte bir ifade takındı. "Defalarca sana anlatmak istedim ama doğru zamanı hiç yakalayamadım. İşte durum bu. Gerçekleştirilmesi gereken stratejik bir evlilikti. Planlı bir evlilik değildi ama iki taraf için de mantıklıydı. Anlamak zorundasın, benim kültürümde evlilik her zaman aşkla ilintili değildir. Altı yıldır ayrıyız ve o başka bir eyalette yaşıyor."

Nefes alamıyordum. Bana gerçeği anlatmak için ona âşık olmamı beklemiş olmasına inanamıyordum. Rami'nin bana anlattıkları arasında doğru bir şey var mıydı? Söylediği bütün her şeyi geri almasını ve her şeyi yoluna koyacak bir şey, herhangi bir söz söylemesini istiyordum.

"Neden bana anlatmadın?"

"Anlatmayı istedim. Ama anlamayacağından korktum."

"Evli bir adamla ilişki yaşamayı aklımdan bile geçirmezdim."

"Gördün mü? Önce bize bir şans vermek istedim."

"Bence o şansı şimdi kaçırdın."

Rami açıklamaya çabalıyor, eşiyle karşılıklı olarak ayrılmaya karar verdiklerini ama finansal sebeplerden dolayı boşanmadıklarını söylüyordu. Sonuç olarak, rastgele kadınlarla takılacak ama kimseyle uzun süreli bir ilişki yaşamayacaktı; çünkü ciddi bir ilişki yaşayarak kadının ondan eşinden boşanmasını talep etmesini istemiyordu. Eğer bir kadının kendisine yakınlık duyduğunu hissederse, o kadından ayrılıyordu. "Ama sen farklısın" dedi. "İlk defa âşık olduğumu hissediyorum."

Uzaklaşmam gerekiyordu. Evime döndüm ve ertesi gün Rami'den ayrıldım. Kısa bir süre sonra da tek başıma New York'a dönüp doktora stajıma başladım.

~

Manhattan'da yaşamak istiyordum ama bunu tek başıma karşılayamazdım. Ev arkadaşına ihtiyacım vardı. Benimle aynı dönemde New York'a taşınan, Sophie adında genç bir kadınla tanıştım. Manhattan'a beraber gittik ve kendimize bir ev aradık. Bir emlakçı bize çevredeki evleri gösterdi ama işe yarar bir şey bulamadık. Umutsuz bir halde eve döndük. Ben kendi adıma ayrıca gergindim çünkü stajım yakın zamanda başlayacaktı.

İnternetten *Craigslist*'e girdim ve beş yatak odası olan bir dairede, aylık sekiz yüz dolara bir oda buldum. Fotoğrafları yoktu ama görüntüsüne bakmadan kiralayacak kadar çaresiz durumdaydım. Sophie'yi arayıp, "Bu odayı kiralayıp paylaşalım" dedim. Parayı gönderdim ve emlakçı yerleşebileceğimizi söyledi.

Tek başına gittim ve Beşinci Cadde ile Otuzuncu Sokağın köşesindeki yassı tuğla binayı gördüm. Her katta bir apartman dairesi bulunuyordu. Beşinci kata çıkıp kapıyı çaldım; bir adam açtı. Üzerine bol gelen bir takım elbise giymişti; saçları darmadağınıktı ve ürpertici görünüyordu. Aksanlı bir İngilizce'yle kendini Nestor olarak tanıttı. "Selam. Burada yaşayacaksınız" diyerek, beni dar bir oturma odasına yönlendirdi; kirli, eski bir kanepenin ve küçük bir televizyonun yanından geçtik ve daracık, karanlık bir holde ilerleyerek benim "odama" vardık. Boştu. Dolap bile yoktu. "Bazen ben de burada kalıyorum, kanapede..." diye ekledi; benim için bir sıkıntı yaratmayacağını umuyordu. Nestor bana küçük depoyu, içindeki üç araç gereci, ayrıca küçük mutfağı ve yangın çıkışına açılan kapıyı gösterdi.

Bir hafta sonra Sophie geldi. "Nasıl bir yer burası böyle?" dedi çığlık atarak.

Evde ben ve Sophie dahil, kadınlı erkekli on kişi ve sayısız fare yaşıyor, ayrıca zaman zaman da Nestor gelip kanepede yatıyordu. Bu yapının önceden büyük bir ev olduğu ortadaydı. Nestor derme çatma duvarlarla, evi her tarafı kapalı odalara ayırmıştı. İçerisi hiç hava almıyordu. Kalabalık ve kirliydi. Telefon kulübesi gibi küçücük kabini olan ortak bir banyo vardı. İçinde kıyafetlerini bile değiştiremezdin, o kadar küçüktü.

Dolabımız olmadığı için Sophie'yle duvarlara çubuklar monte ettik ve kıyafetlerimizi onlara astık. Kıyafetlerin altında yerde yatıyorduk, minderlerin üzerinde. Yatak alamamıştık; fazla paramız olduğunda bunu kıyafete ya da eğlenceye harcıyorduk. Ayakkabılarımız ve takılarımız her yere yayılmış haldeydi. Sanki kocaman bir giyinme kabininin içinde uyuyor gibiydik. Ama büyük bir penceremiz vardı ve geceleri onun önünde uzanır, şehrin parıltılı ışıkları altında (tabii ki perde yoktu) Empire State Binası'na bakarak sohbet ediyorduk. Bazen, diğer odalardan birinde yaşayan çekici Brezilyalı çocuk da gelip bizimle kalıyordu ve biz her şey hakkında konuşuyor, her şeye gülüyorduk. Kısa sürede fark etmiştim ki, eğitim ya da iş için dünyanın çeşitli yerlerinden New York'a gelip başarılı olmayı amaçlayan onca insandan biriydik biz de.

Florida'dan ara sıra beni ziyarete gelen arkadaşlarım, nasıl olup da, senede on iki bin dolar kazanıp (staj için aldığım ücret) Manhattan'ın göbeğinde yaşayabildiğimi soruyorlardı. Onlara sadece, şehrin benim oturma odam olduğunu söylüyordum. Kendimi modern Holly Golightly olarak düşlüyordum. Aslına bakılırsa, oldukça mutluydum.

Altı ay sonra Rami aradı. Tekrar bir araya gelmek istiyor, kendisinin ve eşinin farklı eyaletlerde yaşadığını ve birleşme olasılığının kesinlikle söz konusu olmadığını tekrarlıyordu. Sadece kâğıt üstünde evliydiler. İkisi de ortaklaşa mal sahibiydi ve bu durumu değiştirmenin akıllıca olmayacağına karar vermişlerdi. "Resmi olmayan boşanma" ile ilgili her şey dostçaydı ve bu konuda eşiyle hemfikirdi.

Rami bana yalan söylemişti. Fakat onu sevmekten vazgeçmemiştim ve arkadaşlarıyla aramda geçen bütün o hararetli tartışmalar boyunca inandığımı itiraf ettiğim şu aşk denen şey için risk almayı istiyordum.

Barıştık ve bir kez daha uzun mesafeli doludizgin bir aşk ilişkisi yaşamaya başladık. Benimle çok yakından ilgileniyor, yalanını telafi etmeye çalışıyordu. Örneğin, bir akşam eve döndüğümde Rami'yle karşılaştım; bütün kız arkadaşlarım büyülenmiş haldeydi. Bana sürpriz yapmak için uçağa atlayıp gelmişti. Alışveriş yapıp buzdolabımızı doldurmuştu. "Bunlar hepiniz için" dedi. Ardından bizim için mükemmel bir akşam yemeği hazırladı. Ev arkadaşlarımı kahkahalara boğdu. Yemekten sonra banyoya gitti ve uzun süre ortalıkta görünmedi.

Ona bakmaya gittiğimde dizleri üzerine çökmüş, küveti temizliyordu. Sonra, benim narin çamaşırlarımı elleriyle yıkadığını öğrendim! Ve çamaşırlarımı katlamıştı. Şaka yapmıyorum. Sürekli bu şekilde davranıyordu. Bir daha asla böylesini bulamam diye düşünüyordum.

Rami kız arkadaşlarımın dostluğunu kolayca kazandı çünkü doğaldı. Sevgi dolu, koruyup kollayan, ilgili bir eş olabilirdi. Bir başka akşam, bütün arkadaşlarım ne kadar çok kilo aldıklarından yakınıp, saçlarını beğenmediklerinden, ne çeşit bir estetik ameliyat yaptırmayı hayal ettiklerinden bahsederken Rami oturup dikkatle arkadaşlarımın gevezeliklerini dinledi. Ve sonra, "Ben Brandy'nin nasıl göründüğünü umursamıyorum. Onu çok seviyorum. Yüz kilo da alsa, kolunu falan da kaybetse ben yine onun uğruna aya giderim" dedi.

Bir sene içinde Florida'ya geri döneceğime dair Rami'ye söz verdim. Bu arada, zaman zaman sıkıntılar yaşansa da ilişkimiz ilerledi. Beraberliğimiz bir çeşit tiyatro oyunu gibiydi; acıyı da yaşadık sevinci de ve bundan keyif alıyorduk. "Fas'ta kendimi arabadan dışarı attığım günü hatırlıyor musun? Bilmediğimiz bir yolun ortasındaydık ve sen beni bırakıp gitmiştin... Ya da başka bir adama gülümsediğimi sanarak bir lokantada üzerime yürüdüğün zamanı?" diyordum. Ve ikimiz de sevgi ve içtenlikle gülüyorduk. Ne var ki ayrıyken Rami'nin, eski sefahatçi dostlarıyla neler yapıyor olabileceği konusunda sık sık tedirginlik yaşıyordum. Gerçi Rami'yle iki haftada bir, hafta sonları görüşmeye çalışıyorduk. Ya o Kuzey'e uçuyordu ya da ben Güney'e. Ama aradaki dönemlerde, kendimi kaybedip, takıntılı birine dönüşüyordum. Bir gün en yakın arkadaşım, sürekli anlattığım Rami hikâyelerimden bıkmış halde, başını iki yana sallayarak, "İkinizden biri beyin kanaması geçirecek" dedi.

O zamanlar bunun pek farkında değildim ama takıntılarım her zaman ruhuma geri dönüp, evliliğiyle ilgili gerçekleri bana anlatmamasına çarpıyordu. İlişkimizi rayından çıkaran ilk şey bu güvensizlikti ve ben sürekli tetikte bekliyordum. Evlenmek için bir acelem yoktu ve bu yüzden böyle yaşamayı kabul etmiştim ama nifak tohumu ekilmişti bir kere. Büyük olasılıkla bu durum, takip eden olayların gidişatını belirlemişti.

Sürekli birbirimiz için doğru insan olup olmadığımızı düşünüyordum. Başka kadınlarla görüşüp görüşmediğini. İyi ve kötü zamanlarımızı aklıma getirip hangisinin doğruya işaret ettiğini bulmaya uğraşıyordum. Günlük tutuyordum. Ne zaman duygularım çılgınca yön değiştirse içgüdülerimdeki hissi yazıyor, sonra da bu duruma makul açıklamalar getirerek yeniden yazıyordum. Kendi muayenehanemi açtığımda, özellikle de ilk günlerde, bazen hastalarımın sıkıntılarını dinlerken düşüncelere dalıyordum; erkekler hakkındaki gerçekleri erkeklerden duymak beni Rami'yi ve kadınları üzen klasik durumları düşünmeye sevk ediyordu.

Ofisin dışında bile zihnim sürekli meşguldü. Listeler yapmaya başlamıştım. İyi nitelikler, kötü niteliklere karşı. İlişki konusunda kendime anlatacak bir hikâye arıyordum; en azından böylece duygusal tepkilerim tutarlı olacaktı. Bir gün Rami'nin bir zampara olduğuna inanıyor, ertesi gün sadece arkadaş canlısı bir adam olduğuna karar veriyordum. Ya da iflah olmaz bir yalancı olduğuna ya da sadece beni etkilemeye çalıştığına, beni kontrol altında tuttuğuna ya da beni koruduğuna. Ya da yalan söylemesinin o kadar da kötü bir şey olmadığına, hatta bunun zaman zaman biraz heyecan verici ve kışkırtıcı olabildiğine...

Ve kolayca, listeleme işlemini kendime çevirebiliyordum: Sadece olumsuzluklara odaklanıyor ve olumlu şeyleri gözden mi kaçırıyorum? Kendi kendime baş ağrısı mı yaratıyorum? O harika biri. Ben delirmiş olmalıyım. Günlüğü kapatma zamanı. İyi geceler.

Kendime sorabileceğim, içimdeki çatışmayı sonlandıracak basit bir soru bulmak istiyordum. Devam edip etmemem konusunda karar vermemi sağlayacak altın soru diyebiliriz buna. İlişkilerle ilgili bir köşe yazısı okumuştum; "İlişkiniz yaşam gücünüze katkı sağlıyor mu yoksa enerjinizi mi tüketiyor?" diye soruyordu. İşte bu soru beynimde yankılandı. Işığım ve ruhum düzenli olarak coşturuluyor ve ardından tüm hevesim bir anda çekip alınıyor gibiydi.

Annem, "Onun, yanında olmasından keyif alıyor musun?" diye sordu. "Eğer günlerini tek bir insanla geçireceksen önemli olan onunla beraber olmaktan keyif alman."

Bir arkadaşım, "Maddi anlamda sana destek olacak mı?" diye sordu.

Ben kendime, "Bu aşk mı yoksa fantezi mi? Bu aşkla ilgili bir şey mi yoksa mesele benim benliğim mi? Onunla olmamın gerçek nedeni ne?" diye sordum.

Alex

"Rus adamla, Chelsea'de, sakin bir restoranda buluştum. Köşede, şöminenin yanında oturduk; yeni okuduğum, Ukrayna'daki konuşma özgürlüğü üzerine yazılmış bir kitapla ilgili derin bir sohbete daldık. Diplomat olduğunu söyledi ama ben gizli ajan olabileceğini de düşündüm."

Bu benim Kasha ile ilk buluşmamdı. Kasha, iki aylık hastam Alex'in sevgilisiydi. Aslen Brezilyalıydı. Çıkık elmacık kemikleri ve göz kalemiyle kuyruk yapıp belirginleştirdiği badem gözleri vardı; çekici bir kadındı. Kısa bir süre önce yaşanan bir buluşmayı süslü ayrıntılar ekleyerek heyecanla anlatıyordu.

"Koyu ve derin bakışları beni etkilemişti" diye devam etti. Hafif aksanlı bir dille konuşuyor, duraksamıyor, çekinmeden anlatıyordu. "Sanki, bilmiyorum, ben onu sorgularken o benim sözcüklerimin arkasındaki beni bulmaya çalışıyor gibiydi. O an gerçekten beraber oturduğumuza inanamıyordum; titrediğimi ve onu arzuladığımı anlayıp anlamadığını düşünüyordum.

Anlamış olmalıydı çünkü birden parmağını dudaklarımın kenarında gezdirmeye başladı ve parmağını, nazikçe dudaklarımın arasına sokarak sorularıma son verdi.

Bardan çıktık ve onun Soho Grande'daki otel odasına gittik. Ben... yani... kendimi bırakmak istiyordum. Hemen. Ama o beni bekletti. Yatağa oturup gömleğimin düğmelerini açmamı söylerken sesi yumuşak, ağır ve kararlıydı. Yaptım. Bu sırada o, odanın karşı tarafından beni izliyor ve çıplak kalan göğüslerime bakıp beğeniyle başını sallıyordu. Soyunmaya devam ettim. Her kıvrımımın olağanüstü olduğunu söyledi. Sonunda bana yaklaştı ve ben kalçalarımı açıkta bırakacak şekilde eteğimi kaldırırken o, külotumu dizlerime kadar indirdi. Dudaklarını kulağıma yaklaştırıp 'Tatlı kız' diye fısıldadı. Kemerini çözdüğünü duydum. Külotumun tamamen çıkarıldığını hissettim ve onu ayağımla uzağa fırlattım. Gömleğim hâlâ üzerimdeydi ve o, saçımı arkadan kavradı, gözlerimin içine baktı ve girmeye başladı, sertçe ve yavaşça.

Neden erkek arkadaşımla sevişmek istemediğimi şimdi anlıyor musun?" diye sordu Kasha sakince.

Ah, evet. Anlayabilmiştim.

~

Kasha, elbise fırlatma hikâyesiyle beni büyülemişti. Onunla beraber, olanları kafamda canlandırmanın keyfini çıkardığımdan değil. Aksine, yüzümdeki kırmızılıktan kurtulmam ve terapi mesafemi yeniden sağlamam gerekmişti. Ayrıca bambaşka bir nedenden ötürü, bu olayların bana böylesine kışkırtıcı bir şekilde nakledilmesine şaşırmıştım; çünkü Kasha'nın, Alex'in bana tanıştırmaya hazırlandığı kadınla uzaktan yakından bir ilgisi yoktu. Alex'e göre Kasha, cinsiyetsiz bir babaanne donuydu. Üç yıl beraber olduktan sonra Alex, Kasha'nın sekse karşı isteksizleşmesinden endişelenerek bana gelmişti. Onun fazlasıyla azalan cinsel arzusunu yeniden canlandırmak ve beraberliklerinin, kadın dergilerinde hepimizin okuduğu cinsellikten uzak ve ilgisiz ilişkilerden birine dönüşmesini engellemek istiyordu.

Alex, yalnız gerçekleştirdiğimiz birkaç seanstan sonra daha fazla bekleyememiş, Kasha ile görüşmemi istemişti. Aldatıldığına dair en ufak bir kuşku duymuyordu. Bununla beraber, ben gerçekler ile Alex'in algısı arasında derin ve net bir uçurum olduğunu görebiliyordum. İlişkileri hakkında Alex'in anlattıklarına inandığım için kendimi enayi gibi hissediyordum. Ayrıca Kasha'ya da gücenmiştim; sanki bana da ihanet etmişti.

Kasha, asla bir hastanın anlatımını gerçekleri temsil ediyormuş gibi alıp kendimi kaptırmamam gerektiğini gösteren canlı bir örnekti.

Yargılamamaya çalışıyordum ama henüz Kasha'yla bile tanışmadan önce, zavallı Alex'in bedeninde tek bir seksi hücre dahi olmadığını düşünmüştüm. Alex bir ilaç şirketinde araştırmacıydı. Rahat kesim haki pantolonu, yakası düğmeli gömleği ve ince çerçeveli gözlüğü içinde tuhaf, periye benzer bir yaratık gibiydi. Güven anlayışının Alex için somut ifadelere dayandığını düşündüm; ölçümlere, sayılara, listelere, düzenlemeye.

Kasha hakkında konuşulacağı zaman, Alex amaç odaklı ve gergindi, endişeli görünmemek için faydasız bir çaba sarf ediyordu. Sürekli gözlüğünü düzeltiyor, parmaklarını pantolonunun kırışıklıkları üzerinde gezdiriyordu. Ayağını sallıyor ve sonra sabitlemek için bacak bacak üstüne atıyordu. Elinde bir not defteri ve kalem, hevesli bir öğrenci gibi ilgiyle bekliyordu.

İçgüdüsel olarak, Alex gibi hastalara her zaman destek olmak ve onları korumak istemişimdir. Fazla zeki, ayrıntıcı ve gizli bilgilere vakıfmış gibi kendinden emin tavrıyla sıradan ineklerdendi. Ama soğuk ve mesafeli olmaktan ziyade sevecen ve memnun olmaya istekli biri gibi davranıyordu. Birçok konu hakkında fazla ukala olabilirdi fakat ilişkiler konusunda masum ve içtendi.

Alex, beni aradığını çünkü bir araştırma yapıp, benim cinsel isteksizliği olan kadınlar üzerine uzmanlaştığımı öğrendiğini söyleyerek konuya girdi. Doğru, dedim ve bunun kadınlarda en sık rastlanan cinsel şikâyet olduğunu ve ne tuhaftır ki genellikle bununla ilgili çözüm arayışına girmediklerini anlattım. Kadınlar depresyon, gerginlik, keder ya da evlilik çatışmaları gibi konularda psikoterapiye başvurmaya erkeklerden daha meyilliyken; cinsel arzular söz konusu olduğunda, genellikle bu gerilemenin normal olduğunu varsayarlar.

Kasha'yla tanıştıktan sonra, sevgili olmaları bir yana, Alex'le tanışıklıklarını bile kafamda canlandıramamıştım; birbirlerinden çok farklıydılar. Ama üç yıldır beraberdiler. Kasha siyasi konularda yazılar yazıyor, daha fazla farkındalık yaratmak istiyordu. Alex'in kararlılığından etkilendiğini ve zekâsına saygı duyduğunu söyledi. Alex'in zengin bilgisi onu hem teşvik ediyor hem de ona ilham veriyordu. Kasha hırslı, Alex donanımlıydı. Alex yerleşikliği ve düzeni tercih ediyordu. Kasha'ysa yerinde duramayan biriydi.

Alex ve Kasha, Brownstone'un batı yakasında, tek yatak odalı bir evde beraber yaşıyordu. Kasha daha önceleri Queens'te yaşamıştı. Söylediğine göre, o zamanlar bazen kendinden kuşku duyduğu bazen de umutla dolu olduğu değişken bir dönemdi. Kasha, Alex ile birlikteliğinde, kendini New York kültürüyle bütünleşmiş, entelektüel, örnek bir genç çiftin parçası olarak görüyordu. İlginç arkadaşları vardı; edebiyatı, şiiri ve siyaseti seviyor, her sabah bagel* ve kahvenin yanında *New York Times* okuyorlardı.

* Bagel, ABD, Kanada ve Birleşik Krallık'ta yaygın olarak tüketilen, mayalı hamurdan yapılmış kalın ve halka şeklinde bir ekmek çeşididir. (ç.n.)

Tanıştıklarında Kasha'nın Alex'e olan ilgisinin ne derece Kasha'nın gereksinimlerine dayalı olduğunu düşünüyordum. Bu bir yere kadar tüm çiftler için geçerli olsa da Kasha'nın durumunda, nasıl ki onun New York'a taşınması, macera ve yenilik tutkusunu yansıtıyorsa, aynı zamanda, bu tutkuyu keşfetmek için derhal başka şekilde kendini güvende hissetmeye gerek duymuş ve Alex de ona bu güveni vermişti. Ama duruma alışınca Alex'ten sıkılmıştı ve şimdi daha fazla hareketliliğe ihtiyaç duyuyordu. Bir süreliğine Alex uygundu. Ama bilmiyordu ki, eğer ilişki gelişmez ve daha çok ortak yön keşfedilemezse bir ilişki, bu tarz geçici dürtüler üzerine kurulamazdı.

Alex, Kasha'yla tanışmamı önerdiğinde, istediği ortak bir seans gerçekleştirmekti. Ama genellikle yaptığım gibi, Kasha'yla önce yalnız görüşmek istedim. Alex'in ipotek altına almadığı bir görüşme, hikâyeyi Kasha'nın tarafından dinlemek için iyi bir yoldu ve dinledim; en ufak ayrıntısına kadar. Ama şimdi, doktor hasta gizlilik ilkesinden ötürü, onun sır dolu yaşamının ağırlığını taşımak ve dikkatle bölümlere ayrılmış gerçeğini saklamak zorundaydım; tıpkı onun yaptığı gibi. Alex'in gözlerine bakınca Kasha'nın ihanetine suçortağı olduğumu hissediyordum.

~

Kasha'yla yeniden buluştum ve yaşadığı birlikteliği Alex'e anlatma olasılığı üzerine konuşmadan önce ilişkilerine olan bağlılığını değerlendirmek istedim.

"Onunla kalmak istiyorum, evet" dedi. "Ama dürüst olmak gerekirse onu *o kadar* da çekici bulmuyorum. İlişkimizin yürümesini istiyorum çünkü iyi bir insan bulduğumu biliyorum. Ona güvenebilirim ve bana iyi davranıyor. Fakat bazen ilişkimiz, yanımda bir erkek kardeş ya da iyi bir arkadaş varmış gibi bir hal alıyor. Sanırım bu tüm ilişkilerde oluyor" dedi. Kesinlikle ve kayıtsızca kabullenmişti bu bilgiyi. Arsızlığının ardından kendini ortaya çıkaran tam bir sinizm söz konusuydu. İnsanların, hayatın can sıkıcı gerçekleri olduğuna inandıkları şeyler karşısında kendilerinden güç alarak ümitsizce boyun eğişlerini ve kabullenmeyle ruhlarını dizginleyişlerini izlemek ilginçti.

"Evet ama ya durum buysa?" diyerek onu kışkırttım. Onun kötümserliğine uyum sağlayarak onu daha çok sarsmak istiyordum. "Ya tutkuların zamanla azalması, her ilişkinin doğal bir parçasıysa?"

Kasha saçlarını savurup gözlerini devirerek, "Tanrım, ne kadar sıkıcı!" diye karşılık verdi. "Evet, halimden memnunum ve kendimi güvende hissediyorum ama heyecan yok. Bana aşk ateşi lazım. Sonsuza kadar böyle yaşayamam!"

Bu, tekeşliliğin büyük ikilemiydi. Kasha güvenlik ile tutku arasında seçim yapmak istemiyordu. Bu varoluşsal kararsızlık nihai bir fedakarlık anlamına geliyordu; her iki durumda da korkunun egemen olduğu bir hayat söz konusudur. Çoğu insan tutkudan vazgeçmeyi seçer; bazen de tutkuyu kendi yaşam güçlerini onurlandırmaya yönelik bir girişimle, özel ilişkileri dışında bir yerde ararlar. Fakat ben, Kasha'nın durumunun gerçek bir ikilem olduğundan çok da emin değildim. Belki de bu, yanlış bir seçimdi.

Bu ikilem, birkaç yıl öncesinde, kadınların cinsel isteksizliği üzerine bitirme tezi yazarak tamamladığım bir araştırmanın merkezindeydi. Söz konusu araştırmayı yeniden gözden geçirdiğimde, azalan cinsel isteğin yaygın olarak kadınlarda görüldüğünü ve daha da şaşırtıcısı olanı, etkili bir tedavisi olmayan birkaç cinsel sorundan biri olarak varsayıldığını öğrenmiştim. Bu benim o zamanlar kişisel olarak karşılaştığım bir sorun değildi; aslında üzerinde çalıştığım konuyu tam olarak tanımlayamıyordum. Rami'yle yaşadığım taze aşkın verdiği mutlulukla kendimi zinde hissediyordum. İnsanların söz ettiğini duyduğum, cinsel isteğin kaçınılmaz ölümü, ruhun lanetlenmesi demekti benim için. O tutkulu ilişkilerin ölüme doğru yol aldıklarını ve eğer uzun süreli ilişki istiyorsam güvenlik adına tutkudan vazgeçmek zorunda kalacağımı kabul edemiyordum. Neden etkili bir tedavi yoktu? Bu, ümitsiz bir vaka mıydı ya da daha kötüsü doğal mıydı? Bunu gerçekten merak ediyordum. Belki de kendi cinsel istek seviyemden bir şeyler öğrenebilirdim.

Kendi ilişkimde işe, tutkuyu sürdürmek için yapabileceğim bir şeyler *olduğunu* düşünüp, güvenlik–tutku ikileminin bir başka talihsiz kurbanı olmayacağıma, bunun sorumluluğunu üstleneceğime inanarak başlamaya karar verdim; sürekli tutkulu olma konusunda sorumluluğu kendime yüklemiştim.

Rami'yle Fas'a yaptığımız bir gezide, yanıma, kadınların cinsel dürtüleri üzerine yazılmış bir yığın *Xeroxed* dergisi makalesi ve kitap bölümü aldım (çoğunlukla erkekler tarafından yazılmıştı) ve arabayla Fes'ten Marakeş'e giderken onları okudum.

Aşkımızın doruklarındaydık. Mükemmel şekilde akıl dışı geliyordu bu. Onu hayranlıkla ve huşuyla seviyordum. Bitmesini istemiyordum. Arabada yanında oturduğumu, dudaklarının biçimine ve öndeki iki dişinin arasındaki küçük boşluğa öylece bakakaldığımı, benimle konuşurken güzelliğinde kaybolduğumu hatırlıyorum. Ona dokunmadan duramıyordum; buğday tenine, koyu renkli gür saçlarına... Kelimenin tam anlamıyla onunla sevişiyordum, sanki ötesinde bir şey hissetmek istiyormuş gibi etine bastırıyordum ve yine de yeteri kadar yakın olduğumu hissedemiyordum. Zihnine girmek, her bir parçayı incelemek ve işgal etmek istiyordum. Bütün anılarında var olmak, onları çalmak ve kendimi onlara dahil etmek istiyordum. Geçmişe yolculuk yapıp, küçük bir çocuk olduğu zamanlara gitmek ve onun köyünde yaşamak, onunla aç kalmak, evim dediği tek odalı sığınma kampı barınağında onun yanında uyumak istiyordum.

O zamanlar sadece beş aydır beraberdik ve doktora eğitimimin son senesindeydim. Genellikle derslerde çok ilgili bir öğrenci olmama rağmen, son zamanlarda, Rami'yle ilgili hayal kurmadan duramadığım için kendimi derse vermekte zorlanmaya başlamıştım. Bir gece önce benimle nasıl seviştiğini ya da gün sonunda olabileceklere ilişkin beklentilerimi kafamda canlandırıyordum. Seks bu derece iyi olduğunda seni her şeyden alıkoyabilir.

Rami'yle ilgili fantezilerimin sıklığı tutkumu artırıyordu ve ben bunun kontrol edebileceğim bir şey olduğunu fark ettim. Durdurmak için değil, hevesimi yoğun tutmak için. Elbette bu cinsel düşünceler, taze bir aşkın sancılarını çekmekte olan birine doğal olarak tam zamanında gelir; ama ben ayrıca, onları istediğim herhangi bir zaman da seçebilir miyim merak ediyordum. Dünyayı cinsel açıdan görmeye devam edebilir miydim? Rami'ye "Sen çok güzelsin" dediğimde, "Hayır, beni güzel gören senin gözlerin" derdi. Belki de söylediği doğruydu. Algı değiştirilebilirdi. Sadece Rami istediğinde karşılık vermek yerine, ben kendim sevişmeyi başlatabilir miydim? Erkekler bunu her zaman yapıyor, diye düşündüm, neden kadınlar yapmasın?

Bunu yapma konusunda becerimi yoklamaya karar verdim; ilişkimi bir çeşit laboratuvara dönüştürmüştüm ve işe yaradı.

Fakat yaklaşımımda, karşıma çıkabilecek engelleri de fark ettim. Duygusallık ve genellikle olumsuz düşünceler, imgeler gibi diğer şeyler, ilişkinin cinselliğine tutunmamı engelleyebiliyordu.

O gezide okuduğum, araştırmacıların "cinsel yakınlık çelişkisi" olarak tanımladıkları bir olgu üzerine yazılmış bir makaleyi hatırlıyorum. Duygusal yakınlığı artırmak için tasarlanmış olan evlilik terapisi yöntemlerinin, cinsel arzudaki azalışla ilişkili olduğunu keşfetmişlerdi. Dahası, iletişim becerilerini ve tümüyle ilişkinin niteliğini geliştirmek için tasarlanan, çiftlere yönelik terapi yöntemlerinin, cinsel problemlerdeki artışla bağlantılı olduğunu öne süren başka çalışmalardan da alıntı yapmışlardı. Nasıl yani? Daha eşitlikçi, iletişimi kuvvetli ve rahat ilişkileri olan çiftlerin en az tutku seviyesine sahip olduklarını ortaya koymuşlardı, öyle mi? *Artan* cinsel dürtüye neden olan etkenler mesafe, yenilik, tehlike ve güç farklılıklarıydı.

Bu, uzun süreli ilişkiler için pek de iyi bir haber gibi görünmüyordu.

Asla bir araştırmayı, hatta pek çok araştırmayı fazla ciddiye almam çünkü birçok makale okursunuz ve hepsi sonunda birbirine zıt sonuçlar ortaya koyar, biri diğerini hükümsüz kılar. Ama bu görüşün Kasha ve Alex'e ne kadar uyduğunu düşünmekten kendimi alamıyordum. Söz konusu rahat, eşitlikçi tarzda ilişkiye sahiptiler ve insan iyi gitmesi gerektiğine inanıyordu; ne var ki Kasha daha fazlasını istiyordu. Onu aşk kaçamağı yapmaya yönelten, yeni bir macera hissi miydi? Gerçekten ne gibi bir arayış içinde olduğunu bulmak istiyordum. Cinsel istek dediğimiz bu müphem iksirin olası aktif maddeleri nelerdi?

"Bana Alex'le sevişmenin nasıl bir şey olduğunu anlat" dedim Kasha'ya.

"Başlarda aramızda bir uyum vardı ama şimdi neredeyse yok oldu; çok ama çok sönük" dedi. Başparmağı ile işaretparmağını birbirine iyice yaklaştırarak, ifade ettiği şeyi gösterdi. Alex'i "şefkatli ve anlayışlı", sevişmelerini ise "genellikle misyoner pozisyonda" diye tanımladı; ama sevildiğini hissettiği için uzun bir süre bunu sorun etmediğini söyledi. "Beni tutkuyla öperdi, gözlerimin içine bakardı, sarılırdı. Alex'in sıcaklığı kendimi güvende hissetmemi sağlardı ve bu oldukça tatmin ediciydi."

Kasha kaşlarını çattı.

"Ama?"

"Ama zamanla Alex'in bunu benden daha çok istediğini fark ettim. Ben haftada bir yapmaktan mutlu olabilirdim ama o her gece sevişmek istiyordu. Tüm gün çalışmaktan yorgun düşüyordum ve tek dileğim erkenden uyumaktı ama o sevişmek istiyordu."

"Bu sana kendini nasıl hissettiriyordu?"

"Dürüst olmak gerekirse rahatsız oluyordum. Bazen sadece bir an önce bitsin diye sevişiyordum. Başlarda pek zor gelmiyordu ama sonunda karşı koymaya başladım. Ve o *yine de* şansını deniyordu. Bu beni daha fazla kapatıyordu. Şimdiyse isteğimi tamamen kaybettim."

"Yani sevişmek istemediğin zamanlarda da onun isteğini kabul ettiğin için zamanla bu güzel eylem sende bir görev ya da zorunluluk haline dönüştü."

"Erkeği mutlu etmenin gerekli olduğuna, böylelikle beni aldatmayacağına inanıyorum" dedi hiç düşünmeden.

"İstemediğin bir sevişmeye boyun eğdiğinde, bunun Alex'i mutlu edeceğini gerçekten düşünüyor musun?"

"Elbette. Bilmiyor ki. Benim kendi fantezilerim oluyor. Performans ortaya koyuyorum. Hafifçe inliyorum, kıvranıyorum ve gerekliyse orgazm taklidi yapıyorum. Bunun da kimseye zararı yok."

Kasha'ya göre bu tamamen mantıklıydı ama ben bunu çiftleri cinsel yalnızlığa sürükleyen olağan süreçteki ilk sahne olarak yorumluyordum. Sevişmek "görev"e dönüştüğünde artık o sıkıcı ev işlerinden biri, bir sorumluluk, yapılacaklar listesinde bir maddedir. En iyi haliyle ilgisiz, en kötü haliyle de hınçlısınızdır. Peki doğal haz nerede?

Benimle konuşurken Kasha küçümseyen bir tavır içindeydi. Erkekler hakkında eski Brezilya bilgeliğine tanık olmama fırsat verdiğini öne süren bir güvenle benimle konuşuyordu. Fakat kadınlar, sevişmeye gerçekten dahil olmadıklarında erkeklerin acı bir biçimde bunun bilincinde olduklarının farkında değillerdi. Dahası, Alex Kasha'yla sevişmeyi önceki yıl boyunca "ruhsuz" olarak tanımlamıştı. Öpücükleri öpmüş olmak içindi, diyordu. Dokunuşları sert ve mekanikti, bakışları anlamsızdı ve evin içinde pasaklı bir halde dolanıyordu. Ama işe giderken giyindiği zaman oldukça çekiciydi. Kasha'nın "performansına" rağmen, ruhsal varlığı uçup gitmişti. Alex onu hoşnut etmek için delice uğraşmış fakat o ne kadar çabalarsa Kasha o kadar ilgisizleşmişti ve Alex de kendini o derece reddedilmiş hissetmişti. Herhangi bir sıcaklık göstergesine karşı, her şeyi göze alan Kasha'ya göre Alex bağımlı biriydi. Alex, Kasha'nın ilgisizliğini sezerek aralarında çıkan tartışmaları, Kasha'yı sıktığını ve bu yüzden de artık mutlu edemediğini düşünmeye başlamıştı.

"Vitrin mankeniyle sevişmek gibi" demişti. "Kusursuz görünüyor ve sevişiyor da; ama aslında o anı gerçekten yaşamıyor."

Alex, Kasha'yla olan iletişiminin kopukluğundan ötürü gergindi ama aklındaki çelişkileri Kasha'nın sezmesine asla izin vermemişti. Bu sadece durumu daha da kötüleştirir, diye düşünüyordu. Sonunda, kendine olan güvensizliği katlanılmaz bir hal aldığında bana gelmişti.

Kasha'ya onun son sözlerini tekrarlayarak, "Yani Alex'e zararı yok, öyle mi?" dedim. Alex'in onun taklit yaptığını anladığını söyleyebilmek isterdim. Bunun yerine sorunu ona yönelttim. "Ya bu sessiz sinema oyununun sana verdiği zarar?"

Kasha gülümsedi ve çekingen bir ifadeyle gözlerini kaçırdı ama yanıt vermedi. Sonra Kasha'nın, kendini Alex'e nasıl tanıtırsa tanıtsın, yatakta rutine bağladığı hareketlerini ne kadar ustaca yerine getirirse getirsin, ne denli doğal bir güzelliğe sahip olursa olsun, gerçek cinsel güven duygusundan yoksun olduğunu anlamak beni şaşırttı. O sadece kendi rolünü oynuyordu.

"Sevişiyormuş gibi görünmekten *sen* sıkılmıyor musun peki?" dedim.

"O Rus adamla sıkılmıyorum" dedi hemen.

Rus adamla beraber olmanın en çok neyinden zevk aldığını ona sormadım. Ne yazık ki *ben* de Rus adamın kulağa daha seksi geldiğini düşünüyordum.

"Kendini Alex'le mi yoksa Rusla mı beraberken daha seksi hissediyorsun?"

"Rusla. Tabii ki."

"Neden böyle? Merak ediyorum. Neden böyle bir değişim o an kimin yanında olduğuna bağlı?"

Kasha söyleyemedi; yanıt düşünebileceğiniz kadar net değildi. Aslında Rusla ateşli kaçamakları, gerçekten de Kasha'nın kendine güveni olmadığına dair değerlendirmemi doğruluyordu. "Rusla buluştuğunuz geceyi anlatırken, senin rolünün itaat etmek olduğunu fark etmiş miydin? Ve Alex'le pasif gibisin. Bu etkileşimlerde *senin* gücün nerede?"

İşin özü itibariyle, gerçekten soruyordum: "Sen neredesin? Ve sen ne istiyorsun?"

"Benim gücüm var!" dedi ısrarlı bir ifadeyle. Öfkelenmişti. "Rus adamın beni arzulamasını sağlama gücü; Alex'in ilgisine sahip olma gücü."

"Sen onaylanmaktan bahsediyorsun, güçten değil..." dedim. "Peki ya senin *kendi* isteklerin? *Kendi* gereksinimlerin? *Senin* arzuların neler? *Seni* tahrik eden şeyler ne?"

Kasha düşünceli bir halde geri çekildi. O bir yanıt arayışıyla düşüncelere daldığı esnada ben sessizce oturdum. Kendini savunmaya çalışarak içine kapanmasını değil, kendini açmasını umuyordum.

"Bilmiyorum" dedi sonunda.

Bu tam da onun farkına varmasını istediğim şeydi. *Bilmiyordu.* Evet, baştan çıkarma sanatında yetenekliydi. *Erkeklerin* ne istediğini biliyordu, bir yere kadar. Ama kendisinin ne istediği konusunda hiçbir fikri yoktu. Doğrusu, Kasha kendisinden bir beklenti içine girilmeden arzu edilmeyi istiyordu. Bunun dışında da pek bir şey istemiyordu. Bu daha çok *duygusal* bir ihtiyaçtı, kronik cinsel isteksizlik tuzağına düşen bir kadının karakteristik özelliğiydi. Birinin benliğini tek başına geçerli kılması için cinsellik tatmin edicidir; ama geçici bir süre için. Devamlılığı yoktur. Kasha'ya onaylanmanın *yanı sıra ve ötesinde* neyin onun cinselliğini harekete geçirebileceği üzerine düşünme konusunda yardım etmek istedim. Ama önce, *bilmediğini* anlaması gerekiyordu.

Seansı sonlandırırken, "Ne istediğini bilmek, insanı güçlendirir, Kasha" dedim. "Bilmediğini bilmen, iyi bir başlangıç. Bir sonraki görüşmemizde buradan devam etmeliyiz."

Kasha morali bozulmuş ya da kafası karışmış gibi görünüyordu ya da her ikisi birden. Ve hayal kırıklığına uğramıştı. Cinsel dürtü denen bu soyut kavramın ne anlama geldiği hakkında hiçbir fikri yoktu. Ama sohbetimiz üzerine iyice düşüneceğinden emindim. Fazlasıyla çözüm odaklı biriydi. Buna rağmen, Rus adamın cinsel çekiciliğinin ve yarattığı anlık heyecanın onu kör etmesinden kaygılanıyordum.

Kasha'yı güzelliğinin ve seks maharetinin tadını çıkarıyor diye hırpalamak istemiyordum; inanın bana, kadınlığın bu iki yönünü de kutlamaya tümüyle varım. Ayrıca kadınların genellikle seksi olduklarını ve arzulandıklarını hissettiklerinde sevişmek istedikleri doğrudur. Ama Kasha'nın kaçamağı, onun narsisizmini tatmin etmeye yönelikti ve beğenilmeye verdiği önem, cinsel motivasyon için başka kaynaklar bulma olasılığına engel oluyordu. Kasha *erkeklerin* ne istediğini biliyordu; bu yüzden bu bakış açısını geliştirmiş, ilginin tadını çıkarıyordu. Ama bu yine de yaygın erkek senaryolarını kuvvetlendiren "sahte bir cinsel çekicilik"ti. Bir bakıma yanıltıcı reklam gibi bir şey: Seksi görünüyor, baştan çıkarıcı tavırlar sergiliyor ve sonra adamı elde ettiğinde, diş tellerini, gözlüğünü yeniden takıyor ve *Law & Order* dizisinin tekrarını izlerken adamın onu rahatsız etmemesini umuyor. Neden? Çünkü rol yapmak yorucudur ve eninde sonunda dinlenmek ve kendiniz olmak istersiniz.

Alex, Kasha'daki bu durumun farkındaydı; ben de. Bir şeylerin yolunda gitmediğini biliyor ve kendini suçluyordu. Ama o, denklemin iki tarafından biriydi sadece. Kasha, Rus adamla birlikteyken bile kendisi değildi. Bir şey sahte olduğunda bunu anlayacak zekâ, hepimizin tabiatında var. Anneler sevgi göstermediklerinde bebekler anlar. Ben dikkatle dinlemediğimde hastalarım anlar. Erkekler striptiz kulüplerinde her zaman tahrik olmazlar. (Bu gerçekten böyle. Erkekler bunun sadece bir gösteri olduğunu bilirler. Eğer kucak dansçılarının *gerçekten* kendilerini arzuladığını anlarlarsa, işte o zaman tahrik olurlar.)

Hastalarıma, yanıtlamakta genellikle zorlandıkları şu basit soruyu daima sorarım: "Gerçekten istediğin ne?"

Çoğu yanıtı bilmez, ki bu kendimizi tanımak için ciddi zaman ayırmamız gerektiği anlamına gelir. Benim hedefim, hastalarımı aşk ve şehvetin gerçek anlamını keşfetme yönünde harekete geçirmek ve bu bir gösteri, bir performans ya da kurgu değil. Bu kadar çok insanın hem cinsel olması ya da cinsel *davranması* hem de kendi doğal dürtülerini bastırması ya da tanımaması çok şaşırtıcı. Kasha arzulanmayı o kadar zorunlu kılmış, bu düşünceye o kadar bağlanmıştı ki kadınlığının farkında değildi. Seks ruhsal gereksinimleri karşılayabilir ve karşılar da. Ama seks *sadece* ruhsal değil bedenseldir de. Kasha'nın kendisindeki cinsel tutkuyu keşfetmesine yardım etmek istiyordum çünkü cinsel tutku önemli bir yaşam enerjisidir.

Kasha, bedensel zevki talep etme ve yaşama hakkı olduğu fikrine sahip değildi. Bu, kadınların bir şekilde toplumsal olarak yetkilendirilmiş olan erkeklerden öğrenebileceği bir dersti. Geleneksel varsayımların aksine, benim konuştuğum erkekler, kadınlar cinsel senaryoların dışına çıkıp, pasif ve alıcı konumundan sıyrıldıklarında daha hoşnut oluyorlar. Ne istediğini bilen ve bunu dile getiren kadınlardan hoşlanıyorlar. Birlikte oldukları kişinin kendine has, güçlü bir cinsellik anlayışı olduğunu ve bundan zevk aldığını bilmek istiyorlar. Kadınların tüm ihtiyacı, kim olduklarını ve ne istediklerini bilmek; her şeyi erkeklerin yapmasını beklememek ve keyif alabilmek için bizzat sorumluluk üstlenmek.

İki kez görüşmüş olmama rağmen Kasha resmiyette hastam değildi. Benim hastam Alex'ti ve ne yazık ki neredeyse imkânsız bir durumla karşı karşıyaydı. Kasha'yla sevişmek sıradanlaşmış, hatta neredeyse imkânsız bir hal almıştı. Bu kimin hatasıydı? Sıkıldığımdan yakındığımda annemin bana söylediklerini hatırladım: "Tatlım, sıkıldıysan, bu *sen* sıkıcısın demektir."

Sıkılmamak için kendi keyfinizin sorumluluğunu almak zorundasınız. Bu durum cinselliğe uyuyor. İki taraf da uğraşmak zorundaydı. Ama ne yapacağı konusunda Alex'in kafası karışmıştı ve öte yandan Kasha da, tüm heyecanı beraber olduğu erkeğin yaratmasını bekliyordu. Ve bu durumda, zavallı Alex'in Rus adam karşısında pek şansı yoktu.

"Artık Kasha'nın beni sevdiğini sanmıyorum" dedi bir gün. Kasha'yla tanışmamı önerecek kadar kendini güvende hissettiği ilk seanslardan bu yana bir şeyler değişmişti. Şimdi mağlubiyet çukuruna gözlerini dikmiş ve Kasha'yı kaybedecek diye ödü kopmuş bir halde uçurumun kenarında bekliyordu. Onun için çok üzülüyordum. "Hâlâ çok iyi anlaşıyoruz ve birbirimizi seviyoruz ama tutku yok. Önceden yatarken seksi iç çamaşırları giyerdi, şimdi tişört ve şortla yatıyor. Hiçbir ilgi gösterisinde bulunmuyor, beni baştan çıkarmak için hiçbir şey yapmıyor artık. Kasha..."

"Sen onu baştan çıkarmak için ne yapıyorsun?" diye sorarak sözünü kestim. Ona annemin sıkılmak konusunda söylediklerini anlattım.

"Aslında... onun orgazm olması için uğraşıyorum. Ne yapabileceğimi soruyorum ama o cevap vermiyor. Gerçekten, her seferinde aynı şey. Onu öpüyorum, göğüslerini okşuyorum, o orgazm olana kadar klitorisiyle oynuyorum ve sonra sevişiyoruz."

Alex, cinsel açıdan kadınları memnun etmek üzerine yazılmış, kişisel gelişim kitaplarından satın aldığını ama yöntemleri denedikçe Kasha'nın daha çok ilgisizleştiğini ve bunu anlayamadığını söyledi. Talihsiz yaklaşımı karşısında sessiz kaldım. Hiç kuşkusuz, çoğu kadın bir şekilde, işkenceyi andıran bu tip tekdüze cinsel ilişkiye katlanmak zorunda kalmıştır.

"Onu gerçekten memnun etmek istediğinin farkındayım."

"Evet, umutsuzca."

"Onu memnun etmenin, *orgazm* olmasını sağlamak anlamına geldiğine inanıyorsun?" Ne gibi bir imada bulunduğumu anladığını umuyordum.

"Onu önemsediğim için mutlu olmalı. Değil mi?"

"İyi bir cinsel ilişki *orgazmdan* fazlasıdır." Alex'in gözlerinde, anladığını gösteren bir parıltı belirdi ama parçaları bir araya getiremiyordu. "Sen sanki hedef odaklı bir yaklaşıma sahipsin" diye devam ettim. "Ansiklopedinin, kadınlar hakkında anatomik bilgiler ve cinsel ilişki teknikleri içeren kısmını yok etmeni istiyorum. İyi bir cinsel ilişki bir algoritma değildir!"

Alex bir kahkaha attı, ne yaptığını bilen biri edasıyla.

"Önemli olan süreçtir! Cinsellik etrafında dans, bir çeşit kutlama, iki kişi arasındaki cinsel ilişkiyi eğlenceli hale getirir."

Rafımdan ince bir şiir kitabı aldım. Ona kitabı uzatırken, "Bende senin için *yeni* bir el kitabı var" dedim. "Madem ki şiir seviyorsun bunu almalısın. Pablo Neruda, *Kaptanın Dizeleri*."

Okuduğum en şehvetli kitaplardan biriydi. Alex'e söylemedim çünkü bunu kendisinin keşfetmesini istiyordum. Ve belki de Neruda örneğini özümseyebilirdi.

Şilili şair ve siyasi aktivist Neruda uzman bir âşıktı; hassasiyetini gururlu bir asker gibi göğsünde taşımış ve arsızca, etçil bir tavırla arzularından bahsetmişti. Komünistlerin kıyımı sırasında Neruda Şili'den kaçtı ve bu kitaptaki şiirleri, Capri Adası'nda, sürgündeyken yazdı. Şiirlerin esin kaynağı eşi Matilde'ydi. Bu gerçek, hayvani ve sonu gelmez arzusu bir metres ya da bir yabancıya karşı değil, eşine karşıydı. Neruda'nın bir bildiği vardı belki de.

Alex kitabı aldı, kapağına göz attı ve çantasına koydu.

"Hadi şimdi, şu anki haliyle sizin sürecinize bakalım" dedim. "Kasha'yı memnun etme girişimlerini, buyurgan birinin değil de kendini sevdirmeye çalışan ve her denileni yapmaya hazır birinin tavrıyla gerçekleştiriyorsun sanırım."

Buna, erkek hastalarımda her zaman tanık oluyordum: Bazı beceriler öğreniyorlar ama bunları uygulayacak edepsizliğe, soğukkanlılığa ve cesarete sahip değiller.

"Evet" dedi, Alex bir süre sonra. "Galiba pek de seksi nitelikler değil."

"Yatak odası dışında onu nasıl baştan çıkarıyorsun?"

"Onu baştan çıkarmak için bilinçli bir çaba sarf etmem gerektiğini hiç düşünmedim. Bu bana şansını fazla zorlamak gibi geliyor."

"Şansını zorlamak mı?"

"Eğer beni seviyorsa kendiliğinden olur zaten."

"İşler bu şekilde yürümüyor, Alex. İstikrar, dostluk ve aşk için çaba sarf edersin. O senin en yakın dostun ama bir şeyi gözden kaçırıyorsun. Onun için bir seks objesi de olman gerekiyor."

"Bir ne?"

"Evet, Alex. *Sen* bir seks objesisin!" diye açıkladım.

Bazılarının bu ifadeden irkilebileceğini biliyorum; ama sizi kişisel ya da siyasi hüküm altına alan bir tanım olarak kullanılmadığı sürece, yatak odasında bu gereklidir. Alex'in kendini biraz seksileştirmesini istiyordum. Eğer sorumluluk almaya hâlâ istekliyse eskiden olduğu gibi yine *tam bir erotik âşık* olabileceğine inanıyordum.

"Kasha senin sadece arkadaşın değil" dedim. "Senin sevgilin."

"Ve ben, benim sevdiğim gibi onun da beni sevmesini istiyorum" dedi.

"Benim söz ettiğim bu değil" dedim. "O senin *seviştiğin kişi.*"

Freud'un ensest tabusu kavramını düşündüm. Sevgililer birlikteliklerinde öyle bir tuzağa düşüyorlar, kendilerini o birlikteliğe öyle bir kaptırıyorlar ki, birbirlerini seks objesi yerine aile objesi olarak görmeye başlıyorlar. Bu da birbirlerini cinsel açıdan çekici bulmalarını engelliyor.

Alex'e yardımcı olacak yeni bir taslak sunmayı planlamıştım. Onun, zıt yönde ilerleyerek ilişkilerindeki cinselliği yeniden keşfetmesini istiyordum. Neruda'nın başarılı bir şekilde gerçekleştirdiği şey buydu; cehennemi bile eşiyle çekici hale getirmişti. Eşinin bedenini nesneleştirdi ama aynı zamanda onu delice sevdi. Sanırım Neruda bir evlilikte güven duygusunu ve tutkuyu nasıl elde edeceğini çözmüştü.

Alex, birkaç canlandırma egzersizine tepki verebilirdi. Bu, kuruntulu ümitsizliğini olumlu bir şeye çevirmek için kullanılabilecek bir yöntemdi. Cinsel fantezilere ilişkin kendi fikirlerimi hastalarıma dayatamayacağımı öğrenmiştim; kendi bulundukları yerden başlamalarına fırsat vermeliydim.

"Şu anda hissettiklerinden hareketle nasıl çalışabileceğimize bir bakalım. Onu kaybetmekten korkuyorsun. Bu senin bedeninde nasıl bir his yaratıyor?"

"Midem kasılıyor."

"Bu endişe hissini tutkuya çevirdiğini hayal edebiliyor musun? Kasha'ya dair yoğun bir açlığa."

Alex belli belirsiz omuz silkti. Ondan gözlerini kapamasını isteyip zihninde ne tür bir his ya da fantezinin canlandığını sordum.

"Üzüntü. Keşke onu elimde tutabilseydim."

"Tamam. Cinselleştirmeye çalış. Biraz hayal kur."

"Ben... onu eve kapatmayı isterdim ki... kaçmasın. Sadece benim olsun."

"Harika. Kaçmayacağından nasıl emin olacaksın?"

"Onu bağlayabilirim."

"Güzel, devam et."

"Onu bağlayacağım ve benim olduğu konusunda ona yemin ettireceğim. Onu her istediğimde defalarca becereceğim!"

"Ondan seni tatmin etmesini isteyeceksin."

"Evet, onun bedeninde ziyafet çekeceğim. Onu ısırıp damgalayacağım."

Alex'e egzersizin ona nasıl geldiğini sordum. "Beni kışkırttı" dedi. Güzel. Alex'in, tüm korkularını güçlü bir fanteziye çevirebilmek için bu şekilde düşünmeye devam etmesini istiyordum. Sonraki birkaç seansın hepsinde de bu egzersiz için birkaç dakika zaman ayırdık ve ben Alex'ten bunu tek başına denemesini istedim. Son olarak da ona ev ödevi verdim.

Alex her zaman hevesli bir öğrenciydi ve kolayca şekillendirilebilen doğası çalışmalarım için uygun zemini sağlıyordu. Yine de onu bir başarısızlığa hazırlıyor olabileceğimden kaygılanıyordum. Bu konuda şansımı deniyordum çünkü Rus adam tarafından ne kadar büyülendiği düşünülürse Kasha henüz Alex'e hazır olmayabilirdi. Ama Alex'le ilişkilerinin yürümesini hâlâ istediğini bildiğim için bu riske girmeye değeceğini düşündüm.

Alex'e, o gece Kasha'yla yattıklarında ona sahip olma fantezisinin, cinsel enerji ve arzusunu harekete geçirmesi gerektiğini söyledim. "Örneğin, Kasha'nın kollarını arkada bağla, onu zapt etmek için gücünü kullan ve onu kendi etrafında döndür. Kulağına usulca, ona olan aşkının çok derin olduğunu ve bu yüzden onu tutsak edip ona sahip olmak istediğini söyle. Çok güzel olduğunu, bedeninin sadece sana ait olmasını istediğini... Kendi bedenini onunkine yapıştır. Başının arkasındaki bir tutam saçı kavra ve onu tutkuyla öp. Sonra dur. Sevişmeye kalkışma. Seni arzulamasını bekle."

Daha önce bir hastaya bu kadar ayrıntılı bir öneride bulunmamıştım hiç; ama Alex'in her türlü yardıma ihtiyacı olduğunu düşünüyordum. İstekli oluşundan çıkar sağlamayı umuyordum ve bunu Alex'le seks hakkında *konuşmanın* ötesine geçip, çiftlerin cinsel uyumunu bozacak bir yaşam deneyimi yaratmaya yönelik bir fırsat olarak görüyordum.

Elbette, asıl soru şuydu: Bir adama seksi olmayı öğretmek mümkün müdür? Seks terapilerinin çoğu, fiziksel olarak tanımlanabilen işlev bozukluğuna çare olan belli başlı yöntemlerle sınırlıdır; ereksiyon halini muhafaza etme ya da boşalmayı kontrol etmeyi geliştirme gibi. Ama benim çalışma alanım, fiziksel ya da kolayca ölçülebilir şeyleri kapsamıyordu.Alex'in yeni bir *tutum* geliştirmesini sağlamak istiyordum. Bu tamamen nesnel bir şeydi; Alex, seksapeli somutlaştırabilir miydi?

Alex'in eve gidip, Kasha'yı kayıtsızlığından uyandıracağını keyifle hayal ederek ofisten ayrıldım. Buyurgan davranmıştım. Bu müdahalenin gerçek bir başarı olacağını düşünüyordum.

Ertesi hafta geldiğinde Alex'e ev ödevinin nasıl gittiğini sordum.

"Yapmadım" dedi.

İlk tepkim kendimi yargılamak oldu. Henüz hazır değilken mi Alex'ten bunu yapmasını istemiştim? Belki de sadece endişelerini artırmış ya da onu reddedilmeye hazırlamıştım. Fakat bu doğruysa bile, bunu olumsuz bir şey olarak algılamıyordum. Gelişim, kaygıya maruz kalmayı içerir. Bunu pek çok vakada fark etmiştim; "başarısız" bir ev ödevi farklı bir nedenden ötürü başarılı bir şeye dönüşebiliyordu. Bir hastadan tüm potansiyelini kullanarak bir davranışta bulunmasını istemek bazen, gerçek engeli bilinçaltından çıkarıp, hedefe yönelme konusunda aydınlatıcı olabiliyordu.

"Aklıma bir düzine fantezi geldi" dedi. "Ne yazık ki Kasha birkaç hikâye üzerine çalışıyordu ve evde pek fazla bulunmadı. Ve geldiğinde de yorgundu, hemen yatmaya gidiyordu. Yani önerdiklerinizi yapmak için uygun bir zaman olmadı."

"Ama en azından sen fanteziler üretiyorsun. Bu kısım senin için nasıl gitti?"

"Gergindim ama iyiydim. Kasha'yla sevişmek konusunda farklı bir bakış açısı kazanıyorum."

"Bu fantezilerin içeriğinde belirgin herhangi bir şey var mı?" Alex'in fantezisinin güç algısı üzerine yapılanmış tarafı göz önüne alınacak olursa, şiddet içeren ya da zarar verecek herhangi bir şey yapmayı planlamadığından emin olmak istiyordum.

"Sadece, ne istediğimi anlamaya çalıştım. Çoğunlukla, uzun zamandır *sadece* Kasha'nın ne istediğini düşündüğümün farkına vardım. Bu yüzden, onun beni tatmin ettiğini hayal ediyordum."

"Bu sana kendini nasıl hissettirdi?"

"Bazı açılardan daha rahat."

"Ama?.."

"Bir yandan da artık onun tatmin olup olmamasını dikkate almadığım için rahatsız edici." Rahatlamaya çalışarak divanda kıpırdandı. "Fanteziler kuruyorum... ve sonra Kasha'yı yatakta uzanmış görünce, o an bir şey yapmayacak olsam da ürperiyorum. Yapacaklarım rutin olarak yaptığımız şeylerden çok farklı olacağından ötürü geriliyorum. Ne düşünecek? Rol yaptığımı düşünmesini istemiyorum."

"Mantıklı, Alex. Ama sorun zaten senin *daha önce* rol yapıyor olman. Şimdi gerçekten doğal olmaya çalışıyorsun."

"Tuhaf."

"Kendini rahat hissettiğin anı düşün" dedim, seansı sonlandırırken. "O anı zihninde yeniden canlandırman gerek, tekrar tekrar."

~

Alex'in, Kasha'nın ne istediği ya da daha kötüsü, kendisi hakkında ne düşüneceği konusunda endişelenmekten vazgeçmesini nasıl başarabilirdim? Kasha'yı daima ilk sıraya koyuyordu ve ben, onun yerine kendini düşünmesini istiyordum. Elbette, Kasha neler döndüğünü merak edecekti, hemen karşılık vermeyebilirdi. Belki de hiçbir zaman. Ama korkularının üstesinden gelemez ve ilerlemezse Alex'in değişiklik yapma şansı olmayacak ve büyük olasılıkla da bu yüzden ilişkileri sona erecekti.

Pek çok erkek hastamın, bir kadını tatmin etme arzusunu yitirmekten ziyade cinsel işlev bozukluğundan ötürü kaygılandığını görmek beni şaşırtıyordu. Aslında erkeklerin, kadınların zevk almalarına içtenlikle değer verebileceklerine ve bu yüzden kendilerininkini unutabileceklerine ya da erteleyebileceklerine inanıyordum. Ama eğer bu, tamamen memnun etmek ve performans sergilemek gibi saplantılı bir gereksinimle ilgiliyse, umutsuz bir vakaya dönüşebilirdi. Şu hale bakın: Erkekler kadınları tatmin edip etmedikleri konusunda kaygılanıyor, kadınlar da zevk alma hakları olup olmadığı konusunda iç çatışma yaşıyorlar. Tam bir endişe cümbüşü.

Geçenlerde bir kız arkadaşım, bir avukatla görüşmeye başladığını anlattı. Bu adam işyerindeyken çok güçlü bir kişilik sergiliyordu ama onunlayken "tam bir pısırık"tı. "Yatakta o kadar net ve sıradandı ki gidişatı ben yönlendiriyordum. Popoma bir şaplak atmasını istedim. Yapamadı. Dondu kaldı. Bu erkeklerin nesi var?"

Alex'in Kasha'yı memnun etmeye fazlasıyla ihtiyacı vardı ve ben, kaygısının alevlerini söndürebilecek, kendine güven deposu inşa etmesine ve Kasha'nın cinsel arzusunu yeniden alevlendirmesine yardımcı olmak istiyordum. Alex'in, Kasha'nın cinsel isteksizliğinde kesinlikle payı vardı. Her gece sevişme peşinde koşması, bağlılıklarından yana kuşku duymasından ve içini rahatlatma ihtiyacı hissetmesinden kaynaklanıyordu. Kasha'nın cinselliğe razı oluşu, hâlâ kendisini istediğini simgesel olarak temsil ediyordu; ama Kasha, Alex'in sürekli ihtiyaç içinde olmasından sıkılmıştı.

Bazen, bütün bu dinamiği düşünmek beni yoruyordu. Penisi vajinaya yerleştirmek gibi basit bir eylemin çevresinde dönen bunca karmaşaya ne gerek var ki? Neden bunu analiz etmek zorundayız? Seks sekstir. Bu kadar basit.

Ama değil.

Biz, insanız. Sekse anlam yüklüyoruz, ruhsal ihtiyaçlarımızı seksle karşılıyoruz ve seksi, istediğimizi elde etmek için kullanıyoruz. Konuyu ilginç kılan işte bu. Eğer seks sadece seks olsaydı, sıkıcı olurdu. Kadınların cinsel arzularını araştırırken, cinsel isteksizliğin kaynağının genellikle çok katmanlı olduğunu keşfettim. Psikolojikti, kişiler arası ilişkilere dayanıyordu ve kültüreldi. Üzerinde çalıştığım biyolojik teorinin kaderci bir yanı vardı: Üretkenlik amacımızı yerine getirdiğimiz zaman arzu biter. Buna inanmıyordum. Bana göre arzu, hayatta kalmak için doğru koşullara ve bakıma ihtiyacı olan bir çiçek gibiydi.

Birkaç hafta sonra, sırılsıklam olmuş halde ofise girdim. Ters dönen üç dolarlık uyduruk şemsiyenin beceriksizliği yüzünden yağmurda ıslanmıştım; ayrıca, metroyla gelmek zorunda kaldığım için sinirlerim bozulmuştu. Sesli mesajlarımdan birinde, Kasha acil bir seans için ona zaman vakit ayırıp ayıramayacağımı soruyordu.

Hâlâ hastam değildi ama onlara resmi bir çift danışmanlığı önermeden önce, Kasha'nın Alex'e bağlılığı hususunda bazı konulara açıklık kazandırmam gerekiyordu. Öğle yemeğinden sonra, bir ara boşluğum vardı.

"Bu sabah ofisime isimsiz bir paket geldi" diye anlatmaya başladı. "İçinde bu küçük siyah kokteyl elbisesi ve kendisiyle Four Seasons Hotel'in lobisinde bu gece saat sekizde buluşmamı isteyen birinin iliştirdiği not vardı. İmza yoktu. Gönderen kesinlikle o Rus adam. Ben şimdi ne yapacağım?"

"İlk tepkin neydi?"

"Beklenti. Heyecan. Ofiste kasıla kasıla yürüdüm; seksi bir sırrım olduğu için, kendimi bilgisayarları başında köle gibi çalışan diğer tüm sıkıcı tiplerden üstün hissediyordum. Güçlü ve gizemli bir adam beni sekse davet etmişti." Kasha yazarlığının doruk noktasındaydı. "Bütün gün, hangi takıyı takacağımı ve gecenin nasıl geçeceğini hayal ettim."

"Yine de bugün, derhal beni görmen gerekti. Bundan, bir yanının gitmek istemediğini mi çıkarmalıyız? Bana çatışmanın o yanını anlat."

"Alex'i gerçekten seviyorum" dedi ve birden ağlamaya başladı. "Kendimi suçlu hissetmeye başladım. Alex hayatta istediğim her şey. Arkadaşlığını ve sohbetini seviyorum. Onunla beraberken sevildiğimi ve beğenildiğimi hissediyorum. O benim en iyi arkadaşım. Onu kaybetmekten korkuyorum."

"Ama tutkuya, heyecana ve maceraya da ihtiyacın var."

"Evet, onlar da vardı. Ne oldu, bilmiyorum. Bu hisler olmadan bir hayat hayal edemiyorum, yani..." Fikrinin değişmesinin an meselesi olduğunu sezdim. "Yani, Alex'ten ayrılmayı düşünüyorum."

"Bu nitelikler önemli bir yaşam kaynağı" diyerek onunla hemfikir olduğumu belirttim. "Rus adam, senin o uyku halinde olan yanını uyandırdı ve etkisi o kadar kuvvetli ki, sen birçok açıdan seni tatmin eden bir ilişkiyi sorguluyorsun."

"Ama Rus adam çok seksi" dedi ve iç geçirdi. "Neden Alex'e karşı böyle hissedemiyorum?"

Güzel soru. Harika soru. Kasha'ya bir an için Alex'i de Rus'u da unutmasını söyledim. Aradığım açığı bulmuştum. Cinselliğini alevlendirecek dış etkenleri araştırmak yerine, kendisinin bu konuda ne sunması gerektiğini sordum. "Kendi cinsel enerjini geliştirmek için sorumluluk alabilir misin?"

"Ben *zaten* seksiyim" dedi ısrarla, sanki sorum saçmaymış gibi.

"Sen seksi *görünüyorsun*" dedim. "Seksi *davranabilirsin*. Ama Alex'leyken pasif, Rus adamlayken teslimiyetçi oluyorsun. Peki *sen* ne istiyorsun?" Ona bunu daha önce de sormuştum. Şimdi beni duyacak mıydı?

Kasha'nın hâlâ bir yanıtı yoktu; yardım gelmesini umarak bana baktı. "Bilmiyorsun çünkü cinselliğinin farkında değilsin. Tüm bu telaşlı hallerinin sana anlatmaya çalıştığı şey bu."

Hâlâ ağlamaklıydı. Kısık bir sesle, "Yani şimdi ben ne yapmalıyım?" diye sordu.

"Alex, baştan başlayıp erotik yanlarını keşfetmen için güvenli bir saha olabilir. Ama riske ve belirsizliğe tahammül edebilmen gerek. Kendi iç dünyana bir yolculuk yapmalısın."

Daha önce sözünü ettiğim çalışmada, cinsel istekle ilişkilendirilen dört etkenin (uzaklık, yenilik, tehlike ve güç) basit bir kıpırdanma, geçici bir heyecan, daha açık ve net bir şekilde söylersek, beynin ödül merkezinde bir doz dopamin artışı olduğuna inanıyorum. Ölçülü kullanıldığında eğlencelidirler ve her biri kendisinin akşamdan kalmalığıyla gelir insana. Aşk ne kadar ateşli olursa olsun güven duygusu yoksa arzu da zamanla sönüp gider.

Seks terapistleri uzun bir süre, ev ödevi verirken bu güven duygusu-aşk ateşi dengesini değiştirmeye çalıştılar. Ve hastalar uzun bir süre, planlanmış görüşmeler ve planlanmış seks gibi görevlerin fazla yapay olduğundan yakındılar. Bazıları baştan karşı çıktı, bazıları da bir kere denedikten sonra uğraşmaktan vazgeçti. Gerçek olmadığına ilişkin içgüdüyü dikkate alıyorum çünkü zaten kendi cinsel sahtelikleri yüzünden bunalmış durumdalar. Kendiliğinden gelişen bir istekle sevişmeye güdülenmek istiyorlar. Çözüm ise doğal ve yaratıcı olmak. Sorulması gereken soru, kişinin nasıl o merkeze varacağıdır; özellikle de içselleştirdiğimiz onca kültürel mesaj varken?..

Cinsel arzu, Kasha'nın hayal etmek istediği gibi, tamamen görüntülerle alakalı bir şey değildir. *Arzu, enerjidir.* Cinsel istek, hepimizin sahip olduğu doğal bir akımdır ve yalnızca güzellere bahşedilmiş değildir. Afrodit ya da gizemli bir Rus gibi herhangi bir dış kaynaktan kişiye bağışlanmaz. Bazen sadece anlık bir işaret görünüp kaybolur ama hepimiz ona sahibiz ve onu hissettiğimizde ya da gördüğümüzde biliriz. Libido, seksten daha kapsamlı bir güçtür; tüm tutkularımızı, yaratıcılığımızı ve yaşam enerjimizi harekete geçiren şey odur. Bununla beraber, derinlerde yatan cinsel duygularımız kırılgandır ve kolayca ilişkilerimizde, kültürümüzde ve kendi içimizde kısıtlandırılabilir, ihmal edilebilir ya da devre dışı bırakılabilir. Sonuç duygusuzluk ya da cinsel güdülenmenin yoksunluğu olabilir.

Kasha'ya kendi cinsel enerjisini geliştirmesini, kendi yangınını başlatmasını öğretmek istiyordum. Cinsel enerjinin kaynağı olarak kendinden nasıl faydalanacağını öğrenmek, kişi için sonsuz arzunun temelini oluşturur. Görüştüğüm kayda değer sayıda kadın cinsel travmanın, dini baskının ya da fikir ayrılığının var olduğu bir geçmişten söz etmiyordu; bu durumda diyebiliriz ki, cinsel isteksizliğin nedeni meydana gelmiş olan dış travmalar değil, daha çok, cinsel gelişim eksikliği. Kadınlarda cinsel keşif ve bildirim yokluğu olduğundan, Kasha gibi kadınlar âşık oldukları kişinin ideal karakterini içselleştiriyorlar. Sonu gelmez arzunun, basit bir birleşmeden çok daha harika bir süreç, kendine bağlılık ve kendini geliştirmeye doğru bir yolculuk olduğunu fark ettim.

Runaway Bride [Kaçak Gelin] filmini hatırladım. Filmde Julia Roberts'ın canlandırdığı karakter, yiyeceği yumurtayı beraber olduğu erkeğin istediği gibi sipariş ediyordu. Bir gün, hiçbir zaman sahici olmadığını fark etti, ki aslında bir bakıma sürekli kaçmasının nedenlerinden biri de buydu. Sonuçta, yumurtayı farklı şekillerde pişirip tadarak, *kendisinin* gerçekte hangisini sevdiğini keşfediyor. Bu, en baştan başlamaktır. Kasha'nın yapması gereken şey de işte buydu.

Kasha yanımdan ayrıldı, heyecanlı ama buluşma konusunda bir o kadar kararsız bir halde. İşte, her zamanki yoğun, ayrıntılı anlatımıyla, sonrasında olanlar:

O gece tam saat sekizde, Four Seasons Hotel'in lobisine varmıştı. Büyük avizenin parıltısı vücudunu saran siyah gece elbisesini, çene hizasındaki kestane rengi saçlarını ve dumanlı gözlerini vurguluyordu. Gösterişli bir şekilde döşenmiş odadan konuşmalar yükseliyor ve mermer salon boyunca Rus adamı görmek için kalabalığı tarayarak ilerlerken tüm bakışlar Kasha'ya yöneliyordu. Kasha birden durdu; etrafındaki gürültü kesilmiş, yerini kendi kalp atışlarının sesine bırakmıştı. İleride, barda oturuyordu, üzerinde şık bir siyah takım elbise, elinde martini bardağı... Ama, Rus değildi.

Kasha yaklaşırken, "Çok güzelsin. Çok beğendim" dedi Alex. Eline bir odanın anahtarını tutuşturmuştu. "Yukarı çıkmanı istiyorum. Kısa süre sonra yanına geleceğim."

Suit odada, yatağın üzerinde, Kasha içinde iç çamaşırı olan bir kutu buldu. Kutuyu açarken bir yandan kafasını toplamaya çalışıyordu: Alex, Rus değil. Şaşırtıcı bir şekilde, vücudunun ısınmaya başladığını, bir keyif ve rahatlama akınına uğradığını hissediyordu. O an anladı ki, Rus'la oynaşması gerçekte Alex'ten beklentilerinin bir temsiliydi. Ve tabii ki kendisinden.

Kasha soyundu, kıyafetlerini bir koltuğa serdi ve Alex gelince onunla neler yapmak *istediği* konusunda hayal kurarak yatağın üzerindeki iç çamaşırlarının içine girdi.

~

O akşamüstü, seanstan ayrılırken Kasha'nın kafası karışıktı. Kendi erotikliğini geliştirme fikri, kafasında hâlâ net değildi; büyük oranda aldığı elbiseden ve bunun yakın zamanda heyecan verici şeylerin olacağını çağrıştırmasından etkilenmişti.

Alex bir sonraki seansına gelip, bana anlatana kadar elbiseyi gönderenin Alex olduğunu bilmiyordum. Kasha'yı da yanında getirmişti. Birlikte geçirdikleri geceden dolayı heyecanlıydılar ve ayrıntıları paylaşmak istiyorlardı.

Alex ev ödevinde verilen talimatların ötesine geçmişti. Tehlikeli bir hamle yapmıştı. Neden o kadar şaşırdığımı bilmiyorum. Alex kendini ödevine adayan, çalışkan bir hastaydı. Onu ayakta alkışlamak istiyordum. Çok uğraşması, fantezilerine cinsel açıdan güvenmesi ve onlara sarılması gerekiyordu. Bu benim öğretebileceğim bir beceri değildi; ben sadece bireyin o yönde ilerlemesine rehberlik edebilirdim. Alex'inki tam bir zaferdi; korkularının üstesinden gelme ve kendi gizil gücünü ortaya çıkarma konusunda.

İkisiyle de gurur duyuyordum.

Ama bir daha asla beni görmeye gelmemelerine şaşırdım.

Tek bir zaferin, işlerin yoluna koyulduğu anlamına geldiğine inanarak terapiyi vaktinden önce sonlandırmaya mı karar vermişlerdi? Hastalar genellikle bu hatayı yaparlar ve kendilerini hayal kırıklığına hazırlarlar. Ciddi bir gelişme gösterdiklerinde terapiye devam etmiyorlar; fakat aslında, hissettikleri enerji ve umut ilerideki engebeli yolu belirsizleştiriyor.

Alex ve Kasha, harika bir gece geçirdi; ama değişim çoğu insan için yavaş bir dönüşümdür. Gayretli bir kendini açmadır. Yeni düşünceler ve duygular eninde sonunda üste çıkar ve davranışa dönüşür. Yeni bir davranışı benimsemek, zahmetli bir geri çekilme ve uygulama sürecidir. Her ne kadar Alex ve Kasha cinsel ilişkilerini dönüştürmek (ve yeniden canlandırmak) için gereken potansiyelin tadını almışsa da benim birtakım kuşkularım vardı; Four Seasons'taki gecenin ikincil etkilerinin ne kadar süreceğini kesinlikle bilemiyordum.

Ama Alex'ten dolayı değil. O kendine düşen görevi yerine getirmişti. Kasha üzerinde etkili olduğuma inanmıyordum. Onunla geçirdiğim kısa zamanda savunmacı ve rekabetçiydi; uzun süreli memnuniyet adına o an için işine yarayan şeyden vazgeçme konusunda istekli değildi. Zeki bir kadındı ama kendini ifade etme yeteneği zayıftı; bunun nedeni ise kolayca elde edilen bir hayranlık baloncuğunda yaşaması ve övgüden farklı bir tepkiyle tanışmamış güzel bir kadın olmasıydı. Ve baloncuk patladığında... durumun onun için çok zor olacağını düşünüyordum.

Ayrıca, Rus adamdan vazgeçeceğine de pek inanmıyordum.

Tek umudum, Alex ve Kasha'nın ilişkilerine gerçekten değer vermesi ve bunun artan başarılarla beraber onları önlerindeki yolda ilerletecek olmasıydı. Belki de ilişkileri hızlı değişim gösteren, birkaç nadir psikoterapi örneğinden biri olurlar. Belki de Four Seasons'taki gece tek başına dönüşüme neden olan bir katalizördür. Bu tarz ilişki krizleri, tüm hayal kırıklıkları ve korkularıyla beraber, öyle zorlu sınavlardır ki insanın beynine kazınır ve ancak aşkın başarabileceği büyük ve kalıcı bir değişimi ortaya çıkarır.

Paul

Özel muayenehanemi açtıktan birkaç ay sonra, sıcak bir yaz günü akşamüstü eve geldiğimde ön kapıda tahliye ihtarnamesi buldum. Elektrik kesilmişti ve tüm oda arkadaşlarım birbirine girmişti. "Ev sahibimiz" Nestor'un, sekizimize de evi yaşa dışı kiraya verdiğini, nakit parayı cebe atıp ortadan yok olduğunu öğrendik. Burada yaşadığımızı keşfeden bina sahibi bizi işgalcilikle suçlamış, elektriği kesmiş, ertesi gün polisi arayıp eşyalarımıza el koydurmakla tehdit etmişti. İçeri girdiğimde odaya sıcak, karanlık ve kargaşa hâkimdi. İnsanların böylesi bir kaosta verdikleri tepkileri izlemek ilginçti. Birkaçı çıplaklar partisi düzenlemeye karar verdi. Sophie benim kıyafetlerimin bir kısmını çalıp Queens'e gitti (sonra ondan hiç haber almadım) ve ben diğer üçüyle beraber, Craigslist'te bulabildiğimiz ilk evi hemen tuttum. İşyerimin bulunduğu caddenin hemen sonunda, Times Square'in merkezinde bir yere yerleşmiştik.

Telaştan, öyle bildik bir apartman dairesine yerleşemedik. Binanın giriş katında gürültülü bir Irish Pub bulunuyordu; ikinci katın tamamını bir masaj salonu işgal etmişti; arkadaşlarım ve ben de üçüncü ve en üst kattaki daireyi kiralamıştık. Dikkate değer bir ayrıntı da, giriş kapımızın ikinci katta, masaj salonunun giriş kapısının hemen yanında olmasıydı. Dört kişiydik, hepimiz kadındık ve her ne kadar bu ev önceleri bir ofis olarak kullanılmış ve yerler, kaldığım odanın bir zamanlar işyerinin bölmelerinden biri olduğunu hatırlatan ucuz, gri ofis döşemesiyle kaplanmışsa da bir yer bulduğumuz ve kendimize ait odalarımız olacağı için sevinçliydik.

Şehrin göbeğinde olmamıza rağmen bu apartman sadece yılın bir günü için uygundu: Noel. Çatıya çıkıp ışık toplarının düşüşünü izleyebiliyorduk ve şehrin karmaşasının hemen üzerinde şampanyalarımızı yudumlayabiliyorduk. Bunun dışında, yanıp sönen kocaman bir Planters fıstık ezmesi ve bir Target logolu reklam panosuna bakarken yerlerine mıhlanmış ve gözlerini yukarılara dikmiş bakan turist kalabalığının içinden geçerek, alışveriş poşetlerini eve taşırken her nereden geldilerse, reklamların fotoğraflarını çekmek için neden bu kadar yol teptiklerini düşünüyordum. Gerçek bir toplu geçit töreni gibiydi; parlak ışıklar altındaki, sıradan tüketici ürünlerinin Disneyland'ıydı. Koca M&M'S panolarının fotoğrafını çekerken insanlar sürekli bana çarpıyor, beni itiyor ve ben oraya buraya savruluyordum. Kapıdan dışarı adım atmak, çamaşır makinesinin içine fırlatılmak gibi bir şeydi.

Her gün, işe gitmek için yola çıktığımda, masaj salonu müdavimlerinden birini koridorda zevk odasına doğru ilerlerken görüyordum. Yan yana geçtiğimiz sırada, nereye gittiği ve ne yapmak üzere olduğu konusunda paylaştığımız, açıkça dile getirilmeyen bilgilerle dolu o tuhaf an yaşanıyordu. Erkekler genelde telaşlı oluyordu, başlar aşağıda, gözler koridor zemininde. Ben ise ne tarz adamların böyle bir seks hizmetinin müşterisi olduğunu merak ettiğimden, belli etmemeye çalışarak yüz ifadelerini görmeye çalışıyordum.

Ama ne kadar çok erkek gördüysem de müşteriler konusunda bir prototip oluşturamadım. Genciyle de karşılaştım yaşlısıyla da; yakışıklısıyla da karşılaştım çirkiniyle de. Takım elbiseliler de gördüm, iş gömlekliler de. Kızılderililerden Hasidik Yahudilere kadar, erkeklerden oluşan bir Birleşmiş Milletler geçidi izledim diyebilirim. Kaç tanesinin birinin eşi ya da sevgilisi olduğunu düşündüm ve eşlerinin ya da kız arkadaşlarının bu ziyaretlerle ilgili herhangi bir fikri olup olmadığını...

Bazen ev arkadaşlarım ve ben, camsız kapı biraz aralık olduğunda masaj salonunun içini dikizliyorduk; orta yaşlı Koreli bir kadın ölçülü bir gülümsemeyle müşterilerini selamlıyordu. Hatta ara sıra, ıslak mendil ya da makas ödünç almak gibi muzip bahaneler uydurarak kapıyı çalıyorduk. Bir kere masaj yaptırmak istedim ama "kadınlara masaj yapılmıyor" yanıtını aldım.

Masaj salonuyla eğlenecek yollar bulmaya devam ediyorduk. Ziyaretçilerin apartmanımıza girmek için düğmesine bastıkları zildeki diyafonun sesi o kadar yüksekti ki bizim diğer uçtan söylediğimiz her şey, Kırk Yedinci Sokak'tan geçen herkes tarafından duyuluyordu. Zil her çaldığında gelenin bize uğrayan arkadaşlardan biri olmasını umuyorduk; ama "Buyurun?" dedikten sonra "Masaj salonu mu?" sorusunu işitiyorduk. Aaa, affedersiniz. Yanlış zil.

Kapı zili genellikle gecenin geç saatlerinde çalıyordu. Misilleme olarak içimizden biri, hâlâ caddede olan herhangi birinin duyabileceğinin bilincinde, diyafona yapışıp haykırıyordu: "Sakso istiyorsanız lütfen iki numaraya basın!" Komik ve iyi bir atış oluyordu doğrusu.

Bir akşam dışarı çıkıyordum, terbiyeli bir pub müdavimi ikinci katın koridoruna çıkarken basamakta tökezledi ve ahşap zemine işedi. Koreli kadın bir kova suyla çıkageldi ve içten bir sessizlikle yeri temizledik. Kadının İngilizce'si yoktu; büyük olasılıkla böyle bilinmesi işine geldiğinden. Aşırı makyajlı yüzünü ve Hell's Kitchen'daki seks dükkânlarının birinden alınmışa benzeyen eski moda, ucuz, seksi kıyafetlerini dikkatle inceledim. Erkeklerin istediği bu muydu?

~

Sorumun yanıtlarından biri Paul'dü. Kırklı yaşlarının başında, yeni evli bir banka müdürü. Sert bir alfa erkeği olan Paul, ilk görüşmemizde ofise hızlı adımlarla girdi ve konuşmaya benim başlamamı bekleyen çoğu hastanın aksine, daha oturmadan, kalıplaşmış hoşbeş faslını geçip doğrudan, makineli tüfek hızıyla bana sözcükler fırlatmaya başladı. "Benim sıkıntım şu" dedi, kulak tırmalayıcı bir ses tonuyla. "Eşimle sevişmiyorum. Sertleşme sorunu yaşıyorum. Bu yüzden de fahişelerle sevişiyorum. Bunu halletmek için size beş seans veriyorum."

"Zaman sıkıntımız mı var?"

"Ben her hafta divana uzanıp konuşmaktan zevk alan insanlardan değilim."

Bu adamla bir bağ kurabileceğim konusunda kuşkuluydum. Psikoterapinin önemli bir kısmı ilişkidir, ki bunun gelişmesi için de zaman gerekir; ama bu adam ilişkinin kendisini göz ardı ederek yardım almaya çalışıyordu. Paul, benimle doğrudan göz teması kuruyordu fakat bakışları sanki beni delip geçiyordu. Bir restoranda servis elemanına sipariş verirken bazılarının takındığı tavra benziyordu bu; başka bir insan olarak o insana saygı duymayan bir hava veriyordu. Sanki ben orada sadece ona hizmet etmek için çalışan bir elemanmışım gibi. Bu etkileşim onun için fahişelikten pek de farklı olmasa gerek, diye düşündüm; gerçek bir yakınlık olmadan yakın olma durumu.

"Hadi ücreti konuşalım" dedi pat diye.

"Bunu telefonda konuşmuştuk" dedim. "Saati yüz elli dolar."

"Çok fazla."

Paul'ün bu ücreti çok rahat ödeyebileceğini biliyordum. Ama mesele gerçekten para değildi. Bu şekilde, iktidarı ele geçirmek istiyordu.

"Ciddi ciddi burada hâkimiyet kurmaya çalışıyorsun" dedim.

Paul omuz silkti. "Terapi için para ödeyen *benim*."

Açıkçası, Paul para ödemek suretiyle kadınlar üzerinde hâkimiyet kurduğunu varsaydığı için kibirli ve rahattı. O konumda kalmasına izin veremezdim.

"Evet, terapi için para ödüyorsunuz" diyerek ona katıldım. "Bu sizin için ne ifade ediyor?"

Yanıtı tam bir saldırıydı. "Mesleki tecrübeleriniz neydi, Doktor?"

Paul tam da zayıf noktamdan vurmuştu beni ve rahatsız olmaya başlıyordum. Devam etmek için, bu abartılı boş lafların ardında zavallı, acı çeken bir adam olduğunu düşünmeye çalıştım. "Buraya yardım almak için geldiniz" dedim. "Geleceğinizi biliyordum. Bir fahişeye gitmiş olabilirdiniz. Ama dinle, Paul, benim değerimi sorgulamak yerine buraya gelmenin kendin ve evliliğin için bir yatırım olduğunu düşünmeye çalış. Tedavi arayışı içinde olman gerçekten, *kendine* ne kadar değer verdiğinin göstergesi." Son sözlerimin yankılanmasına izin verdim.

Gülümseyerek, "Öyle ya da böyle, bana bir fahişeye ödediğinden daha az *ödemeyeceksin*" dedim ve onların aslında benim yaptığımdan fazlasını yaptıklarını fark ettim o sırada.

Paul derin derin düşündü. "Tamam, Doktor" dedi, tüm konuşulanlar anlamsızmış gibi. "Ücret dediğin gibi olsun. Haydi şimdi işe koyulalım."

Hayatında kadınlarla nasıl bir ilişkisi olduğunu hayal etmeye çalışırken, "Güzel. Benimle görüşmeye devam etmeyi seçtiğinize memnun oldum" dedim. "Size yardım etmek için elimden geleni yapacağım."

Paul masaj salonlarına yaptığı sık ziyaretlerden ve ara sıra limuzinin arkasında iş görüşmeleri yapmak için oradan oraya giderken ona hizmet etsin diye telefonla kadın çağırdığından bahsetti. Ah! Masaj odaları, gizemli masaj odası... Buradaki kadınları cazip kılan ne varsa her şeyi duymak için sabırsızlanıyordum. Fakat Paul daha çok, eşiyleyken sertleşemediğinden söz etmek istiyordu; bu yüzden daha sonra masaj odalarına geri dönülecek diye not düştüm.

"Bu sorunu ne sıklıkla yaşıyorsunuz?" diye sordum.

"Zaman zaman... onunla tanıştığımdan beri. Çok fazla tahrik edilmem gerekiyor ve bazen yine de ilişkinin ortasında sertleşme kayboluyor. Buna rağmen benimle evlenmiş olmasına şaşırıyorum."

"Eşin... Bu arada adı neydi? Buna nasıl tepki veriyor?"

"Claire'in besbelli morali bozuluyor. Onu çekici bulmadığımı düşünüyor, ki bu doğru değil. Sadece sevişirken o kadar zevk *almıyorum*. Benimki... neredeyse uyuşuyor."

"Ama ondan *etkileniyorsun*?"

"Evet, hem de çok. Minyon, kıvrımlı bedenine hayranım."

Öyleyse sorun ne? Ona âşık, onu çekici buluyor ama yine de ereksiyon olamıyor? Kesin bir kanıya varmak için Paul'ün yaşını, sağlık durumunu ve stres düzeyini, yani ereksiyon sorununa neden olabilecek her şeyi göz önünde bulundurmam gerekiyordu. Paul'ün, duruma etkisi olacak bir sağlık sorunu yoktu. Her ne kadar kırk yaşında bir adamın on sekiz yaşındakine göre daha zor tahrik olması muhtemelse de Paul'ün sorunu eşiyle ilişkisine has bir durumdu. Bu, sorunun kaynağının psikolojik olduğunu gösteriyordu.

Claire hakkında daha fazla şey öğrenmem gerekiyordu. Paul sekiz aydır evli olduklarını söylemişti. Güçlü bir kişiliğe sahipti ve Paul'ü "pek sallamıyordu"; ama o bu yönünü seviyordu. "Bazı erkekler onu itici bulabilirler ama bence Claire meydan okuyan ve ilginç biri. Benim için harika bir eş. Kendimi tehdit altında hissetmeme neden olacak kadınlardan hoşlanırım; Claire sürekli tetikte olmamı sağlıyor. İkimiz de rekabetçi bir ruha sahibiz ve iktidar mücadelesine girebiliriz."

"Onu cinsel açıdan anlatabilir misin?"

Paul'ün gözleri aydınlandı. "Sevişmekten hoşlanıyor. Sanırım ondaki sevişme güdüsü bendekinden fazla."

"İlk adımı kim atıyor?"

"Çoğunlukla Claire. Yatakta ne istediğini bana anlatır. Kendini geri planda tutmaz. Bu huyunu seviyorum..."

"Ama?" Paul'ün aklından geçenleri söylemesini istiyordum.

"Ama dediğim gibi, sertliğimi kaybettiğimde deliye dönüyor."

"Bu senin için nasıl bir his?"

"Korkunç. Düşman gibi oluyor."

"Nasıl?"

"Ne derdim olduğunu soruyor. Neredeyse ağlayacak duruma geliyor ve onu artık istemediğimi düşünüyor."

Sekste ilk adımı kimin attığı derin bir konudur. Bir anda bir yığın soruyu gündeme getirir: Arzu edilebilecek biri miyim? Seviliyor muyum yoksa sevilmiyor muyum? Kim muhtaç durumda? Hangi tarafın duygusal kontrolü fazla? Bazen, sevişmek için ilk adımı kadın attığında erkek sertleşme konusunda paniğe kapılabilir. Paul'e bu ereksiyon sorununu çözmek için neler yaptığını sordum.

"Onun bilgisi dışında Viagra almaya başladım" dedi; çarçabuk verdiği yanıtların hızı düşmüştü. "Ama eşimle doğal yollarla olması gereken bir şey için hap kullanmaktan hoşlanmıyorum."

Söz konusu yargıyı Paul'e geri yansıtıp, sertliğini muhafaza etme konusunda kendini yoğun bir baskı altında hissettiğini söylediğimde, anlaşılmanın verdiği rahatlıkla beni onayladı. "Seks sırasında tek düşündüğüm bu. Hiç aklımdan çıkmıyor ve kaygılanıyorum: Ya tekrar sertliğim geçerse?"

"Yani çok istesen de Claire'le sevişmekten zevk almıyorsun."

"En çok, *Claire* tatmin olduğu zaman zevk alıyorum" dedi. "Ama bu konuda geriliyorum."

"Ve bu *sadece* eşinle beraberken oluyor, fahişelerle değil?"

"Evet." Suratı birden asıldı. "Aslında bu sorunu önceki ciddi ilişkilerimde de *yaşamıştım.*"

"Kaldıramıyorum" ya da "Penisimde herhangi bir şey hissetmiyorum" ya da "Çok güzel bir sevgilim var ama..." gibi çeşitli şekillerde ifade edilen ereksiyon bozukluğu, her yaştaki erkekten duymaya başladığım şikâyetlerin en yaygın olanıydı. Aslında durum neredeyse salgın gibi; üstelik ne ilginçtir ki sorunun kaynağı öncelikli olarak tıbbi değil ruhsal. Viagra ve benzeri ilaç tedavileri çok yaygın hale geldi. Gece kulüplerine giden gençler bile, geceyi bir kızla geçirme ihtimalini düşünerek garanti olsun diye, ihtiyacı olmadığı halde yanına kondomun yanı sıra hap alıyor.

Ama Paul'ün ereksiyon sorunu belli bir duruma özgüydü. Claire'le olan birlikteliği dışında uzun süre sert kalabiliyordu. "Mastürbasyon yaptığımda her şey yolunda" dedi. "Ya da masaj salonlarına gittiğimde. O zamanlar seksten fazlasıyla keyif alıyorum."

"Masaj salonu deneyiminde nelerden hoşlandığını anlatır mısın?"

"Kendimi baskı altında hissetmiyorum. Oradaki kızları umursamıyorum. Onlara beni memnun etmeleri için para ödüyorum ve genellikle oral seks ya da mastürbasyon yapıyorlar. İki kadın birden istiyorum. Sonra üstlerini çıkarttırıyorum ve onlar sırayla beni okşayıp emerken ben de ellerimi göğüslerinde gezdiriyorum. Bu bence fazlasıyla erotik ve en iyi tarafı da şu ki onların zevk alıp almayacağını düşünmem gerekmiyor. O kadınlar benim için bir hiç."

Defterime "hiç" sözcüğünü not aldım. İşte yine bir hastanın itici tavrıyla karşı karşıyaydım. Paul gibi erkekler, güzel bir eşi varken, sadece Kırk Sekizinci Sokak'taki seks dükkânından üzerinde delikleri olan, 1980'ler tarzı parlak siyah taytlar satın alan bir kadınla beraberken sertleşebiliyorsa neden ben ve diğer kadınlar pahalı makyaj malzemelerine, saçlarımızın kusursuz parlaklığına Tanrı bilir ne kadar para harcayıp bakımlı olmak için yoruyoruz kendimizi? Yoksa gerçekten, biz kadınlar erkeklerin ne istediği konusunda bazı önemli bilgilerden habersiz miyiz? Burnumuzun ucundaki şeyleri kabul etmeyi ret mi ediyoruz? Bir sonraki randevu tarihini ayarlarken, bunun üzerine kafa yormak gerek, diye düşündüm.

Kadınlar hakkında konuşan erkekleri dinlemek, gerçekten ne istedikleri, neyi seksi ya da güzel buldukları konusunda anlattıkları, bana gizli bir mekâna giriş imkânı sunuyordu. Oysa ben böyle olmasını beklemiyordum ve ruhsal durumum tehlike altındaydı; değerlendirmeleri beni afallatmıştı.

Asla alışamadığım yorumlardan biri, erkeklerin "Eşim kilo aldı ve artık bana çekici gelmiyor" demesidir. Ayrıca bunu söyleyen erkekler bu konuda çok da öfkeli. Bazıları hoşnutsuzluklarını eşlerini aldatmayı haklı göstermek için kullanıyor ya da öfkeden kudurmuş bir halde sessiz kalırken seks yapmaktan kaçınıyorlar. Bir hastam eşinden ayrılıp, eve geri dönmek için eşine önce kilo vermesi şartını koşmuştu.

Daha sonra, kilo almak gibi korkunç bir suçu işlediği öne sürülen bu kadınlarla tanışacak ve aldıkları kiloların genellikle on kilodan daha fazla olmadığını keşfedecektim. Erkeklerin görselliğe önem vermesini anlıyorum; ama bir kadının vücudundaki bu biraz fazlalık, gerçekten böylesine küçük düşürücü bir şey mi ki?

Daha derine indiğimde, genellikle bu erkeklerin birçoğunun, "onlara yol veren" eş ya da sevgililerinin tavrından rahatsızlık duyma nedeninin, aslında bu durumun, eşlerin *onlara* olan cinsel ilgisini kaybettiği anlamına gelmesinden korkmaları olduğunu keşfetmek beni mutlu ediyordu. Yani erkeklerin kızgınlığı, basitçe, eşlerinin nasıl *göründüğüne*, çekicilik konusundaki kültürel klişelere boyun eğmeye çalışmamalarına dayanmıyordu. Kilo almak, doğrudan reddetmek yerine kullanılan bir metafordu; erkeğin arzu edilmediğine, vücudunu fit tutmasına değmediğine ve hatta kadının artık onu umursamayabileceğine dair somut bir mesaj.

Kültürümüze aykırı olabilir belki ama, benim deneyimlerime göre erkeklerin arzuları bir kadının vücut ölçüleriyle *tamamen bağlantılı* değil. Erkeklerden, en çok ilgilerini çeken kadınların ya da en baştan çıkarıcı sevgililerinin özelliklerini söylemelerini istediğimde elbette, genellikle güzelliklerinden bahsedecektirler. Oysa güzelliğin ne olduğunu açıklamalarını istediğimde önce bunu belli fiziksel özellikler olarak sınırlandırsalar da nihayetinde, gerçekten en cazip buldukları, kendini cinsel bir varlık olarak gören, cinselliğinden keyif alan ve bunu sergilemeye hevesli kadınlar olacaktır.

Brooklyn'de hastane kriz ekibiyle yaptığım lisansüstü çalışmam sırasında, aynı kıvrımlı vücut tipinin, köprünün diğer tarafında çok farklı bir tepki yarattığını gördüm. Her gün bir minibüsün içinde Brooklyn caddelerinden geçiyordum. Üç adamla birlikte: bir Dominikli, bir Porto Rikolu ve bir Trinidadlı. Üçü de pencereden dışarı bakıp, dolgun vücutları bilinçli olarak giyilmiş dar kıyafetlerinden keyifle taşan, dar kot pantolonlarla dizginledikleri sert kalçaları hafifçe sallanan Latin ve zenci kadınları hayranlıkla izlemeyi seviyordu. Beğeni ve heyecanla onları kesiyorlardı. Evet, neredeyse aç kurtlar gibi salyaları akmış, nefes nefese kalmış bir halde. Ve tamamen farklı güzellik normlarına sahip bir toplumda yetişmiş olmama rağmen ben bile bu kadınların cinsel cazibesini fark etmiştim.

Bu kadınlar, *seksiydi*. Ve önemli bir şeyi anlamışlardı: Asıl mesele vücutlarını taşıyış biçimleriydi. Sanki, "Beni istediğini biliyorum ve bundan çok hoşlanıyorum" diyorlardı. Sevdiği yeni, gıcır gıcır arabasını komşulara gösterip, hava atmak için etrafta turlayan erkeğinkine benzer bir gururla sahipleniyorlardı fiziklerini. Bu kadınlar her ağır ve afili adımda, iftihar ettikleri ve laf atılan bütün kıvrımlarını itinayla sergilemek için zamanı rahat rahat kullanıyorlardı. Büyük ihtimalle orta yaşın sonlarında olan bir Latin kadın gördüm; dar pantolonu, yüksek topuklu ayakkabıları ve parlak, renkli çiçeklerle süslü fırfırlı bluzu içinde salınarak cadde boyunca ilerliyordu. Omuzları dik ve başı yukarıdaydı; insanların gözlerinin içine bakıyor ve rahatça gülümsüyordu. Sanki dünyayla flört ediyormuşçasına yürüyordu, kadınsılığını kutluyor, yaşama övgü düzüyormuşçasına...

Beyaz erkek kültürü, zayıflığa ilişkin, oldukça güçlü birtakım sosyal şartlanmalara sahiptir, ki bu da hastalarımın bazıları için hayatlarındaki kadınların bu normlardan farklı olmalarını kabullenmelerini güçleştirmiştir. Brooklyn'de beraber çalıştığım, bön bön bakan bu üç kadın delisi, bir şekilde cinsellikleri konusunda, eşlerinin çekiciliği hususunda şartlanmış, divanımdaki erkeklerin bazılarına göre daha özgürdü.

Bununla beraber, kadınlar sık sık güzellik ile seksiliği birbirine karıştırma hatasına düşerken; çoğu erkek, gerçek seksiliğin güzel görünüşten çok daha harika bir şey olduğunu bilir. Erkeklere göre seksilik güzelliktir. Bunun kadınlar için iyi bir haber olduğunu düşünüyorum. *Seksilik, sekse karşı ilgili olmaktır.* Bu yüzden seksilik bir seçimdir yalnızca, bir davranıştır, fiziksel boyutlarınız üzerinde hâkimiyet değil.

Hastalarımdan, yirmi beş yıllık evli, zayıf, yumuşak sesli, bir Protestan tarikatına üye bir adam bunu şu sözlerle ifade etmişti: "Eşimle köpek pozisyonunda sevişmeyi denemek istiyorum ama o yapmayı reddediyor. Kalçalarının çok büyük olduğunu, görmemi istemediğini söylüyor. Dürüst olmak gerekirse kalçalarının boyutuyla ilgilenmiyorum. Eşimi seviyorum. Sadece onunla birlikte eğlenmek istiyorum!"

Erkeklerin istediği tam olarak *bu.*

Paul'ün sonraki seansında, aldığım notlara göre, kaldığımız yerden devam ettim. "Yani seni eğlendirsin diye tuttuğun kadınların bir hiç olduğunu düşünüyorsun" diyerek sözlerini hatırlattım. "Bu, güçlü ve cesur Claire'i tanımlama tarzından oldukça farklı." Ses tonumun sitemkârlığın sınırına dayanmasına engel olmadım. "Bir şekilde yok sayılan bu kadınların erotik cazibesi nedir?"

"Duygusal anlamda onlara karşı hiçbir ilgi duymuyorum" dedi. "Çekici değiller, pasif ve itaatkârlar, yani onlara her türlü emri verebiliyorum ve her şeyi yapabiliyorlar. Onlara zarar verecek herhangi bir şey yapmıyorum ama onları bana hizmet ederken korunmasız ve kırılgan oldukları durumlara sokmaktan hoşlanıyorum."

"Ama bunu Claire'e yapmıyorsun" dedim. "Sadece, değersiz olduğunu düşündüğün kadınlara yapıyorsun."

"Evet. Beni tahrik eden de bu zaten."

Paul bu kadınları küçük görmekten zevk alıyordu. Bu "değersiz varlıklara" hükmetmek, Paul'ü eşiyle sevişirken hissettiği performans kaygısından azat ediyor, onun kendisini üstün hissetmesini sağlıyordu. Paul'ün bana ve para karşılığı beraber olduğu kadınlara karşı başlangıçtaki yaklaşımının altında yatan anlam konusunda haklı çıkmıştım: Derhal hiyerarşi kurmaya çalışıyordu.

Performans kaygısı en yaygın kullanılan jargonlardan biridir ve ereksiyon halini bozan bir fenomendir. Kişi cinsel performansa o kadar odaklanır ki donup kalır. Cinsel güce karşı böyle bir darbe çok aşağılayıcıdır, özellikle de sürekli tekrarlandığında ve daha da kötüsü, etkilemeye çalıştığınız biriyle beraberken olduğunda; ki genelde böyle zamanlarda meydana gelmesi daha olasıdır. Bununla beraber, Paul kadınları sömürmenin keyfiyle coşmuşken, hissettiği performans kaygısını paylaşmakta zorlandım. Bir kadın olarak, Paul ve diğer erkeklerin, kadınları değersizleştirmek suretiyle kendilerini iyi hissettikleri yönündeki açıklamalarını dinlemek benim için çok zordu. Erkeklerin yapmak istediğinin bu bu olması fikri hevesimi kırıyordu. Bu ne anlama geliyordu? Keşke bunu Paul'ün anormal olduğunu varsayarak açıklayabilseydim. Ama doğrusunu söylemek gerekirse Paul diğerlerinden farklı olarak bir cinsel sapık ya da manyak değildi. Eşine âşık, her gün rastlayabileceğimiz adamlardandı. Diğer bazı hastalarımdan da hareketle, masaj salonlarına giden erkeklerin çoğunun bir çeşit cinsel işlev bozukluğu ya da en azından, gerçekten ilgilendikleri kadınla ilişkili cinsel kaygıları olduğunu fark ettim. Belki de beni en çok rahatsız eden, nesneleştirme ve değersizleştirmenin bu erkekler için yaygın bir cinsel uyaran olmasıydı.

Daha bir hafta önce apartmana girdiğimde, ikinci katın koridorunda polisler görmüştüm. Masaj salonuna baskın yapmış, "Kalk. Üstünü giy!" diye bağırıyorlardı.

Hemen bizim dairenin kapısını açıp kendimi içeri atmaya yeltenmiştim ki bir polis memuru yaklaşıp, kaçan kızlara bakmak için evimizi aramak istedi. İçeri kimsenin girebileceğini düşünmüyordum ama yine de bakmasına izin verdim.

Odaları kontrol etti ve gitti. Saatler sonra, arkadaşlarla mutfakta akşam yemeği yedikten sonra banyoya gittiğimde, küvete saklanmış, genç bir Uzakdoğulu kız buldum. Korkmuştu ve belirgin bir aksanla, sürekli "Yardım edin" diyordu. Cep telefonumu almaya gittiğim sırada evden çıktı ve koşarak kendini ön kapıdan sokağa attı.

İçeri nasıl girdiği konusunda hâlâ bir fikrim yok. Ninja mıydı? Salonun tavanındaki bir kapaktan mı girmişti? Dış duvarlara tırmanıp, pencere pervazında durabilen bir örümcek kadın mıydı? Ya da basitçe, evimizin kilidini levyeyle açmış olabilirdi. Pazarlanmasına üzülmüştüm ve ürkek ifadesi beni etkilemişti. Ertesi gün kapımızın önünde büyük bir meyve sepeti buldum, içinde de bir not vardı: "Artık arkadaşız." Harika; ne dilediğine dikkat et, dedim kendi kendime.

Her gün eve varmak için Times Square'in bir kısmını katetmek zorundaydım. Belediye Başkanı Giuliani çevreyi baştan yaratmıştı ama Times Square hâlâ cinsel ihtiyaçları karşılayacak hizmetlerle dolu bir caddeydi; özellikle de şehir merkezinde bulunan, finans piyasasındaki erkekler için çalışıyordu. Bir akşam, Wall Street'li tiplerin ve turistlerin takıldığı bir bardaydım; kaliteli biri olduğu belli, şık bir kadın yanıma yaklaştı. Ve beklenmedik bir şekilde, bana iş teklif etti. Yerin dibine girdim. Karşıdan ne gibi görünüyordum ki? Ben doktorum, fahişe değil, diye geçirdim aklımdan. Tüylerim diken diken olmuştu. Yine de, "kaliteli bir eskort" olduğumu düşünmesi beni az da olsa heyecanlandırmıştı ve bu teklifi, telekız hizmetlerinin Times Square'in her tarafını mesken tuttuğunu fark etmemi sağladı. Hepsi de aynı hedef için rekabet ediyordu: paralı erkekler. Avlama, etrafını çevirme ve tuzağa düşürme. Hizmet içi, dışarı hizmet, masaj, mankenler, Uzakdoğulu, Rus, Brezilyalı, en kaliteli, adi, genç, yasadışı vs. İşte de evde de seks hizmeti endüstrisi etrafımı sarmıştı.

Daha önce sorduğum, "Erkeklerin istediği *bu* mu?" sorusuna yanıt: Bazıları için, evet. Ama sadece öylesine seksi ya da ucuz giyimli zevk vericileri kastetmiyorum. Bu erkekler ucuz ve kolay yolla tatmin edilen duygusal bir tutkuya sahip olmak istiyorlar. Öyle sadece cinsel anlamda değil, duygusal anlamda da.

Masaj salonlarının menüsünde şöyle yazması gerektiğini düşünmüşümdür:

Özel Hizmetler:
1- Önemli hisset.
2- Güçlü hisset.
3- Anaç hizmetler ve sakinleştirme.

Bunlar, gerçekleştirmekle meşgul oldukları pahalı rolleri doğru olarak tanımlardı. Bu adamlar, bir saatliğine kendi kişisel dramlarını yönetebiliyorlar, derinlerdeki özlem ve hayal kırıklıklarını dışa vurmuş olmanın tatminkârlığıyla. Evet, tam da orada, tiyatro alanının merkezinde, ciddi ruhsal hassasiyetleri için gereken reçete, onları hiç de umursamayan kişiler tarafından hazırlanıyor ve bu reçete yanıp sönen pembe ışıklarla reklamı yapılarak bir ürün gibi satılıyor. Bu etkileşimle ilgili asıl mesele şu: Aslında gerçekten sorunlarını çözmüyorlar, bir saat boyunca başka biri oluyorlar ve sonra yine, gelirken içlerinde taşıdıkları aynı ruhsal boşlukla, bu kez ilişkilerine de gerçek bir bağlılık sorunu ekleyerek, çıkıp gidiyorlar.

Ben nasıl bunca şeyin ortasında bulmuştum kendimi? Erkekleri çözümleyemiyordum, yön değiştirmiştim. Bir seks terapistinin, aldatan erkek hikâyeleri duydukça kısa sürede duyarsızlaşacağını düşünüyor olabilirsiniz. Oysa beni fazlasıyla rahatsız ediyorlardı. Ne kadar sadakatsizlik hikâyesi duyarsam o kadar kaygım artıyordu. Bazen, karşımdaki adam bulanıklaşıyor, söyledikleri sağır kulaklarda çınlıyor ve ben kişisel sorunlarıma dalıp içime kapanıyordum.

Bazen seansta, rahat ve güvenli bir hayat yaşamış ve sonra biri beni Skid Row'un* en korkunç sahnesine götürmüş ve orada bırakmış gibi hissediyordum. Ben, sevgilimle el ele tutuşup romantizmin güneşli kırları boyunca uçarcasına ilerlediğim, gerçekleri reddetme ve hayal kurma üzerine kurulu eski kusursuz dünyamı yeğlerdim. Ama kaçamazdım, bu benim işimdi. Şimdi insanlığın çirkin ve biçimsizleşmiş taraflarına doğrudan bakmaya zorlanıyordum: Evet, bazen erkekler kadınları sömürmek, onlara zarar vermek, onları aldatmak, onları bir et parçası gibi kullanmak istiyordu. Rami ve arkadaşlarıyla ve kendi hastalarımla yaşadıklarımın birleşimi, tüm yüksek hedeflerime ve hayallerime saldırganca nüfuz etmişti. Büyük hayal balonumun bu şekilde patlaması üzücüydü. Ayrıca bu olgunlaşmak için de bir fırsattı.

* Los Angeles'in merkezinde, evsizlerin kaldırımlarda topluca yaşadığı bir muhittir.

Öğrenmekte olduğum her şeyi kendi inanç sistemime dahil edebileceğim birtakım yeni düşünce yolları bulmak zorundaydım. Yargı ve korkularımın üstesinden gelecektim ya da aksi takdirde bu hastaları başka bir terapiste göndermem gerekecekti. Yaklaşımım ve uğraşım, keşfetme, not tutma ve anlama arayışı içinde olan bağımsız bir bilimsel gözlemci olarak kalmaktı. Genelleme yapmamayı da kendime hatırlatıyordum: Bütün erkekler, tedavi ettiğim erkekler gibi değildi. Yaşamımda birçok harika erkek vardı. Bu düşünceye ve anılara tutunmalıydım.

Banyomda saklanan genç kızı hatırladım: Titriyordu; benimle mi yoksa dışarıda sokaklarda mı daha güvende olacağından emin değildi. Seks hizmetleri neden sadece masum bir eğlence değildi de insanlara gerçekten zarar veren bir şeydi? İçine girdiğim bu dünyada bir değişim yaratma konusunda karar almıştım. Paul'ün bu sömürü fantezisi büyük bir işti ve fazlasıyla arz ve talep olduğu ortadaydı. Benim yapmam gereken, talep tarafına müdahale etmekti. Bazen bir terapist olarak, aslında seks hizmetleriyle yarışmakta olduğumu fark ederek şaşırıyordum. Bu adamların bazılarının beni tercih etmesinin nedeni neydi? Arayış içinde oldukları hayallerle, güzel kadınlardan oluşan sınırsız menüyle, anında tatmin edilmeyle nasıl rekabet edebilirdim? Bazı erkekler geneleve gidiyordu, diğerleri de bana geliyordu. Ama ben farklı bir kadındım. Ben, bu adamların aradıkları avunma yeri değildim. Ben bir zevk tedarikçisi değil, gerçek tedarikçisiydim. Ben onlara talep etmedikleri ama aslında gerçekten ihtiyaç duydukları şeyi sunuyordum.

~

Paul seanslara daima işten çıktıktan sonra geliyordu ve süreyi ne kadar uzatabilirsem o kadar uzatmamı istiyordu. O akşamlardan birinde, yine gergin olduğu her halinden belliydi. Geniş adımlarla içeri girdi, oturdu ve her zamanki gibi hemen, giriş konuşması yapmamı beklemeden, durmaksızın konuşmaya başladı.

"Sanırım şirketim mali bir krize giriyor" dedi. "Basın, firmamızı araştırmaya başladı." Paul'ün tavrı sanki kötü şeyler olacağını haber veriyordu; aklı başında değildi. Gergindi ve dikkati dağınıktı, düşünceler içinde kaybolmuştu, bakışları ok gibiydi. Stresinden kurtulup rahatlamasını bekledim; seansın büyük kısmı bununla geçti. Ama hararetle konuşsa bile kendimi yabancılaşmış hissediyordum. O an gerçek bir bağımız yoktu. Kederini üzerine kusacağı, yüzü olmayan bir bedendim. Eşinin de böyle bir iletişim kopukluğu hissedip hissetmediğini merak ettim.

"Stresle nasıl başa çıkıyorsun?" diye sordum.

"Çoğunlukla işyerimde uzun saatler kalıyorum" dedi ve umursamaz bir tavırla, "gerçi bugün öğle yemeğinde yine bir eskort servisini aradım" diye ekledi. Paul'ün masaj salonlarına yaptığı ziyaretler, işten ötürü bunalmaya devam ettikçe artmıştı.

"Bu akşam yine işlediğin kabahat üzerine mi konuşacağız?" diye sordum.

"Evet. Claire bilseydi kahrolurdu. Gerçekten ona hayranım. Ama seks hayatımızdan daha fazla zevk almayı istiyorum."

"Bunun yerine cinsel takviye alıyorsun."

"Sanırım her zaman buna ihtiyacım olacağına kendimi inandırdım" dedi uysalca. "Aslında öyle büyük bir mesele de değil. Arkadaşlarımın çoğu bu şekilde düşünüyor."

Cinsel rahatlamayı evlilik dışında aramaya karşı aynı sıradan tutum sergileniyordu; özellikle de Paul'ünki gibi sürdürülmek istenen bir evlilikte. Eninde sonunda "cinsel takviye"ye ihtiyaç duyacağını ya da bunu isteyeceğini *bilerek* evlenmeyi seçmek, erkekler arasında yaygınmış gibi davranıyordu.

Paul'ün evlilik dışı seks yapması, benim için duygusal bir anlam ifade etmiyordu. Eşine âşık olduğuna nasıl inanabildiğini anlamıyordum. Ama Paul'ün buna inanabileceği ortadaydı ve inanıyordu da. Üstelik, böyle bir iddiada bulunan ilk hastam değildi. Hatta kendisinden asla kuşkulanmayacağınız, komşunun sevimli oğlu gibi görünen tipler bile bedenlerinde sadakatsiz bir parça taşıyor ve divanımda otururken bunu itiraf ediyorlardı. Bense, "Hayır, olamaz. Sen de mi?" diye düşünmekten kendimi alamıyordum. Her zaman, gerçekten âşık olan bir erkeğin başka yerde seks arayışına girmeyeceğine inanmışımdır. Eğer başkasıyla sevişiyorsa, o zaman *gerçekten* âşık olamazdı. Bana göre, aşk ve sadakat el eleydi.

Eğer Rami'nin yoldan çıktığını fark etseydim, ilk aklıma gelen artık beni sevmediği olurdu. Aslında, bizi ayıran mesafeyi ve geçmişimizi düşünürsek -Rami'nin arkadaş canlısı kişiliğini söylemeye gerek bile yok- sık sık, ne yaptığını merak ediyordum; özellikle de gün boyu erkekleri dinleyip, âşık olmanın sadakatsizliğe karşı bir sigorta poliçesi *olmadığını* öğrenmişken. Ben ya da herhangi bir kadın; biz kadınlar erkeklere güvenebilir miydik?

Hastalarımla cinsel dürtüleri üzerine tartıştıkça, erkeklerin, özellikle de aşkın aldatmayla hiç ilgisi olmadığını; eşlerine ya da sevgililerine yine de delicesine âşık olduklarını söyleyenlerin, bir anlık hisle harekete geçmesini sağlayan neydi, merak ediyordum. Sadakatsizlikle uyuşan, tanımlanabilir kişilik özellikleri ya da duygusal kalıplar var mıydı?

Apaçık görünen nedenin ötesinde nedenler arardım. Bilirsiniz işte: Eğer daha önce yaptıysa ya da sizinle birini aldattıysa, o zaman aldatan olarak tanımlanır. Ben ayrıca bu konuda konuşabileceğim her kadınla, deneyimlerinden yararlanmak üzere konuştum ve tüm bunları kayıt altına aldım. Erkeklerin ahlaki yetersizliği, onların da sık sık başvurduğu bahane, yani bunun biyolojik bir durum olması en temel görüştü.

Ama bu sonuca varmak, özellikle de daha karmaşık duygusal, sosyal ve psikolojik katmanlara ayrıldığında fazlasıyla kolay ve tepkisel görünüyordu.

Paul için asıl dürtünün ne olduğunu anlamak istiyordum. Ereksiyon ve boşalma dışında, stressiz bir sevişmeden *gerçekten* ne elde ediyordu? Asıl mesele bu muydu? Yoksa Claire ile ilgili bir şeylerden mi kaçıyordu; hatta kendisi ile ilgili? Paul, eşi ile fahişeleri birbirinden ayrı yere koymuştu ama bu basmakalıp bakire-fahişe kompleksi gibi bir şey değildi. Paul, Claire'in seksten hoşlandığını ve ilişkilerinde seksi başlatan kişi olduğunu söylemişti. Claire'in bakire konumunda olmadığı kesindi.

Paul'den Claire ile yaşadığı en yakın seks deneyimini ayrıntılarıyla anlatmasını istedim. Heyecandan uzak bir tavırla, "Geçen gece yataktaydık; boynumu öpmeye ve kasıklarıma sürtünmeye başladı" dedi.

"Bu senin için nasıl bir his?"

"Gerçeği söyleyeyim mi? Arzusu bir talep gibi ve o kadar çabuk sertleşemiyorum. Sevişmeye benim başlamama fırsat vermesini isterdim."

"Başlayabilirsin."

"Doğru; ama dürüst olmak gerekirse bazen ondan uzak durmaya çalışıyorum. Dediğim gibi, sertliğimi kaybedeceğim ve sinirlenecek diye endişelenmeye başlıyorum. Yine de onu reddetmek istemiyorum; bu yüzden de sertleşebilmek için hemen hayal kurmaya başlıyorum. Geçen gece, masaj salonunda elim onun eteğinin altındayken bana mastürbasyon yapan sevimli genç kızı düşündüm. Benden ona dokunmamı talep etmemesi beni tahrik etti. Kim bilir belki de çok uysaldı ya da durmamı söylemeye korktu."

Paul'ün söyledikleri, erkeklerin kiminle ve ne zaman olursa olsun sürekli sevişmek istedikleri yönündeki düşünceyi çürütüyor ve aslında erkekler için de şartların uygun olması gerektiğini ortaya koyuyordu.

"Ve hayal kurman işe yaradı, öyle mi?"

"Claire'i yüzüstü çevirdim, böylece gözlerine bakmak zorunda kalmadım ve fantezimin sürmesini sağlayabildim. Zaten o, bu pozisyonu seviyor; ben de ellerimle bedenini sarabiliyor ve ona dokunabiliyorum. Tanrı'ya şükür, kolay boşalıyor."

Paul sadece, başarısızlıkla sonuçlanmayan bir sevişme yaşamak istemişti ve bunu yapmak için tamamen o ortamdan uzaklaşması gerekiyordu. Claire'i ne kadar çok sevdiğini bana defalarca söylemesine rağmen ben, seks sırasında bu aşktan hiçbir iz göremiyordum.

Değerlendirmemi kendisine sunduğumda, "Hiç bu şekilde düşünmemiştim" dedi. "Ben sadece sertleşmek ve onu tatmin etmek istiyorum. Orgazm olması için uğraşıyorum."

"Kendi ereksiyonuna ve onun tatmin olmasına, gerçek anlamda Claire ile yaşanacak bir birleşmeden daha fazla önem veriyorsun."

"Tabii ki ereksiyon olmam *önemli*; başka türlü sevişemeyiz."

Claire'in burada olup cinsel hayatlarındaki deneyimlerini anlatmasını isterdim. Onun aklındakilerin, Paul'ün inanabileceklerinden fazlasıyla farklı olduğunu hayal ettim. Fakat benimle görüşmeye gelen pek çok erkek gibi Paul de tedavi gördüğünü eşinin bilmesini istemiyordu.

"Onu tatmin etmek üzerine pek çok şey söylüyorsun ama daha çok kendine odaklanmış gibisin" dedim. "Anlattığın tarzda bir seks, baştan çıkarıcı olmaktan ziyade endişe verici. Neden böyle davrandığını anlıyorum; ama kendinden uzaklaşmışsın, hayal kuran bir izleyici gibi. Rahatlayamaz ve Claire'in seni masaj salonundaki diğer kızlar gibi hoşnut etmesine izin veremezsin çünkü onu bir hiç olarak görmüyorsun. Bu yüzden de telafi etmek için penisine ya da onun orgazm olmasına odaklanıyorsun."

"Aksi takdirde öfkelenir."

"Peki sen bu konuda nasıl hissediyorsun?"

Paul, terapiye özgü basmakalıp soru karşısında kendi kendine gülümsedi.

"Gerçekten bu soruyu yanıtlamanı istiyorum" diye ısrar ettim. "Birkaç *duygu* sözcüğü ile."

"Aşağılanmış. Yetersiz." Paul gözlerini halıdaki bir noktaya dikti. "Elbette, bu hislerden uzak durmaya çalışıyorum."

"Neden?"

"Claire için yeteri kadar iyi olmamaktan korkuyorum, sonra da reddedilmekten..." Paul'ün birden böyle ilkel bir korkuyu neden sesli olarak ifade ettiğini bilmiyordum; fakat her zamanki gibi yüzeydeki gereksiz cesaretinin hemen altında saklanmasına izin vermektense bunu yaptığına sevinmiştim. Paul divanda tedirginlikle kıpırdandı.

Ona karşı bir anlığına yumuşamıştım; gerçekten acı çektiğini hissedince gözlerim doldu. Paul önüne bakarken fark ettim ki dizi titriyordu. Tepkimin gerilmesine ve suskunlaşmasına neden olduğunu anladım. Beklediğimden farklı bir andı. En şefkatli halimdeydim ama bu, Paul'ün kendini savunmasız ve tedirgin hissetmesine yol açmıştı. Sessizleşti. Ben de bir süre bekledim, sonra kaygılarının üzerine gitmeye karar verdim.

"Şu anda ne hissediyorsun, Paul?"

"Rahatsız."

"Artık seni daha derinden tanımama fırsat veriyorsun. Seni endişelendiren bu mu?"

"Endişeliyim demedim, *rahatsız* hissettim dedim" diye kestirip attı.

"Tamam, rahatsız. *Tam olarak* ne hissettiğini anlamana yardım etmek istiyorum."

"Oldu. Endişeliyim, eşimin yanındayken hissettiğim şeyin aynısını hissediyorum şu an. Zayıf tarafımı görmeni istemiyorum."

"Ama görebiliyorum ve buna rağmen saldırmak istiyorsun, saklamak istiyorsun."

"Bu çözümlemelerden nefret ediyorum; eleştiriliyormuşum gibi geliyor."

"Bu konuda benimle konuşman çok cesurca bir davranış. Kendimi sana daha yakın hissediyorum ve asla kendini bana anlatmana engel olmak istemem."

Sadece önüne baktı ve seansımız sona erdi. Paul ilerleme kaydediyordu ama ayna gibi kendisini ona yansıtmama katlanamıyordu; ona göre benim gözlemlerim, onun kusurlu taraflarının yansımalarıydı. Benim onu tanıma girişimlerim Paul için katlanılmazdı. Ayrıca bir sorun daha vardı: Onun beni küçümseme girişimlerine göğüs germiştim ve şimdi beni onu yargılayan kişi konumunda görüyordu ve bu tanıdık bir kaygı yaratmış, benim karşımda güçsüzleşmesine neden olmuştu. O zaman anlamıştım. Paul'ün evlilik dışı ilişkileri yüzünden o kadar kızmıştım ki asıl konudan uzaklaşıp olayların altında yatan sorunu kaçırmıştım; kırılganlık. Performans kaygısı sadece bir belirtiydi.

Konu üzerine düşündükçe fark ettim ki Paul hakkında en çok canımı sıkan şey, sorunun çözümüne yönelik kolaya kaçmasıydı. Performans kaygısından uzak durmak için eşinin zevk almasına haddinden fazla odaklanıyordu. Alma endişesinden kaçmak için verme yöntemini uyguluyordu. Kişinin zevk alma hakkına sahip olduğu anlayışını benimsemesi, kendine verdiği değerin yansımasıdır. Fahişelerle birlikteyken Paul, benlik değerini ve elbette zevk alma hakkına olan inancını yeniden kazanmaya çalışıyordu. Evdeyse sürekli kaygılarını gizleme yolunu seçmesi, eşiyle birlikteliğinden keyif almasına engel oluyordu.

Tüm bu telafi etme çabalarının sonucu, Paul ile Claire arasında oluşan kopukluktu.

Oturduğum apartmandaki masaj salonu gibi seks hizmetleri, bu yabancılaşmayı çözmeye yönelik yaygın bir girişimdi. Yabancısı olduğu bir şehirde hissettiği yalnızlıktan ötürü, akşamlarını *Hooters*'da ya da bir striptiz kulübünde geçirip, orada çalışan ve gerçek bir arkadaşmış gibi davranan kadınlarla yakınlık kurmayı seçen erkekler bile tanıyorum.

Paul'ün, işiyle ilgili sıkıntılarını Claire'e anlatmayı düşünmesini istedim. Böylelikle ileriki zamanlar için, daha yakın bir ilişkinin temelleri atılabilirdi.

"Eşimle iş konusunda konuşmayı sevmiyorum" dedi.

"Bu sana neden zor geliyor?"

"Ben orta sınıf bir ailenin çocuğuyum ve şu anki konumuma gelmek için çok çalıştım" diye açıklamaya başladı. "Claire ise babadan zengin ve ailesi hiçbir zaman beni kabullenmedi. Hâlâ bana aileden biri değilmişim gibi davranıyorlar. Hatta Claire'i, parasını benim kullanamadığım farklı bir hesaba yatırması konusunda zorluyorlar. Kendimi Claire ve ailesine kanıtlamak için çok çaba sarf ettim. İşlerimin finansal anlamda çökme tehlikesi içinde olduğunu ve bunun beni ne kadar üzdüğünü görmesini istemiyorum."

"Tam olarak neyi kanıtlamaya çalışıyorsun?"

"Damat olarak Claire'in ailesinin aklında başka biri vardı ama o, beni seçti. Sürekli, beklentilerini karşılayıp karşılamadığımı düşünüyorum. Beni kabullenebileceklerini kanıtlamak istiyorum. Claire'in beni kabul edebileceğini. İyi biri olduğumu. Beni seçtiği için pişman olmasını istemiyorum."

"Yani kendini hiçbir zaman Claire'le ve ailesiyle eşit görmedin?"

"Hayır. Claire çok başarılı biri, kusursuz. Bütün ailesi öyle. İster inan ister inanma, gürültücü biri olmama rağmen aile toplantılarında en sessiz ben kalıyorum. Ağzımı açmadan oturuyorum. Sanki bir yarıştayım ve hiç kazanamıyorum gibi. Çok iğrenç bir duygu."

Paul kelimeleri üzerine basa basa söylüyordu; sanki her biri, kendine bile itiraf etmesi çok üzücü birer gerçekti onun için.

"Ve sen de kendini bir başarılı gözükmeye zorunlu hissediyorsun; gerek işte gerek yatakta."

Paul'ün yüz ifadesinden, bağlantıyı kurabildiğini anladım. Hemen savunmaya geçerek, "Ben *zaten* başarılıyım" dedi.

"Evet, başarılısın ama bunun bir bedeli var. Gergin olduğunda, şu an olduğu gibi, Claire'den uzaklaşmayı seçiyorsun. Bu bana pek faydalı bir yol gibi gelmedi."

"Bu yüzden telekızları kullanıyorum." Pes ediyordu, yorulmuştu.

"Evet, ayrıca bu yüzden Claire'le birlikte olurken ereksiyon halinde kalamıyorsun. Kendine dair birtakım şeyleri eşinden ve ailesinden saklamak için sahte bir kusursuz kişilik yaratmışsın ve yine de senin özünü gördüklerinden kuşkulanıyorsun. Ne var ki buna çözüm bulmak yerine içine kapanıp daha yalnız kalıyorsun ve kendini daha kötü hissediyorsun. Sonuç olarak da Claire ve ailesiyle birlikteyken üzerinde daha yoğun bir baskı hissediyorsun. O ailenin bir parçası olmanın senin için önemli olduğunu anlıyorum; ama varsaydığın yetersizliklerinin üstesinden gelmek ve kabul görmek için kendini çok zorluyor ve çok yoruyorsun."

Paul başını yana devirdi.

Sakince, "Sürekli kendini kanıtlamaya çalışmak istemiyorsun" diye ekledim. "Sen koşulsuz bir aşk istiyorsun. Claire'le evli olduğun için gurur duyuyorsun ve onu seviyorsun ve bir gün, yeteri kadar iyi olmadığını duymaktan korkuyorsun. Claire'in seni sevmekten vaçgeçmesinden..."

Başını salladı.

"Claire'i seviyor musun, Paul?"

Tekrar başını salladı.

"Yüksek sesle dile getir."

"Eşimi seviyorum."

Gözyaşları...

"Şu an aşkla değil korkuyla yönetiliyorsun" dedim. "Bunu tersine çevirmemiz gerek. Eşini sev. Eğer iyi bir eş olmak istiyorsan samimi olmalısın. Seni görmesine izin ver, Paul. Seni tanımasına fırsat ver."

Sonunda, sessizce oturup beni dinledi. Onu yüreklendirmek istediğimi hissettim; bu adama yakınlık duymaya başlamıştım.

Ayrıca, hastalarımın hikâyelerini dinlerken ilk an, korkarak kendimi nasıl kaybettiğimi fark ettim. Bazı erkeklerin aldatmasından ve kadınları bayağı görmelerinden sıkılarak olumsuz yargılara varmış, genellemeler yapmıştım. Konuya biraz uzaktan bakabilmeli ve bir davranışın ne kadar "kötü" olduğuna odaklanmanın, ahlaki yargılara varmanın, erkekleri küçük düşürücü bir şekilde yaftalamanın çok kolay olduğunu unutmamalıydım. Erkeğin doğası böyledir, durum budur, diye düşünmek, kolaya kaçmaktı.

Paul kendini açtıkça içinde bulunduğum puslu havadan çıkmama yardımcı olmuştu. Artık, eşiyle ve seks işçileriyle yaşadığı cinsel etkileşimlerin çok önemli bir gerçeği ortaya koyduğunu anlayabiliyordum: Kadınlar erkeklere göre inanılmaz derecede güçlüler. Kadınlar o kadar güçlüler ki baskın olabilirler. Erkeklerin, duygusal anlamda hayatlarına devam edebilmeleri için kadınlara ihtiyacı var. Bizim onayımız, desteğimiz ve cesaretlendirmemiz kendilerinden emin yaşamalarını sağlıyor. Kadınların ilgisi ve sağladıkları rahatlık, yaşamlarındaki erkeklerin güvende olduklarını ve destek aldıklarını hissetmelerine yardım ediyor. Paul'ün yaşamındaki kadınların tümü güçlü bir kişiliğe sahipti. Eşini fazlasıyla idealleştirerek kendini değersiz hissetmeye başlamış, seks işçilerini de küçümseyerek onların varlığında kendini çok kuvvetli hissetmişti. Bu kadınlara göre davranarak, kendi benlik değerini kaybetmişti.

Sorunun seksle neredeyse hiç ilgisi yoktu. Mesele sadece cinsel haz almak ya da erkeğin doğası gereği cinsel takviyeye gerek duyması değildi. Durum tamamen Paul'ün benlik algısıyla ve sevdiği kadının varlığında özdeğerine tutunma yeteneğiyle ilgiliydi. Bu önemli çünkü Paul'ün hikâyesinde umut işte tam da bu noktada yer alıyor. "Erkeklerin asıl istedikleri ne?" sorumun yanıtı, tam olarak burada yatıyor.

Paul aynı anda hem eşini hem kendini sevmek istiyor ve eşinin sevgisine fazlasıyla ihtiyaç duyuyordu. Paul'ün o sevgiyi bulmasına ve ona tutunmasına yardım etmek istiyordum ki Claire ile beraber var olabilsin.

Tedavi ettiğim hastalardan Paul ile diğerleri arasında ortak bir mevzunun farkına varmaya başlamıştım: kırılganlık. Tüm bu erkekler, sevme ihtiyacı ile sevme korkusu arasında sıkışıp kalmıştı. Bu tuhaf ilişkileri ve cinsel yakınlaşmaları yaşayarak tepki veriyor, sonra onları çevirip çarpıtarak aşkın yerine koyuyor, zevk arayışı, ego tatmini ya da hayali gönül ilişkileri yaratarak ihtiyaçlarını karşılayıp yine güvende oluyorlardı. Bana gelip, âşık olduklarını ya da âşık olmak istediklerini iddia ediyorlardı; ama gerçek durum bunun çok uzağındaydı. Bu adamlar gerçeklerden kaçıyordu. Zihinlerindeki aşk tanımını gözden geçirmeleri gerekiyordu.

Aşk hissini hepimiz severiz; insana kendini ayağını yerden kesecek kadar mutlu hissettirir ama aşk tek bir histen ibaret değildir. Kolay da değildir. Mutluluğun yanında öfke, sıkıntı, incinme gibi zorlu duygular da beraberinde gelir. Bunun yanı sıra, zorlu ve kaçınılmaz korku yığını vardır: reddedilme korkusu, hayal kırıklığına uğrama korkusu, kendini kaybetme korkusu, terk edilme korkusu, sevilmeye değer görülmeme korkusu. Bu korkular mantıksız olabilir ama yine de gerçekleşme olasılıkları söz konusudur.

Âşık olmak hislerden daha fazlasıdır, bir yetenektir. Bu erkekler, kolay yolu seçmişti. David (Birinci Bölüm'den hatırlayın) arzu edilmeyi istiyordu. Paul güç istiyordu. Başkaları güvenli bir hayat istiyor. Karşıma oturan bu adamların ne elde ettiklerine ve etmediklerine odaklanmalarına ve ne verdikleri konusunda hiç kafa yormamış olmalarına inanamıyordum.

Kimse risk almak istemiyordu.

Paul'ün Claire'den uzaklaşmaktan vazgeçmesini, çözümü evliliğinin dışında aramaya son vermesini ve aksine Claire'e daha da yakınlaşmasını istiyordum. Paul, sonunda önereceğim herhangi bir yolu denemeye istekli görünüyordu.

Açıklamak için yeteri kadar vaktim kaldığından emin olmak üzere saate bakarken, "Sana bir ev ödevi vereceğim" dedim.

Ev ödevi, seks terapisinin olmazsa olmazıdır. Cinsel tavırlarını yeniden düzenlemek için hastalar, sık sık çeşitli cinsel egzersizlerle görevlendirilir. Erkeklerin cinsel davranışlarının çoğu sadece tepkiseldir ve eğitimle değiştirilebilir. Paul'ün ereksiyonu özbilinçle bağlantılıydı ve onu, rahatça cinsel istek duyabilmesi için tedavi etmem gerekiyordu.

"Görevin ereksiyon olmamak" dedim. Şaşırmıştı; ama aklını performans kaygısıyla meşgul etmesi en son istediğim şeydi. "Ereksiyon oldun diyelim, o halde orgazm olmayacaksın. Ayrıca, Claire'in orgazm olmasını da sağlamayacaksın. Demek istediğim, onun cinsel organlarından uzak duracaksın!" Onun denemesini ve o ana hazır olmasını istiyordum. "Bunun yerine" diye devam ettim, "Clare'in bedeninin sadece diğer kısımlarına dokunmaya odaklanmanı istiyorum. Ağır ol ve ciddi anlamda, dokunurken onu hissetmeye çalış. Bütün duyularınla, ona duyduğun aşka odaklan. Onu koklamanı, tatmanı ve âşık olduğun bu kadına gerçekten bakmanı ve gördüğün şeyi beğenmeni istiyorum. Gözlerinin içine bak, sakince öp onu. Hissederek öp. Sana dokunduğunda ereksiyonunu düşünme, sadece sana zevk veren her şeyi hisset ve tadını çıkar ama o zevklerin üzerine gitme. Zevk alma hakkını kullan; masaj salonlarında sahip olduğun hakkın aynısı bu.

"Ve bu sevişmeyi, *bu gece* senin başlatmanı istiyorum." Paul söylediğim her şeyi anlamıştı, kuşkulu görünüyordu ama doğası gereği ödevini başarıyla yapmaya kararlıydı. "Haftaya görüşeceğiz; nasıl geçtiğini anlatırsın."

Tekerlekli bavulumu çeke çeke işyerimden çıkıp taksi aradım. Florida uçağına yetişmek için havaalanına gidiyordum,

Rami'yi görecektim. Bazen, Rami'nin gerçekten boşanmasını istiyordum; başka bir zaman da bir evlilik ya da çocuk istemediğimi ve bu sıra dışı ilişkiden memnun olduğumu düşünerek bu fikri aklımdan uzaklaştırıyordum. Elbette, tüm bu düşüncelerin temelinde yatan, güven sorunuydu ve ben hâlâ bunu çözmeye, hâlâ ayrılmanın (ya da devam etmenin) hata olabileceğinden korkmamaya çabalıyordum.

Ne yazık ki cuma akşamları şehir merkezindeki caddelerde ilerlemek neredeyse imkânsızdır. Trafik lambasında durmuş, ışıkları kapalı bir taksi gördüm. Yolcu tarafından penceresine tıkladım ve sert ifadeli Hintli şoför dışarı bakıp pencereyi açtı.

"Çalışmıyorum" diye bağırdı.

"Biliyorum" dedim. "Ama eğer eve gidiyorsanız ve Queens'te ya da Brooklyn'de yaşıyorsanız beni LaGuardia'ya kadar götürebilir misiniz?"

Bir an düşündü.

"Lütfen, sevgilime kavuşmaya çalışıyorum!"

Düşünmeye devam etti. Işık değişti değişecekti.

Gülümseyerek, "Aşk için yap şunu!" dedim. İfadesine bakılırsa kelime dağarcığında aşk diye bir şey yoktu; en azından o an.

"Tamam" diye bağırdım. "Sana altmış dolar veririm."

"Beni bunaltıyorsun" dedi ama beni taksisine aldı. Taksimetreyi kapatıp gaza bastı.

Taksi şoförleriyle aşk ilişkilerim, varoluşsal buhranlarım ya da herhangi bir şey hakkında konuşma alışkanlığım vardı. Üstelik, beni şaşırtan bir şekilde, onlar da genellikle beni röntgencilere has bir keyifle dinler ve samimiyetle tavsiyelerde bulunurlardı. Hatta el falıma bakan bile oldu. Rami'yi görmek için sabırsızlanıyordum ama Paul beni germişti ve kafamı toparlamam gerekiyordu. Kişisel sinir bozukluklarımı arkadaşlarımla bile rahatça paylaşamıyordum. Sanırım, bir terapistin kendi sorunlarını bizzat halletmesi gerektiğini düşünerek, "Bu da psikolog mu?" demelerinden çekiniyordum. Taksi yolcusu olmanın sağladığı kimliksizlik, dertlerimi anlatarak içimi dökmeme imkân sağlıyordu.

Bununla beraber içinde bulunduğum ironik durum gözümden kaçmadı. Paul gibi ben de yakınlarımla olan ilişkilerimde doğal ve kırılgan olmak yerine duygusal ihtiyaçlarımı karşılamak için kimliksiz vekiller kullanıyordum. Hatta sahte bir iletişimin anlık mutluluğundan kendimi alamıyordum.

Bu sürücünün anlayışlı olduğunu düşünmüyordum. Dikiz aynasındaki yansımasına göz ucuyla baktığımda yüzündeki ifadenin hâlâ sert olduğunu görebiliyordum. Arka koltuğun köşesine, tam çaprazına oturmuş, bazen hızla bazen ağır ağır geçip giden ufuk çizgisini izliyordum. Ama çok geçmeden, şahsi olmayan sessizlikten rahatsız olmaya başladım. Koltuğun ortasına doğru kaydım, yüzümü cama yaklaştırdım ve ehliyetindeki bilgileri okudum.

"Bu akşam nasılsın Mohinder?" dedim.

"Yorgun."

"Taksi şoförü olmak nasıl bir şey? Oldukça ilginç sohbetler yapıyor olmalısın."

"Evet. Hatta bir keresinde bir kadın arka koltukta doğum yaptı."

"Yaa!"

"Sen nereye koşturuyorsun böyle?" diye sordu.

"Florida'ya, erkek arkadaşımı görmek için. Hafta sonları birbirimize gidip geliyoruz."

"Zor iş."

Şimdi düşüncelere dalma sırası bendeydi. "Aslında, böyle olmasından hoşlanıyorum. Ama o benim Florida'ya geri dönüp kendisiyle yaşamamı istiyor."

"Dönecek misin?"

"Hâlâ evli. Yani niye gideyim ki?"

"Anlamadım. Hâlâ evli ve senden eşiyle aynı evi paylaşmanı mı istiyor?"

Kıkırdadım. "Hayır, senelerdir ayrı yaşıyorlar. Hatta aynı eyalette bile değiller."

"Hmm, onun açısından iyi gibi, değil mi? Belki de birine bağlanmaktan korkuyordur."

"Hayır, sanmıyorum" dedim. Oysa, kendimi kandırdığımı anlamasının pek de zor olmadığını biliyordum.

"Ah, tamam. Onu nasıl sınayabileceğini biliyorum."

"Nasıl?" Gerçekten yanıtı duymak isteyip istemediğimden emin değildim.

"Basit. Ona onunla yaşamaya hazır olduğunu, hemen yanına taşınabileceğini söyle ve nasıl tepki vereceğine bak."

Mohinder haklıydı. Ama bunu yapmaktan korkuyordum. Yapmak istemiyordum. Belki başka bir zaman. Belki.

Sonunda havaalanına yaklaştığımızda Paul'ü düşündüm ve aslında hepimizin nasıl içtenlikle oyun oynadığımızı. Yaklaşıyor, sonra uzaklaşıyor, okyanusta süzülüp giderken genişleyip büzülen denizanası gibi mütemadiyen açılıp kapanıyorduk. İnsanlar söz konusu olduğunda, her iki eş de bu dansı yapar ve eğer şanslılarsa bir uyum yakalamayı başarırlar. Paul kusursuz bir eş, kusursuz bir erkek, kusursuz bir penis olma konusunda fazlasıyla çaba harcıyordu ama Claire karşısında hiçbir zaman doğal olmamıştı. Bu durum Claire açısından nasıldı merak ediyordum.

~

Paul durumu bildirmek için gelecek seansımızı beklemedi. Florida'dan döndüğüm güne acil randevu aldı, koştura koştura ofisime gelip karşıma dikildi.

"Ben sana ne için para veriyorum?" diye öfkeyle bağırdı. Ardından kendini divana bıraktı ve öne doğru eğildi. "Masaj salonlarından daha çok yardım alıyordum!"

Paul, verdiğim ödevin geri tepmiş olmasından şikâyet ediyordu. "Seanstan sonra eve gittim" diye anlatmaya başladı.

"Claire çoktan yatağa uzanmış, kitap okuyordu. Kitabı elinden alıp komodinin üzerine bıraktım. Kolumu beline dolayıp, bedenini bedenime yaklaştırdım. Bana söylediklerini hatırlayıp, ona ilgiyle baktım. Bedeni, yüzü; onları gerçekten görmek istiyordum. Yanağını okşadım ve onu çok sevdiğimi söyledim. Bedeninin her santimini; göğüslerini, uzun bacaklarını, dümdüz karnını, vajinasını, ayak parmaklarını, gözlerini sevdiğimi söyledim. Ağzını. Ellerimi bedeninde gezdirmeye devam ettim ve bunu yaparken *hiçbir şey hissetmedim.* Sertleşmedim. Resmen uyuşmuştum."

"Paul, amaç zaten sertleşme meselesini aklından çıkarmandı. Olmadıysa bu kötü sonuçlandığı anlamına gelmez. Olduysa harika demektir. Her iki durumda da senin zaten herhangi bir şey yapmaman gerekiyordu."

"Biliyorum" dedi öfkeyle. "Ama sorun bu değil. Söylediğin gibi davrandım; ama Claire yaptıklarıma tahammül edemiyor gibiydi, bedeni kaskatıydı. Her şey mekanikmiş gibiydi. Ona baktığımda gözlerini benden kaçırdı. Sonra, yorgun olduğunu söyleyip benden sadece kendisine sarılmamı istedi ve uyudu."

"Yani ilgilenmedi."

"Biraz rahatladım aslında. Ama ödevinizin bana pek de bir faydası olmadı, Doktor!"

Paul'ü başarısızlığa kasıtlı olarak hazırlamamıştım ama bu umulmadık sonuç önemli bilgiler ortaya koyuyordu. Bazen "hatalar" insanı yanıtlara ulaştırırdı.

"Tam tersine, bence faydası olmuş!" dedim. "Nedenini açıklayacağım ama önce yavaşça senin anlattıklarını gözden geçirelim. Claire'e gerçekten bakmaya başladığında neler hissettiğini anlat bana."

Paul uyumlu davranmaya karar vermişti. "Uyuşmuş gibiydim ve hatta biraz da sıkıldım."

"Ya ilk kez onun bedenini keşfetmeye ve beğendiğin şeye odaklanmaya başladığında ne oldu?"

"Ona olan aşkıma odaklandım, bana söylediğin gibi. Ve aşkı hissettim."

"Peki ya gözlerine baktığında?"

"İşte o zaman rahatsız oldum. Cidden, onu görmeye çalışıyordum... ve o, gözlerini benden kaçırdı. Kaçırdı. Reddedildim ve ortada kalakaldım."

Paul'ün ödevi Claire'in tepkisini açığa çıkarmıştı. Bu bir yanıttı. Bakışmak, birinin samimiyet konusundaki rahatlığının en iyi ölçüsüdür ve genellikle beklenmedik tedirginliği gün yüzüne çıkarır. Paul'den kendisini ortaya koymasını istemiştim, duygusal anlamda çıplak kalmasını, görülmesini ve Claire'i görmesini, sevişirken aşkı hissetmesini ve cinsel arzusunu eşiyle paylaşmasını. Claire, Paul'ü geri çevirmişti, onu görmeyi reddetmişti. Paul incinmişti.

Şimdi, sıkıntının sadece Paul'den kaynaklanmadığını biliyordum. Claire de bunun bir parçasıydı.

Paul bunun farkında değildi ama samimiyet konusunda rahatlık düzeyi kendisininkine çok benzer bir eş seçmişti. İlişkileri garip bir dengede yürüyordu: Paul yaklaştığında Claire, büyük olasılıkla her zamanki güvenli mesafeyi korumak amacıyla kendini geri çekmişti. Paul ve Claire'in cinsel arzuları yüksek ama duygusal anlamda yakın olma konusunda tahammül eşikleri düşüktü. Paul'ün iletişim kurma, aşkı yaşama, kırılganlığa katlanma girişimi karşısında, her ne kadar ani olsa da Claire gerilmiş ve geri çekilmişti. Paul ve belki Claire de benim "aşk kaygısı" dediğim şeyi yaşıyordu. Paul, dünyasını kontrol altında tuttuğuna inanmak istiyordu; işte, yatakta, her yerde. Âşık olmak, onun kontrol algısında bir delik açmıştı. Hepimizin keşfedilmemiş aşk korkuları vardır ve biz genellikle var olduklarının farkında değilizdir; ta ki âşık olana kadar. İşte o zaman, kendi sevilebilirliğimiz sorusu yüzeye çıkar: Başımıza gelen, yaşadığımız aşkı hak ediyor muyuz? Paul, endişelendiği ve bu yüzden de sertleşme sorunu yaşadığı için değer, güç ve kontrol anlayışını onaran bir çevreye, masaj salonuna yöneliyordu. Buna rağmen kontrol, Paul'ün peşine düştüğü bir yanılsamaydı. Modern genelevler mahallesinde dolanan seks işçileri sahte cüzdan, sahte parfüm ve sahte DVD'lerin hemen yanı başında sahte aşk satıyordu.

Paul'ün gerçek olanı yaşama ve tahammül etme yetisini kazanmasını istiyordum. "Fahişelere gitmenin asıl faturası, tutkulu bir ilişki yaşamayı kaçırman."

"Ama ben Claire'i yatak odasının *dışında* arzuluyorum" dedi; kafası karışmıştı. "Gerçekten sevişmeye başladığımızda hiçbir şey olmuyor."

"Zihnimiz yaşadığımız korkulardan bizi korumak için kendini duyarsızlaştırma yoluna gider."

"Peki ben ne yapacağım şimdi?" diye sordu.

Güzel soru. Paul'ün aşkın gücüyle barışık olması gerektiğine inanıyordum. Reddedilme korkusu olmaksızın hislerini paylaşmayı ve reddedilmesi durumunda kararlılıkla çaba göstermeyi öğrenmeliydi. "Bu hissi, gerçekten sevebileceğin birini bulduğuna dair güzel bir kanıt olarak düşünemez misin peki? Kendini geri çekmek yerine bu hisse sıkıca sarıl. Onu bir tutkuya dönüştür."

"Ya karşılık vermezse?"

"Dünyanın sonu değil" dedim kararlı bir ifadeyle. Niyetim, hemen kabul görmemenin büyük ve ciddi bir sarsıntı olmadığını anlatmaktı.

Paul kahkaha attı. "Peki söyle o zaman, ben nasıl tekrar sertleşeceğim?"

"Claire'in burada ne yapmaya çalıştığını bilmesi işe yarayabilir. Claire'e ne istediğini anlatmak zorundasın. Eve git ve aynı ödevi tekrarla. Belki bu kez daha anlayışlı olacaktır çünkü önceki gibi tamamen şaşkınlığa uğramayacaktır."

~

Paul ve Claire'in ikinci denemede başarılı olup olmadıklarını hiçbir zaman öğrenemedim. Ertesi hafta görüşmeye geleceğini söyleyerek ofisten ayrılmıştı ama bir daha ortalıkta hiç görünmedi. Sonraki hafta için belirlediğimiz görüşme saatinde, on dakika bekledikten sonra, ne olduğunu anlamak için Paul'ü aradım ama telefonu açan olmadı. Ben de mesaj bıraktım. Bir hasta herhangi bir bilgi vermeden görüşmeye gelmediğinde, her şeyden bihaber, ofiste öylece oturmak bir terapist için berbat ve sinir bozucu bir durumdur.

O akşam eve metroyla döndüm ve yol boyunca, aynı ödevi vermek bir hata mıydı acaba diye düşündüm. Belki gerçekten başarısız olmasına sebep olmuştum, belki de müdahale etmek için erken davranmıştım. Paul'ü ve büyük ihtimalle Claire'i de, üstesinden gelmeye hazır olmadıkları bir hassasiyete maruz bırakmış olabileceğimden korkuyordum. Tek bir şey istemiştim; birbirlerindeki insani değerleri görmelerini. Ama bunun aslında ne kadar zor bir iş olduğunu hesaba katmamıştım. Buna karşın, Paul bana kızgın olsaydı gelip bunu dile getirirdi diye düşünüyorum.

Ofisten ayrılmadan önce Paul'ü tekrar aradım. Açmadı. En azından, o zamana kadar üzerinde konuşup tartıştığımız konular hakkında nihai bir seans yapmamızın gerekli olduğuna inanıyordum. Olağan terapi sürecinde, durgun bir evre vardır; o dönemde taraflar birbirini tanımaya başlar ve zamanla bir bağ kurulur ve sonra süreçte yer alan her şeyin tanınmasıyla sonuç evresine varılır. Ne var ki Paul, ilişkimizin sonuç evresine ilerlemeye, en azından "Teşekkürler" ya da "Hoşça kal" demeye ihtiyaç duyan hastalardan değildi. Sanırım, işinin bittiğini düşünüp öylece bırakıverdi. Aramızdaki ilişkinin, onun için bir anlamı olup olmadığına ilişkin hiçbir fikrim olmadığı halde, onu sevmiş olmanın acısını hissettim.

O akşam, Q treninde tıkış sıkış giden insanlara baktım: Bedenleri birbirine değiyordu ama dikkatli ve bilinçli bir şekilde, herkes diğerinin varlığının farkında değilmiş gibi davranıyordu. Kitap ya da gazete okuyor, iPod dinliyor, dalgın dalgın yere bakıyor ya da duvardaki reklamları inceliyorlardı; göz teması kurmaktan herkes özenle kaçınıyordu.

Herkes samimiyet ister, diye düşündüm. İnsanlar gerçekten görülmeyi ve tanınmayı istiyor; ama başkalarının içeri girebilmesi için geçmesi gereken sayısız kapı yaratmışız. Paul'ün, Claire'in anlamsız bakışları ve tepkisiz bedeni karşısında gösterdiği duygusal tepki, onun aslında içten bir ilişki arayışında olduğunu gösteriyordu. Umarım seanslarımız, ona özlemini çektiği içten iletişime dair birkaç an sunmuştur, diye düşündüm. Ama tren durup da işten çıkmış koşturan yolcular büyük bir dalga halinde perona dağıldığında, sonuçta bir "hiç"e dönüşenin Paul'ün kendisi olduğunu üzüntüyle fark edip kendimi yenik hissettim.

Charles

Charles: "En yakın arkadaşımla yatmak istediğini söyle!"
Kelly: (İlgisizce) "En yakın arkadaşınla yatmak istiyorum."
Charles: "Nasıl yapmak istediğini anlat!"
Kelly: "Banyoda, sen yan odadayken."

Benim ricam üzerine, yakında evlenmeyi planlayan genç çift, Charles ve nişanlısı Kelly, kısa bir süre önce yaşadıkları cinsel deneyimden bir konuşma canlandırıyordu. Aslında her iki kişiyi de divanın bana yakın tarafındaki koluna dayanmış olan Kelly canlandırıyordu; gözleri alev alevdi. Diğer yanda Charles, divanın öteki ucunda, kucağına aldığı iki kırlente sarılmış, sessizce oturuyordu. Ne Kelly'e ne de bana bakabiliyordu.

Kelly aniden durup öfkeyle inledi. "Bundan bıktım artık. Bıktım! Tek istediği bu: Onu aldattığımı hayal edip kafasında canlandırmak. Her seferinde! En yakın arkadaşı yerine patronunu, erkek kardeşini ve hatta babasını koymak dışında hiçbir değişiklik yok. Eğer bu durum değişmezse nişanı bozacağım!"

Bu, Charles'ın dikkatini çekmişti.

"Cinsel isteğimin düşük olduğunu biliyorsun, tatlım; beni ancak bu tahrik ediyor. Sadece bir oyun. Neden seni rahatsız ettiğini anlamıyorum. *Seni* aldatıyormuşum gibi davranmıyorum en azından. Bunda bir sakınca yok. Öylesine bir fantezi işte."

Fantezinin ve rol yapmanın kesinlikle zararsız olduğu ve rastgele gerçekleştirilebileceği, hastalardan ve seks terapistlerinden sık sık duyduğum bir iddiaydı. Rol yapmanın, cinsel ilişkinin önemli ve yaratıcı bir parçası olabileceğine katılıyorum. Samimi bir tutum, ayrıcalıklı giriş izni olduğuna. Charles, rol yapmanın zararsız olduğunu savunuyordu ama ben bunun habis bir şeyden kaynaklanıyor olabileceğinden kaygılanıyordum. Charles'la daha önce birkaç saat yalnız görüşmüş olmama rağmen, bu seansta Kelly baskındı. Uçarı ve tepkileri yoğun biriydi; sık sık gözyaşlarına boğuluyor ya da öfkeden kuduruyordu. Söylemek istediklerine kendini kaptırıp, hiç ara vermeden konuşuyor ve benim fikirlerimi dinlemeye neredeyse hiç zaman ayırmıyordu. Ona göre, duygular gerçekti. Eğer bir şey hissediyorsa, o gerçek olmalıydı. Kanıtı sorgulamak ya da mantıklı alternatifler aramak yersizdi.

Charles, sosyal anlamda tuhaf, takıntılı biriydi. İkinci seansımızda uyguladığım cinsel durum değerlendirme testinin sonucunda, pek fazla özel ilişki yaşamadığı ortaya çıktı. Zamanının çoğunu yalnız gerçekleştirilen hobilerle uğraşarak geçiriyordu; özenle hazırlanmış, küçük model uçaklar biriktirmek gibi. Bununla beraber, Charles'ın kendine ait başarılı bir mühendislik firması vardı ve para, ona güzel kadınları kendine çekme imkânı sağlasa da Charles, onların yanında kendini rahat hissetmediğini itiraf etmişti. "Genellikle onlar beni seçer, ben onları değil." Charles'ın yaşadığı ilişkiler her zaman, bir kadının ona yoğun ilgi göstermesiyle başlamıştı.

Charles'ın aksine, Kelly'nin her şeyi gösterişli ve etkileyiciydi. Coşkun. Hayat dolu. Mağrur. Televizyon sektöründe makyözdü ve İtalyan asıllı, Boston kökenli biriydi. Charles'ın gençlik fantezilerinde yarattığı kadın tarzına uyuyordu. Uzun, gür siyah saçları ve koyu renkli göz kalemiyle belirginleştirilmiş küçük, siyah, çekik gözleriyle Kelly alışılagelmiş güzellerden değildi; ama abartılı havasıyla kışkırtıcıydı. Bedenini saran kıyafetleri içinde, eksiksiz makyajı ve son moda çantasıyla her zaman seksi giyinen kızlardandı.

Charles'la ilişkilerinde ilk adımı atan Kelly olmuştu; ama o noktaya gelmeleri neredeyse bir yılı bulmuştu. Önceleri arkadaş olarak görüşüyorlarmış; kolayca birbirine yakınlaşan, aynı evde kalıp eski pijamalar içinde televizyon izleyebilen birer arkadaş olarak. Bir gece Kelly, Charles'ı öpmüş ve ilişkileri bu şekilde başlamış. Kelly, Charles'la vakit geçirmeyi seviyordu çünkü onun içe kapanıklığı Kelly'nin kendini güvende hissetmesini sağlıyordu. Ayrıca, genellikle karşısına çıkan güvenilmez tiplerin aksine, Charles açıkça ona hayrandı. Ama şimdi, Charles'ın sertleşebilmesi için Kelly'nin başka adamlarla seviştiğini hayal etmesi gerekiyordu. Bu yüzden, her ne kadar Charles Kelly'nin öfkesini dindirmek için çaba harcasa da bir zamanlar mutlu mesut devam eden ilişkileri şimdi sallantıdaydı. Charles'a göre, bu sadece bir fanteziydi. Gerçekten yapmıyorlardı. Eş değiştiren insanlardan değillerdi. Seks kulübü işletmiyorlardı. Öyleyse bunun ne zararı vardı?

Kelly seanslarımıza, ben Charles'la görüşmeye başladıktan iki ay sonra katılmıştı. Kendine has tarzıyla, Charles'ın duygusal anlamda içine kapanık, tedirgin ve zaman zaman sevişmekten uzak duran biri olduğunu fakat kendisinin çok seksi olduğunu açıkladı.

"Önceleri, eğlenceli olduğunu düşünüyordum. Cinsel anlamda rahat biriyim ve her şeyi denemeye istekliyim. Ama şimdi tek istediği şey bu senaryo. Kendimi onun sevdiği kadın gibi hissetmiyorum" dedi. Yaşlar gözlerinde birikmişti. "Şişme oyuncak bebek gibi hissediyorum. Yatak odası dışında çok tatlı. Uyumlu bir çiftiz. Ama sevişirken benim arkama geçip, kelimenin tam anlamıyla ortadan kayboluyor, göz teması kurmaktan kaçınıyor. Yüzümü ona dönecek olursam, ereksiyon hali sona eriyor."

Kelly konuşurken, göz ucuyla Charles'ı izledim: Tepkisizdi, anlaşılmaz bir ifade vardı yüzünde. Kelly az önce, uzun uzun ne kadar incindiğini anlatmıştı. Charles'ın açıkça tercih ettiği şeyi tekrarlamaktan sıkılmıştı; artık isteklerinin erotik bir oyun olmaktan çıktığını ve Charles'ın psikolojik sorunlarını kendi üzerinde sergiliyor olabileceğini hissediyordu. Ama Charles öylece oturuyor, Kelly'i sakinleştirmeye çalışmıyor ve ne düşündüğü konusunda hiçbir ipucu vermiyordu.

Seks terapistliği yaptığım için kız arkadaşlarım benden tavsiye almak isterlerdi. Aralarında, nasıl rol yapacaklarını soranlar olurdu. Çoğunlukla, görüştükleri kişi yatakta "tuhaf" bir şey denemek istemiş olurdu ve arkadaşlarım da bunun bir sorun olup olmadığını öğrenmek isterlerdi. Herhangi bir genelleme yapamam çünkü neyin sorun olup olmadığı kişiye göre farklılık gösterir. Bana göre, asıl sorulması gereken soru şu: Ben kendimi bu durumda nasıl hissediyorum?

Bir kız arkadaşım bu soruyla yüzleşmiş ve sevgilisiyle devam etmeye ve kendi sınırlarının nereye kadar gittiğini öğrenmek için, arzulu bir şekilde deneysel davranmaya karar vermişti. Daha sonra, kendi kırmızı çizgisinin kötü hissetmesine neden olan ve özsaygısına zarar veren ilişkilerden uzak durmak olduğu anlaşılmıştı ki, bu elbette, çok kişisel bir karardır ve durum herkes için farklı olabilir. Öte yandan bir rolün, bir oyunun ya da bir pozisyonun size iyi geldiğini ifade etmek, bir *yoldur*. Sonrasında, duygusal tepkilerinizi inceleyin. Ve sadece, bedeninizi dinlemeyin çünkü olumsuz durumlarda bile tahrik olabilirsiniz ya da en azından bedeniniz sizden bağımsız tepkiler verebilir. (Bir tecavüz olayında kadının ıslanması, bedeninin kendini korumasındandır; kadının isteği dışında ilişkiye girmeye zorlanmaktan gizli gizli hoşlandığının bir göstergesi değil.)

Fantezi ile gerçek arasında ince bir çizgi vardır. Bir arkadaşım, sevgilisinin yüzüne boşalmayı denemek istediğini ve neredeyse onu boğacağını söyledi. Sonrasında, erkek arkadaşının isteklerinin tamamen gerçek ve tamamen karanlık yerlerden gizlice belirdiği hissinden kurtulamamıştı.

Cinsel davranışların bir anlamı olduğuna inanıyorum. Bu anlam, bizimle konuşur. Seks, insanların üzerine kendi psikolojik dünyalarını resmettiği boş bir tualdir. Ya da geçmişte yaşanmış sarsıntılardan, sinir bozukluklarından veya takıntılardan oluşan bilinçaltı çöpleri için büyük bir atık sahası olabilir. Takıntılar yüceltme süreciyle gerçeğe dönüşür; çözümlenmemiş duygular cinsel olarak yön değiştirir ve cinsel arzu olarak kendini gösterir. Bu, erkeklerde sık görülür çünkü onların duygularıyla doğrudan başa çıkabilecekleri sosyal ortamlar ve fırsatlar sınırlıdır.

Cinsel kuruntunun varlığına ilişkin iyi bir örnek, Charles gibi kişilerin tekrar eden bir döngüde tutsak kalmasıdır; aldatma fikri, Charles'ın kurtulabileceği *tek* yoldu. Bu tek, kısıtlı eyleme kafasını takmıştı. Bu durum ona zararsız gelse de, Kelly'nin belirttiği gibi, bu rol yapmalar aslında kendini *kötü hissettiriyordu.* Başka bir deyişle, Charles'ın bilinçaltının atık sahasındaki sızıntılar cinsel ilişkilerinin güzelliğini kirletmiş, onlarda tümden iğrençlik algısı yaratmıştı. Charles neyin mücadelesini veriyor ya da neden kaçıyordu? Acaba bu, Charles'ın yardım çağrısı mıydı? Bir sonraki görüşmeye yalnız gelmesini istedim.

Geldiğinde, oturup rahatlamasına bile fırsat vermeden, "Kim seni aldattı?" diye sordum.

Bana ölümcül bir bakış fırlattı; şaşkınlığını gizlemekte zorlanıyordu. En hassas noktasına dokunmuştum.

"Kendimi berbat hissetmeme neden olan bir konu hakkında konuşma amacımız ne?"

"Yani *gerçekten* böyle bir şey oldu..."

"Evet ama geçmişi önüme koymanın ne faydası var? Uzun zaman önce olmuş bir şey bu."

"Çünkü geçmişte kalmamış" diye açıkladım. "Geçmişte her ne olmuşsa sen onu hâlâ yaşıyorsun." Charles'ın direnmesine karşın, bu konuyu kapatmaya niyetli değildim ve buna hakkım olduğunu düşünüyordum. "Kabul ediyorum, kendini kötü hissedeceksin" dedim içtenlikle, "ama hadi bununla yüzleşelim artık."

Önce isteksizce, sonra artan bir enerjiyle, Charles bana yirmi yaşındayken nişanlandığını anlattı. Kız, hayatının aşkıymış ve onun "bir melek" olduğunu düşünüyormuş.

"Ona olan hislerim çok güçlüydü" dedi boğuk bir sesle. "Şu an Kelly'e karşı bile öyle yoğun duygular beslediğimi söyleyemem. Onunla evleneceğim için çok heyecanlıydım. Her zaman tekeşli bir erkek oldum. Her zaman öyleydim, gençlik dönemimde bile. Tek istediğim bir aile kurmaktı." Charles kıpırdanmaya başladı; bakışları odanın içinde, etrafa ok fırlatırcasına geziniyordu.

"Ama düğünümüzden bir gün önce, en yakın arkadaşımla yattığını öğrendim. Dostum dediğim adamla. Erkek kardeşim onları birlikte yakalamıştı. Bana anlattığı günü hiç unutmuyorum; düğün günü sabahıydı, yataktan yeni kalkmıştım ve içim hayatımın en duru mutluluğuyla doluydu. Sonra kardeşim odama geldi ve yatağa oturup her şeyi anlattı. Yıkılmıştım. Olduğum yerde donakalmıştım. Öylece duruyordum. Kollarım, bacaklarım uyuşmuştu, zor nefes alıyordum. Aile üyelerinin evin içindeki uğultularını duyabiliyor, pencereden içeri süzülen parlak güneşin sıcaklığını hissedebiliyordum ama o an sanki ruhum bedenimden kopup gitmişti. Kardeşim olanları herkese benim yerime anlatmıştı ve hiç kimse beni yoklamak için odaya girmedi. Herkes gitti ve ev sessizliğe gömüldü. Uyuşmuş halde yatağa uzanıp öylece kalakaldım. Sekiz yıl önceydi."

Çok acı çektiği ortadaydı. O konuştukça bedenim, onun acısının sızıntılarını içine çekiyordu. Ciğerlerim şişmişti sanki ve gözlerim istemsizce sulanıyordu. Söyleyecek kelime bulamadım. Büyük bir dalga ikimizi de içine almış, derinlere çekiyordu. Bir süre sessizce oturup, sakin sakin nefes alarak kendimizi toparladık. İkimiz de bu yoğun atmosferden çıkmak, konuşmaya devam etmek istiyorduk. Birkaç mantıksal çözümleme yaparak bu durumdan kaçabilirdim; ama Charles o kadar uzun süredir bu yarayla yaşamaya mahkûm olmuştu ki, acısından kaçmak için ne kadar uğraşırsak uğraşalım, duvarlar yıkılmıştı artık ve bu acıya katlanıp yarasını temizlemesi gerekiyordu.

"Çok âşıkmışsın..."

"Ona her şeyiyle hayrandım. Tamamen korunmasızdım."

"Ve o seni hayal kırıklığına uğrattı."

"Beni *aldattı*" dedi öfkeyle. "İnandığım her şey, bir *yalanmış*. Beni sevmedi. Kendimi aptal gibi hissediyorum." Ağlamaya başladı.

"Bu, *gerçekten* sevilip sevilmediğini sorgulamana neden olmuştur. *Herhangi* bir şeyin gerçek olup olmadığını..."

"Bir günde her şeyimi kaybetmiştim: masumiyetimi, hayallerimi, gerçeklik algımı ve daha da önemlisi âşık olduğum kadını."

Bu, yaşamın akışını değiştiren anlardan biriydi; bir psikolojik afet. Aldatılma şoku ruha öyle derin nüfuz ederdi ki bireyin dünyaya karşı tepkileri sonsuza kadar değişirdi. Yatakta taş kesilmiş ve dehşete kapılmış bir halde uzanan Charles'ın beyninin, hızla yeniden yapılandığını hayal edebiliyordum. Ve varılan nokta şuydu: derhal yeni bir birliktelik ve geri dönüşü olmaksızın aşka bağlanmak. Korku. İhanet kadar insanı böylesine kuvvetli etkileyen başka bir sarsıntı yoktur. Sonrası ise bir çeşit travma sonrası stres bozukluğu; mantığa tümden karşı koyan ve her düşünceyi kafasında büyütmesine, bütün kadınları genellemesine neden olan bir kaygı halidir.

Hayatına devam edebilmek için Charles gerçeklerden kaçmak istemiş ve bunu bir mazeretle mantığa büründürmüştü: "Kadınlara yaklaşma konusunda pek başarılı değilim; fazlasıyla gergin oluyorum. Hâlâ onlara pek güvenmiyorum. Bana göre, hepsi ikiyüzlü."

"Aldatılmayı ne zaman cinselleştirmeye başladın?" diye sordum.

"O günden sonra birkaç ay evden çıkmadım" diye anlatmaya başladı. "Arkadaşlarım yardım etmeye çalıştı ama ben hiç kimseyle konuşmak istemiyordum. Hissettiklerimden nasıl kurtulacağımı bilmiyordum. Bir gün, mastürbasyon yaparak kafamı dağıtmaya karar verdim. Gözyaşlarından ve öfkelenmekten bıkmıştım. Onun beni aldattığını kafamda canlandırabileceğimi fark ettim ve bu düşünce beni tahrik etti. Onun arkadaşımla seviştiğini hayal edip boşalıyordum. Tuhaf olduğunu biliyorum."

Bu, psikolojik açıdan kesinlikle akıllıca bir taktikti. Böyle onur kırıcı duygular üzerinde hâkimiyet kurma konusunda, zihnin bilinçaltı yeteneğine gerçekten hayranlık duyuyordum. Hayal kurarak, bir zamanlar kontrolü dışında olan şeyi kontrol edebiliyordu. Charles, *kederini erotikleştirmişti.* Tam anlamıyla, utanç derhal cinsel bir tepkiye dönüşmüş, bilincin işleyişinden uzak durmuştu. Bu bir çeşit zihinsel zafer, Charles'ı acıdan kurtarıp mutluluğa yönlendiren hayali bir başarıydı. Ve orgazm olup ne zaman doruğa çıksa, bu ilişki zihninde, sadakatsizlik ile ereksiyon arasında kopmaz bir bağ yaratarak, güçlenip pekişmiş oluyordu.

Rol yapmanın ilgisini çekmesi, keyifli olduğunu düşünmesinden kaynaklanmıyordu. Charles, *acının tutsağı olmuştu.*

Bunun ne kadar yaygın olduğunu düşündüm. Bir zamanlar telekız olarak çalışmış birinin açıklamalarını okumuştum. Karşılaştığı en yaygın taleplerden biri, eski ruhsal sarsıntıların cinsel ilişkide tekrarlanmasıydı. Zavallı Charles'ın yarattığı erotik kalıp, bedeniyle bir dövme gibi bütünleşmişti. Bunu nasıl yok edecektim?

"Sonra, Kelly'yle tanıştın" diyerek konuya devam etmesini istedim.

"Evet; ama onunla flört etmeyi bile düşünmüyordum. Çok güzel, herkes tarafından çok beğenilen biriydi; bana sadık kalmayacağından emindim. Erkeklerden fazlasıyla ilgi görmeye alışkındı; bu yüzden onunla sadece arkadaş kalmaya karar vermiştim."

Buna rağmen, Charles ile Kelly arasında duygusal bir ilişki başlamıştı ve şimdi nişanlıydılar. Ne yazık ki Charles, cinsel geçmişini geride bırakma konusunda başarılı olamamıştı.

Charles çaresizce, "Başka hiçbir şey beni tahrik etmiyor ve daha da kötüsü, Kelly'ye bile bakamıyorum çünkü o an gerçeğe dönüyorum" dedi.

Bu sarsıntıyı atlatabilmesi için bir plan yaptık. Uyarılmasını tetikleyen koşullanmayı tedavi etmek için uğraşmayı önerdim. Kelly ile konuştum ve Charles'ın tedavisinin bir bölümünde, kısa bir süre, cinsel ilişkiye girmemesi gerektiğini anlattım ona. Ev ödevi, onu azıcık da olsa heyecanlandırabilecek başka düşünceler, görüntüler ve hayaller keşfetmesini ve o an mastürbasyon yapmaya başlamasını içeriyordu. Zihninde yeni çağrışımlar yaratmayı hedefliyordum. Kelly tedaviye destek veriyordu ve Charles birkaç egzersizi başarıyla tamamlayabildi; ama sonraki aşamada, ondan Kelly'yi bu fantezilerde bir yere koymasını istediğimde sıkıntı yaşadı.

"Kelly ile ilgili fanteziler kurup mastürbasyon yapmaya çalıştığında neler oldu?"

"Hiçbir şey. Hissizlik. Sertleşmedim bile."

"Tamam, büyük olasılıkla buna engel olan bir durum var. Aranızda herhangi bir sorun var mı şu anda?"

"Kelly ve ben, dediğin gibi hiç sevişmiyoruz. Beraber daha az vakit geçiriyoruz. Arkadaşlarıyla çok sık dışarı çıkmaya başladı ve ben... Ben onu kıskanıyorum."

Ondan, korkularını nasıl dışa vurduğunu anlatmasını istedim.

"Ona sürekli nerede ya da kiminle olduğuyla ilgili sorular soruyorum."

"Ne olduğunu düşünüyorsun peki?"

"Bilmiyorum. Paranoyak olmaya başlıyorum."

"Mantıksız duygulara, düşüncelere kapılman doğal. Biraz bunlar üzerinde duralım."

"Başka erkeklerle görüşmesinden, flört etmesinden ve hatta beni aldatmasından korkuyorum."

"Bu seni tahrik ediyor mu?"

"Kesinlikle hayır."

"Harika! Bu bir gelişme işte." Charles, hislerini *hissediyor*, onları erotik bir fanteziye dönüştürmüyordu. Ama bunu takdir etmem, Charles tarafından ilgi görmedi. Terapimiz, korkularını gün yüzüne çıkarıyordu ve Kelly ondan uzaklaşmaya başlayınca Charles da çözülmeye başlamıştı. Kelly'nin dışarıda bir yerlerde olduğunu düşününce, onun başkasıyla tanışma ihtimali Charles'ı çok korkutuyordu. Korkunun onu fazlasıyla etkilediği bu zor anları, kendisiyle konuşarak aşması üzerinde çalışabileceğimizi düşündüm. Bir iç konuşma yapmasını önerdim: "Hepimiz zaman zaman güvensizlik hissederiz; bu çok rahatsız edici bir his. Tepki göstermeme gerek yok, büyük bir mesele değil, geçecek, gerçek şu ki..."

O ana odaklanıp sakinleşeceği yerde, Charles yüzüme bir tane yapıştırmak istercesine bakıyordu. Yüzü kıpkırmızıydı; kaşları çatıldı ve gözlerini dikip bana, "Ben panik haldeyim ve senin benim için yapabileceğin şey bu mu? Birkaç bayat laf? Lanet olası sıradan bir tebrik kartı mı?" diyecek gibi baktı.

Haklıydı. Charles, sekiz yıldır yeraltında kaynamakta olan duygusal bir gayzeri harekete geçirmişti ve üç beş klişe laf onu kurtaramazdı. Önemli olan bundan sonrasıydı; bundan sonra ne olacağı, ateşli kaygılarının sebep olduğu hiddetle nasıl başa çıkacağı...

Kelly benimle yalnız görüşmeyi rica etti. Onu son gördüğümden bu yana aradan epey zaman geçmişti. Charles'tan neden uzaklaştığını ve hâlâ evlenmeyi düşünüp düşünmediğini merak ediyordum. Charles'ın davranışlarındaki değişiklik canını sıkmıştı. Daha önce hiç yapmadığı bir şey yapmaya başlamıştı; Kelly'nin onun yapacağını asla düşünmediği bir şey: Başka kadınlarla ilgilenmek.

Ah, olamaz! Ne yapıyor bu adam?

Kelly Charles'a, kendisine güven veren biri olduğu için bağlanmıştı: Charles çok yakışıklı olmayan ama onunla beraber olduğu için kendini şanslı hissetmesi "gereken" sadık bir adamdı; bu yüzden de ona sonsuz bir ilgiyle hayran olmalı ve tapmalıydı. Bu tam olarak, Kelly'nin bu ana kadar yaşadığı durumdu ve bu sevgiye dair, kendi endişelerini kontrol altında tutabilmek için kendine çizdiği yoldu. Ama artık kendini, iyi görünümlü adamlarla ve zamparalarla flört ettiği zamanlarda olduğu gibi tehlikede hissediyordu. Son derece kırgındı.

"Charles, her zaman bana çok güzel olduğumu söylerdi; hatta fazlasıyla güzel olduğumu. Birden güzel laflar etmeyi bıraktı. Ayrıca eskisi kadar şefkatli de değil. Üstelik dışarı çıktığımızda başka kadınlara baktığını rahatlıkla söyleyebilirim." Kelly, güçlü (ve tamamen tanıdık) bir şekilde, akıntının başını çekiyordu. "Bir restorana gideceğiz ve ben konuşurken omzumun üzerinden arka taraflara göz gezdiriyor olacak. Mümkün değil! Onun ilgisi için savaşmak zorunda kalmaktan nefret ediyorum. Şimdi durduk yere, *daha o bakmadan* ben diğer kadınlara bakmaya, tehlikeli bir durum var mı diye etrafı taramaya başladım. Ve eğer onun birine baktığını fark edecek olursam deliye dönüyorum. Neler oluyor böyle?"

"Eğer Charles başka bir kadını çekici bulacak olursa bu senin için ne anlama gelir?" diye sordum.

"Hiç düşünmedim aslında. Her zaman, onun birlikte olduğu en çekici kız olduğumu düşünmüşümdür."

"Yani başka biriyle ilgilenmemeli?"

"Evet."

"Evet, ne haddine?" dedim. Mantıksızlığını ona gösterme niyetindeydim. Ama ne hissettiğini biliyordum. Kelly'nin tepkisi, benim Rami'nin davranışlarına verdiğim tepkiye benziyordu ve aslında ona meydan okurken içten içe kendime de meydan okuyordum.

Florida'da, yakın bir zaman önce bir yaz akşamı, Rami'nin arkadaşlarından birinin ev sahipliği yaptığı bir partideydik. Büyük ev, canlı Latin müziği eşliğinde dans eden, iyi görünümlü insanlarla tıklım tıklım doluydu. Mutfağa geçtim ve Rami'yi Venezuelalı ya da Kolombiyalı (istisnasız herkesin seksi olduğu ülkelerden birinden yani) bir kadınla, keyifle sohbet ederken gördüm. Rami'nin bu yabancı güzellikle konuşmasını izledim; samimi tavırlarından rahatsız olmuştum. Rami beni görünce bizi tanıştırmak için yanına çağırdı. Kadın bir arkadaşının arkadaşıydı ya da benzeri bir şey. Şimdi hikâyeyi unuttum ama o an durumu hararetle düşündüğümden eminim. Rami varlığımdan heyecan duymuş gibi davranmıştı ama sonra ona bir şeyler içmeyi önerdi ve ben biraz fazla istekli göründüğünü düşündüm. Yüzümde kibar bir gülümseme, orada durdum, sonra izin istedim ve başka bir odaya geçip oturdum.

Rami beni bulduğunda, moralimin bozulduğunu anlamıştı. Kollarını bana doladı ve bir süre tatlı tatlı konuştu. Sonra başka bir kadın geldi, Güney Amerikalı gibi görünen bir başka bomba; uzun, dalgalı saçı ve kıvrımlı hatlarıyla öyle seksi görünüyordu ki insan ona sadece bakmak bile uygunsuz kaçarmış gibi hissediyordu. Sanki bir porno filmde oynayacak gibi giyinmişti. Rami neşelendi, ayağa kalkıp kadına adıyla hitap etti. Kim olduğu konusunda hiçbir fikrim yoktu.

Kadın cıvıl cıvıl bir sesle, "Aaa, merhaba Rami!" dedi.

O sırada bizi izlemekte olan bir arkadaşımla konuşmak için yanlarından ayrıldım.

"Ben senin gibi davranamazdım" dedi arkadaşım. "Bunu nasıl becerdiğini anlamıyorum."

Bu sözler, tam da iyice sinirlerimin bozulması için ihtiyacım olan onaylamaydı. Evet, mahvet şunu, dedim kendi kendime. Devamlı tekrarlanan bir şeydi, birlikte katıldığımız herhangi bir ortamda. Bazen "sadece bir tanıdık" olduklarını iddia ettiği bu kadınlardan telefonlar gelirdi. Kaçamak bir ifadeyle, "Ah, Marcela'ymış (ya da Luz ya da Maria), kızacak bir şey yok" derdi, sanki sadece sormam bile saplantılı biçimde şüpheci biri olduğumu gösteriyormuşçasına.

En kötü tarafı, telefona cevap verdiğinde ya da o kadınlarla karşılaştığında yüzünün aldığı o heyecanlı ifadeyi görmekti. Karşısındakini etkilemeye hevesli bir havaya bürünüyordu. Benim için özel olan o anlarda soyguna uğramış gibi hissediyordum kendimi. Eskiden olduğum hareketli ve hayat dolu kadın değildim artık. Aksine, kendimi küçük ve önemsiz hissediyordum.

Sakinliğimi yitirmeye başlamıştım.

Daha sonra Rami'nin hafta boyunca, şahsen biraz fazla olduğunu düşündüğüm zamanını, yeni kadın avukatıyla öğle yemeğinde, akşam yemeğinde, bir yerde bir şeyler içerek geçirmesi içime dert oldu. Nedenini bilmek istiyordum. "Korkma" dedi. "Yeni bir arkadaş edindim. Ayrıca kesinlikle çekici biri değil."

Birkaç gün sonra, beraber akşam yemeği yiyeceğimizi söyledi. Beni bu "kesinlikle çekici olmayan" kadınla tanıştırmanın faydalı olacağını düşünmüştü. Yüzünde kocaman bir gülümsemeyle geldiğinde, karşımda inanılmaz derecede güzel bir kadın duruyordu; patlamak üzereydim. Ama bana karşı o kadar cana yakın ve içten bir tavırla arkadaşça davranmıştı ki çenemi tutup içten içe kendimi yedim. O gidince bu konuyu Rami'yle konuşmayı planlıyordum ama o uyuyakalmıştı.

Yanına uzandım, hiç uykum yoktu, öfkeden yanıp tutuşuyordum: Ben kızgınken nasıl öylece uyuyuverirdi?

Aniden yataktan kalktım. Mutfağa gittim, bir kovaya buz gibi soğuk su doldurup, hışımla yatak odasına geri döndüm ve suyu, horlayan Rami'nin üzerine boca ettim. Yataktan sıçrayıp odadan dışarı fırladı. Her yanından sular akarak evin içinde beni kovaladı; ikimiz de bağırıyorduk. Sonunda gülmeye başladık ve otuz dakika sonra, yatağın kuru tarafında birbirimize sarılmış yatıyorduk.

İkimizden biri kıskançlıkla dolup taşmışken, benzer delilikleri defalarca yaşadık. Bazen şehirde dolaşırken, "Oradaki adama bakıyorsun! Baktığını biliyorum! Ona gülümsedin!" diye çıkışırdı. Sonra iyice kızar ve benimle konuşmazdı. Sonra, "Tamam yeter, artık gidiyoruz!" derdi.

Sonra eve döner ve sevişirdik. Bu bizim için alışılmış bir durumdu artık.

Avukatla ilgili o olaydan sonra konuştuk ve Rami beni kıskandırmaya çalıştığını kabul etti; çünkü bu, kendini güvende hissetmesini sağlıyordu çünkü o, beni çok kıskanıyordu. Sakinleşince, Rami beni ne kadar kışkırtmaya çalışırsa çalışsın kontrolden çıkanın, kendi kibrim olduğunu anlamaya başladım.

~

Kelly, Charles'ın tutumu karşısında ciddi anlamda gergindi; yaşadığı öfke fırtınasını atlatmasını istiyordum. "Neden korkuyorsun?" diye sordum.

"Sanırım, artık eskisi kadar ilgisini çekmiyorum."

"Başka kadınları çekici buluyor olmasının, artık seni çekici bulmadığı anlamına geldiğini mi düşünüyorsun?"

"Yeteri kadar çekici bulmadığı..."

"Charles için özel biri olmayı seviyorsun. Aslında, sana sahip olmayı her şeyin üstünde tutan birini seçmiş olduğundan, sana tapacak birini bulduğundan emin olmak istiyorsun."

Kelly'nin yüzündeki ifadeye bakılırsa tam üstüne basmıştım. Ama o, ayağımı kaldırmamı istemiyordu. "Tek bildiğim, şu an tıpkı geçmişte görüştüğüm diğer erkekler gibi davranıyor olduğu" dedi.

"Hiç aldatıldın mı?"

"Belki. Buna dair bir bilgim yok. Ama beni aldatma potalsiyeline sahip erkeklerle ilişki yaşadım. Başka kadınlarla olabilme yeteneklerini gözüme gözüme sokuyorlardı."

Bu fazlasıyla yıpratıcı bir durum. Aldatılma olasılığının sürekli var olması, bunun gerçekten yaşanmasından daha da kötü olabilir. Kurnazca birbirlerine gizli gizli göz süzmeleri, açık açık bakışmaları, gülümsemesi ya da başka birini görünce heyecanlanması, zamanını başka bir kadınla konuşarak geçirmesi, ciddi ciddi başka bir kadına gözünün önünde kur yapması... Bu, seni herhangi bir şeyin *olabileceğini* düşünmeye zorlayan silahtır. En kötü korkuların kışkırtılır ve ardından kaçınılmaz olarak, kendine dair şüpheler ve sorgulamalar boy gösterir: Yeterli miyim?

Eğer kendinizi sadece bu soruyu sorarken bile yakalıyorsanız kötü bir yerdesiniz demektir. Bu hileli bir sorudur. Kendinize doğrudan, "Ben yeterli biri miyim acaba?" diye sormuyor olabilirsiniz ama öyle olmadığınız duygusu her zaman vardır ve tonlarca kaygıya, belirsizliğe neden olur. Bu soruya takıntılı olduğumu fark ettiğim anı hatırlıyorum.

Sıradan bir sabahtı, işe gitmeden hemen önce... Günlük güzellik rutinimi yerine getiriyordum. Her şey olağandı; ta ki aynada yüzüme dikkatle bakana kadar. Aman Tanrım! İlk kırışıklıklarımı keşfetmiştim: Alnımda, sol gözümün hemen üstünde iki tane. Çizgileri incelemek üzere aynaya yaklaştım. Uzunluklarını, derinliklerini. Geri çekildim. Çizgileri her açıdan görebilmek için başımı bir yandan öteki yana çevirip durdum. Dehşete kapılmıştım. Botoks mu yaptırmalıydım? Kahkül mü bırakmalıydım? Emekli olup bir sayfiye yerine mi taşınmalıydım? Fazla telaş yapmıştım. Her aynada, her ışıkta yüzümü inceliyordum. Hâlâ oradalar mı? Peki şimdi? Bazen kırışıklıklar kaybolurdu ve rahatlardım; sonra yeniden ortaya çıkarlardı. Yüzümün her yerini, yaşlanma belirtilerini bulmak için incelemeye başlamıştım. Sol gözüm düşmeye başlamıştı sanki. Cildim güneşin verdiği zararla solmuştu. İşte bu, hayatım bitti! (Ya da daha doğrusu, artık asla Rami'nin ilgisini canlı tutamayacağım.)

Gittikçe, metroya yürürken, daha iş günü başlamadan kendimi kötü hisseder olmuştum. Nasıl bu duruma gelmiştim? Bir zamanlar, çok güzel olduğunu hissederek yürüyen bir kadın nasıl olurdu da böyle kolayca kendini sevimsiz, değersiz ve gösterişsiz hissetmeye başlardı? Bu ben değilim! Ben, mutlu uyanırım; adımlarım yaylıdır, hatta biraz salınırım. Şimdi bu kadın öylece aynanın karşısına dikilmiş, çekiciliğini yitirişinin belirtileri olan yaşlılık işaretlerini tespit etmeye uğraşıyor. Nasıl kendimden bu derece uzaklaşmıştım?

Hepimiz ilginin ve şefkatin tadını çıkarmak isteriz. Birinin gözleri bize bakınca parlasın, bedenimize dokunma arzusuyla dolu olsun, bizi tanımak, bizi dinlemek istesin. Bu tepkilerin, başkalarından bizi ayıran büyüleyici özelliklere sahip olmamızdan kaynaklandığını bilmek isteriz çünkü hepimiz özel olmak için can atarız.

Kelly şimdi diğer kadınların da çekici olduğu gerçeğiyle yüzleşmişti ve evet, Charles onların farkına varabilir, hatta bir gün Kelly'den ayrılabilirdi. İlişkilerdeki belirsizlik ve geçicilik gerçeği hepimizin içinde saklı durur; ama genellikle, kendimizin özel biri oluşunun istikrar yaratacağı yanılsamasına güveniriz. Charles'ın tavrı, Kelly'yi ilişkileri konusunda yeni bir bakış açısıyla düşünmeye zorladı.

Başkalarıyla olan ilişkilerimizin kendimizle olan ilişkilerimizle ayrılmaz bir şekilde bağlantılı olduğunu söylemeye gerek bile yok. Diğer insanlar ayna görevi görür ve kim olduğumuzu bize yansıtırlar. Anneler bebeklerinin aynasıdır, terapistler hastalarının ve eşler birbirinin. Buna (hiç şaşırmayacaksınız) ayna tutma denir. Etkisi, hastanın benlik ve gerçeklik anlayışını düzenlemektir. Bir terapist olarak hastaya güçlü yönlerinizi yansıttığınızda (olumlu ayna tutma) faydalı etkileri olur. Bu yüzden, bazen hastaların terapistlerine âşık olduklarını sanmalarına şaşırmamalı.

Ayna tutma, varlığımızı doğrular. Kişisel olmayan ilişkiler dünyasında, biri sizi daha yakından tanımak istediğinde bu kuvvetli bir deneyimdir. En güzel iltifat birinin sizi gerçekten görmesidir. Ve o kişi sizi sevgi ve heyecanla karşıladığında size kendinizi çok kuvvetli bir şekilde onaylanmış hissettirir. Asıl özel olma durumu işte burada yatar; *kurulan bağda*, bireyde değil.

İçgüdüsel olarak, hepimiz olumlu ayna tutulmasını isteriz. Bu, toplumsal varlıklar olarak insanlığımızın önemli bir kısmıdır ve narsisizmin belirtileriyle karıştırılmamalıdır. Eğer abartılı isteklerimiz varsa narsisizm ortaya çıkabilir ve ayna tutma yöntemleri amacından saptırılarak kullanılabilir. Bu pek çok ünlü baştan çıkarıcı tarafından kullanılan harika bir yetenektir. Kişinin ruhunu yücelterek ve pek çok katmanını olumlu bir yolla yansıtarak, yüzeysel pohpohlamanın ötesine geçerler. ("Ah, içindeki mutsuzluğu görebiliyorum; öyle güzel ki.")

Sorun şu ki kişi kendi hakkında bilgi kaynağı olarak ayna tutmaya fazlasıyla bağımlı hale geldiğinde kendine has bakış açısını kaybeder. Ayna tutma etkisi ne noktada o kadar güç kazanıyor ki kişinin benlik algısının yerini alıyor? Yeterli olup olmadığınızı sorgulamaya başladığınızda...

Charles, Kelly'ye ayna tutmayı bırakmıştı ve sonuç olarak, Kelly'nin özel, güzel ve sevilen biri olduğu yönündeki yerleşik benlik algısı sarsılmıştı. Kelly'nin Charles'ın ilgisinin yokluğunda kendine tutunması ve kendi değerinin Charles'ın geçici isteklerine bağlı olmaması gerektiğini öğrenmesini istiyordum.

Charles ve Kelly'nin ilişkileri özel bir bağ ile başlamıştı. Ama hikâyelerine kendilerini kaptırdıklarında tüm bakış açısını kaybettiler. Şimdi Kelly, Charles'ın neden birden başka kadınlara bakma ihtiyacı hissettiğine kafasını takıyordu ve onu kendine yöneltme çabama direniyordu.

Bir akşam, bir grup kız arkadaşımla beraber, son moda bir Aşağı Doğu Yakası restoranında akşam yemeğinde, büyük bir masanın etrafında oturuyorduk. "Kızlar, yanınızdaki adam etraftaki diğer kızlara baktığında ona çok kızar mısınız?" diye sordum. Ateşli bir tartışma başladı; kimin güvensiz kimin güveni sağlam biri olduğuna dair suçlamalar da beraberinde geldi. Birkaç tanesi, sevgilisi etrafa göz gezdirdiğinde rahatsız olmayacağını söyledi; bu doğaldı ve kendilerini tedirgin hissetmezlerdi. Bazıları kendilerinin de kızlara bakarak ya da ilk saldırıyı gerçekleştirmek üzere güzel bir kadını göstererek ona eşlik edebileceğini söyledi; elbette bu durum uzun süre devam edemezdi. Bazıları da bu davranışın en iyi ihtimalle edepsizlik, en kötü ihtimalle de iğrenç olduğunu düşünüyordu.

En yakın arkadaşlarımdan biri, genellikle işten eve getirdiğim aldatmaya dair korku hikâyelerinden hiç etkilenmez, bana sürekli "zavallı hastalıklı ruh, anlamıyorsun" diyen bir bakış fırlatırdı. O akşam, eski sevgilisinin verdiği küçük bir bilginin kendisini rahatlattığını söyledi: "Erkekler bütün gün seks düşünürler. Gördükleri herkesle yattıklarını hayal ederler. Sekreterleriyle, postanede kuyrukta önlerinde duran şişman kadınla, en yakın arkadaşlarının anneleriyle, Starbucks'taki boynunda dövme olan pembe saçlı tezgâhtar kızla, yer cücesi muhasebecileriyle ve televizyondaki bütün kadın oyuncularla."

Bunu duymak onda nasıl bir rahatlama yaratmıştı, bilmiyorum.

"Romantik bir akşam yemeğindeyken sevgilimin bizimle ilgilenen garson kızın çıplakken nasıl görüneceğini hayal etmesini istemem" dedim.

"Önemli olan, bu fikirden etkilenip bir şey yapmaması" dedi. "Gerçekten, önemli olan bu."

"Bunun benim benliğime pek de faydası olmaz" diye karşılık verdim. "Ben sevgilimin gözünü değdirdiği en güzel, en çekici kadın olmak istiyorum. Kendini bana o kadar kaptırmış olsun ki gereksiz yere, tam onun göz seviyesinde gezinen ve göğüsleriyle 'Size bu akşam ne getireyim' diye soran garson kızı bile fark etmesin."

Arkadaşlarımın, Rami'yle aramda geçen birkaç kıskançlık sahnesine tanık oldukları düşünülürse, hepimiz "güvensiz" kişinin kim olduğunu biliyorduk; ama içimden bir his, bunun sadece benimle ilgili olmadığını söylüyordu. Evet, doğru, Rami'nin üzerine bir kova suyu boşaltmıştım boşaltmasına da, sevgilisini kasıtlı olarak bu tepkiyi göstermesi için kışkırtan adama ne demeli?

Charles'la yalnız görüşme zamanıydı. Kelly'yi kıskandırmanın bedeli neydi öğrenmek istiyordum. Bu yanıtlara ulaşmayı kendi adıma da istiyordum.

Charles, "Kelly her zaman ilgi çeker" dedi. "Erkekler benim önümde ona asılır. Ve Kelly bundan hoşlanır, üstelik benim orada olduğumu, onun için yanıp tutuştuğumu, sevgilim olduğu için kendimi şanslı hissettiğimi bildiği halde. Bu histen nefret ediyorum. Ama bak, şimdi rolleri değiştik."

"İyi de, tam olarak ne anlatmaya çalışıyorsun?"

"Etrafta başka kadınların da var olduğunu."

"Ve bu kendini iyi hissetmeni sağlıyor?"

"Evet, kesinlikle öyle. Kendimi çok daha iyi hissediyorum. Bir süre *benim* ilgimi çekmek için çaba harcayabilir. Bırakalım da başkalarıyla rekabet etmek zorunda olduğunu düşünsün biraz." Göğsü gururla kabarmıştı.

"Peki bunun ona kendini nasıl hissettirmesini istiyorsun?" Kızmaya başlıyordum.

"Bana sahip olduğu için kendini şanslı hissetmesini. Aşkımın değerini bilmesini."

"Kelly, bu tavrından ötürü hissettikleri konusunda ne söyledi peki sana?"

"Çok kızdığını."

"Bu bana pek değerbilirlik gibi gelmedi, Charles. Bu sanki senin ne hissetmek istediğinle ilgili bir şey gibi. Bu tavrın, Kelly'nin, senin değerin yerine *kendi* değerini sorgulamasına neden oluyor. Sen istikrarlı ve kontrol altında bir ilişkide kendini güvende hissetmek istiyorsun ama öte yandan onu harcıyorsun."

"Bu bir aldatma sayılmaz ama. Zararsız."

"Sanırım, ilişkine dair korkularınla başa çıkmak için farklı bir çözüm yolu bulmamız gerekiyor. Erkekler Kelly'ye fazla ilgi gösterdiğinde nasıl hissediyorsun?"

"Değersiz. Sürekli kendime, bu erkeklerin benden üstün olan bilmediğim nesi var diye soruyorum."

"Tamam Charles, anlıyorum" dedim. "Kelly'yi kaybetmek istemiyorsun. Ne var ki kendini daha iyi hissetmek için entrikalara başvurmak zorunda da değilsin."

Ona, bir dahaki sefere, Kelly'yi kıskandırmak istediğinde derin bir nefes almasını, kendi kendisiyle konuşmasını ve kendi değerine odaklanmasını önerdim.

"Bunu denemeni istiyorum: bu korkuyu *takdir etmeye* odaklan. Bu korku, Kelly'yi sevdiğin ve onu kaybetmek istemediğin anlamına geliyor. Bu *iyi* bir şey. Bu korkuyu, aranızdaki özel bağın değerini bilmeye dönüştürmeyi dene. Kelly'yle senden başka kimsenin sahip olmadığı bir bağa."

"Sanırım, aramızdaki o bağı mahvediyorum..."

Charles kısa bir ara vermek istedi. Ego manipülasyonunun kendisini daha iyi hissettirdiğini, dahası yıllardır ona eziyet eden ilişkiden kaynaklı sıkıntılarıyla başa çıkmaktansa *kendi* güvensizliğinin sebebi olarak Kelly'yi suçlayabileceğini keşfetmişti. Şimdi, Charles'ın korkularıyla doğrudan yüzleşerek ciddi anlamda değişebileceğini umut ediyordum. Bu fikri kavramıştı ve bu amaca başarıyla ulaşabileceğini hissettiğini sezdim. Ama psikoterapide hastaların mücadele ederken yaşadıkları büyük sorun, birkaç seans bu konuda konuştukları ve ağladıkları için hemen bir duygusal değişimin görülmemesidir. Sihirli bir azat etme ve tüm acının sonsuza dek yok olması gibi bir şey söz konusu değildir. Bu, tekrar tekrar ortaya çıkan duygularla başa çıkma konusunda doğrudan ve sürekli olarak yeni yöntemler bulup, uygulayarak gerçekleşir.

Sonraki birkaç seansta, Charles yavaş bir ilerlemenin söz konusu olduğunu belirtti ve sonra Kelly'yi de beraberinde getirdi. Kıskançlık meselesiyle nasıl başa çıkacağımız hakkında tartışacağımızı sanıyordum ama Kelly'nin gündemi farklıydı. Herkes yerini alınca hemen "Charles" diye konuşmaya girdi. "Sana söylemem gereken bir şey var. Geçen gece arkadaşım Justin'le dışarı çıktığımda, gecenin sonunda seviştik." Kelly, Charles'a çelik gibi gözlerle bakıyordu. Pişman görünmüyordu. Soğuk ve suçlayıcı bir havası vardı.

Charles dehşetli gözlerle bakıyordu. "Bunu yaptığına inanamıyorum" diye fısıldadı. Başını ikimizden de ters yöne doğru çevirdi; göğsü inip kalkıyordu.

"Beni ihmal ettin, Charles. Artık beni umursamadığını düşünüyordum."

"Ama umursuyorum. Ben..."

"Justin, bana önceden senin hissettirdiklerini hissettirdi. O ilgiye tekrar ihtiyacım vardı."

Araya girip, "Kelly, sende herhangi bir pişmanlık belirtisi görmüyorum" dedim.

"Haklısın. Ona kızgınım" dedi ve ağlamaya başladı.

"Şu anda onu cezalandırmaya çalışıyorsun."

"Ben ayrılmak istiyorum" dedi. Bu sağır edici son sözü söyleyince Charles inledi.

Sesimi biraz yükselterek, "Kelly" dedim, "dur! Duygularını kontrol edene kadar, başka bir şey söylemeni istemiyorum."

"Unut gitsin" dedi. "Yeteri kadar katlandım, bütün o tuhaf rol yapmalara ve şimdi de ben yokmuşum gibi davranmasına." Tamamen narsistçe bir öfkeyle konuşuyordu.

Charles, "Biliyordum, bunun olacağını biliyordum" dedi birden. Kendini tamamen yenilmiş hissediyordu. "Eninde sonunda beni aldatacağını biliyordum."

Kelly ayağa kalktı, gözyaşlarını sildi ve çıkıp gitti.

Seanstaki kontrolümü yitirmiştim. Harika, diye düşündüm, aldatma fantezileri üzerine yaptığım onca çalışmadan sonra şimdi Charles tekrar sarsılacak. Kelly odadan çıktıktan sonra Charles, itirafın şokuyla tıpkı düğün gününde, yatağında uzanırken olduğu gibi donakaldı. Bakışları ifadesizleşti, suratı asıldı, katatonik bir ruh haline girmişti.

"Charles, benimle kal" diye emrettim. "Bedeninde kal. Ayağa kalk. Nefes al. Ayağını yere vur. Hisset, Charles. Güvendesin."

Yumruklarını sıktı; bakışlarının ifade kazandığını görebiliyordum. İçinden derin bir hırıltı yükseldi. Çeşitli duygu sarsıntılarını ardı ardına yaşarken yanında durdum ve sonunda bitkin düştü.

Charles en çok korktuğu şeyin gerçekleşmesine neden olmuştu. Asıl travmasını yeniden yaratmıştı. İtirazlarına rağmen Kelly'yi, kendisi için gerekli olan rolde idealize etmişti. Onu idealleştirmiş, sonra yatak odasında travmayı oynamasını istemiş, arkasından da çapkın olabilirmiş gibi davranarak korkularını onun üzerinden yansıtmıştı; ta ki sonunda, aslında kendi hislerini yansıtan öfkenin, Kelly'nin kendisinden ortaya çıkmasına neden olana kadar. Erotik fantezisinin tıpkı şişenin ağzındaki mantar gibi, varlığının derin koridorlarında tutsak ettiği öfkenin. Charles, asıl olay karşısındaki tepkisini asla tamamlamamıştı; olayı kendi içinde yaşayıp bitirmesi engellenmişti. Acıyı yaşamıştı ama acının evrelerinden asla geçmemişti; ne öfke ne yüzleşme ne kabullenme. Charles sadece, bir kadının geçici hevesleri karşısında maruz kaldığı güçsüzlük hissini cinselleştirerek üzüntüsünü yenmeye çalışmıştı.

İkisi arasındaki tepkisellik döngüsünün ihanetle sonuçlanması beni hayal kırıklığına uğratmıştı. Birbirlerini gerçekten çok seviyorlardı. Sadece ihanet fikrinden ötürü kendi etraflarında dönmeye başlayarak, kontrolden çıkmışlardı ve sonunda Kelly kendini dışarı fırlatmıştı. İnsanı deliye çeviren kıskançlıkla başa çıkma yollarımızı düşündüm. Charles, Kelly, Rami ve ben. Aslında hiç kimse korkuyla başa çıkmıyor; sanki sıcak bir patatesmiş gibi herkes onu elden ele fırlatıyor. Pek çok insan, ilişkilerini, âşık olma ihtiyacı ile âşık olma korkusu arasındaki bir dengede yaşar. Aslında hiç kimse gerçekten aşktan korkmaz. Aşk harika bir şeydir. Asıl sorun, aşkı kaybetme korkusudur. Bu yüzden, güvende hissetmemizi sağlamaları için başkalarına fazlasıyla sorumluluk yükleriz. İşin aslı şu ki, kimse duygusal güvenliği ve sadakati garanti edemez ya da hissettiğimiz güvensizliğin yok olmasını sağlayamaz.

Sonuçta, korkuları denetim altında tutmak içsel bir yükümlülüktür.

Charles benimle kaldı. Bu döngüyü durdurması gerektiğini fark etmişti. "Onu buna ben hazırladım. Ben neden oldum. Bu konular üzerinde çalışmam gerek" dedi. Sakinleşti. Konuştu. Bu kez yolunu bulabilmiş, yaşadığı sarsıntıyı cinselleştirme alışkanlığının peşini bırakabilmişti. Durumun neden bu kadar zor olduğunun farkındaydım: Kıskançlık, korku ve öfke can sıkıcı bir üçlü yönetimdir. Charles'ın bunları cinselleştirerek kestirmeden gitmesi anlaşılabilir bir şeydi.

Yine de kıskançlık, eninde sonunda benliğin tutarlılığı ile ilgilidir. Özsaygı ilişkilerle beraber uyum içinde sürekli değiştiğinden, kendimizi korumak için bir denge arayışı içine gireriz. Kelly, kimliğinin önemli bir parçası haline gelen, arzu edilen biri olduğu konusundaki benlik algısını yeniden inşa etmek için Charles'ı aldatmıştı. Ayrıca, Charles'ı cezalandırmak istemesi de narsistik yarası için ikincil bir doyum olmuştu.

Benim açımdan Charles'la çalışmam, onunkiyle aynı olan sorunlarımla yüzleşmeme yardımcı oldu. Özsaygımı yavaş yavaş yitirdiğimi ve bu konuda ne gibi şeyler yaptığımı düşündüm. Kelly gibi, tahtımdan şutlanmış hissetmiştim kendimi. Fakat bir kova buzlu su savurmak ya da sayfiyeye taşınmak yerine, her ne olursa olsun, kendi değer anlayışıma tutunmaya karar verdim. Rami'yi davranışlarından ötürü sorumlu tutabilirdim ama kendi hakkımda düşündüklerim tamamen benimle ilgiliydi. Her şey bir yana, ilişkimizin başında, kendi kendime kalbimi açmak ve daha hassas olmak istediğimi söylemiştim.

"Başka kadınlar durumu" için karşılaştırmalar yapmanın adil olmadığını anlamam gerekiyordu. Ne kadar değerli olduğumu düşünerek tamamen gerilmek yerine, sakin olmaya ve başkalarının güzelliklerini takdir etmeye karar verdim. Bunu ciddi olarak uygulamaya başladım. Rami'yle beraber dışarıdayken güzel yüzlü bir Rus ya da sevimli, genç bir Avustralyalı yanımıza gelip sevgili arkadaşı Rami'ye selam verdiğinde kendimi dizginledim, derin derin nefes aldım ve kendimle konuştum.

İçimde biriktirdiğim güvensizliklerle başa çıkmam için, oldukça bilinçli bir dönüm noktasıydı bu benim adıma. Değersiz hissetmek istemiyordum; kendi güzelliğime sarılmak, her anının tadını çıkarmak ve her adımımın gururunu yaşamak istiyordum. Rami farkında olsun ya da olmasın...

Kırışıklıklara gelince... Ne olmuş yani? Bu bunalım, kırışıklıklarla ilgili değildi. Marcella, Luz ya da Maria ile ilgili de değildi. Kendime verdiğim hasarı iyileştirmemle ilgiliydi. Hiçbir kırışıklık benim ışıltımı çalamazdı. Aynada kendime bakacaktım, yüzümdeki çizgilere değil. Karşımdaki kadına bakacaktım ve kim olduğumu hatırlayacaktım. Hayranlık duyduğum diğer kişilerin yanındayken de kendime duyduğum sevgiyi koruyacaktım.

Bize aşkın kırılganlığıyla başa çıkma kuvveti veren, işte budur.

Erkekler Grubu: Coşku

Bir daha kendisinden asla haber alamayacağımı sandığım birinden mail aldım. Steve ne çok çirkin ne çok yakışıklı bir adamdı. Başarılı bir şehir planlamacısıydı ve güzel bir teknesi vardı. Rami ile tanışmadan birkaç yıl önce, onunla kısa bir birliktelik yaşamıştık.

Steve'in maili doğrudan amaca yönelikti: Onu hatırladığımı umuyor, bana önemli bir soru sorması gerektiğini söylüyordu; evli ya da biriyle görüşüyor olmam sorun değildi. Niyeti platonikti. "Şu anda San Francisco'da yaşıyorum; ama sen neredeysen oraya gelmekten mutlu olurum çünkü seninle yüz yüze görüşmem gerek."

İşte, hepsi bu kadar. Ne hoşbeş ne kendi yaşantısına dair bilgilendirme ne de benimkini sorması söz konusuydu. Bu buluşmanın bana herhangi bir öğle yemeğinden farklı bir keyif vereceğinden kuşkuluydum; ayrıca dürüst olmak gerekirse, onu son gördüğümden beri bir kez olsun Steve'i düşünmemiştim.

O zamanlar, birçok kez beraber dışarıda vakit geçirdikten sonra beni evine götürmüştü: sahilde, bir çatı katı süiti. Her ne kadar zevkli döşenmiş olsa da ev, içinde yaşanılan bir yerden ziyade bir teşhir odası gibi görünüyordu. Herhangi bir fotoğraf, bir hatıra, bir ileti ya da benzeri bir şey görmedim. Minimalist biri olabilirdi ya da sadece aşırı titizdi belki; ama sezgilerim başka şeyler söylüyordu. Bir süre yatakta uzandık, öpüşüyorduk, sonra izin isteyip banyoya gitti ve ben de kalkıp dolabını açtım. Tamamen boştu! Kirli bir çift çorap bile yoktu. Tanrım! Orada yaşamadığını anlamıştım.

Steve'le yüzleştim; bu çatı katını yıllar önce, kadınları getirebileceği bir yer olarak kiraladığını ve evli olduğunu itiraf etti. Çocukları da vardı. Kendimi berbat hissediyordum. Mutsuz bir evlilikte saplanıp kaldığını ve bunun kendisi için tek çözüm olduğunu anlattı. Ama âşık olabileceği birini bulmadan eşinden ayrılmak istemiyordu ve söylediğine göre, bana karşı gerçek duygular besliyordu.

Ne var ki bunun hiç önemi yoktu. Bu derece ikiyüzlü davranabilen birine asla güvenemezdim; orayı hemen terk ettim. Ama Steve için her şey bitmemişti. Haftalarca mesaj attı, mail gönderdi; bana karşı özel bir bağ hissettiğini anlatıyordu. Hatta, kendini gerçekten feda ederek, başka kadınlarla görüşmeyi bırakacağını söyledi. Onun için biricik olacaktım. Eşi dışında. Ne büyük onur! Haremdeki en beğenilen kız olmak gibi bir şey. Şimdi tüm yapmam gereken Steve'in eşini tahtından indirmekti; böylelikle sultan olacaktım.

Ona bir daha asla benimle iletişime geçmemesini söyledim.

Şimdi, onunla buluşmak için hiçbir sebebim yoktu. Ama merak ediyordum. Hastalarım için kullanabileceğim bir şeyler öğrenebileceğimi bile düşündüm. Mailine yanıt olarak, New York City'de yaşadığımı ve bir kahve içmek için uçağa atlayıp gelirse memnuniyetle görüşebileceğimi yazdım. Steve birkaç gün içinde oradan ayrılabileceğini yazdı.

Aradan geçen zamanda, Steve'i pek de düşünmedim. Çok yoğundum. Özel seansların yanı sıra haftada bir, erkekler grubu toplantısı düzenliyordum. Beş üyemiz vardı; hepsiyle özel olarak da görüşüyordum. Her üye gizlilik yemini imzalamıştı; böylece herkes rahatlıkla deneyimlerini paylaşabilecekti.

Grubun önceden belirlenmiş bir konusu ya da gündemi yoktu. İstedikleri her konuda konuşabilirlerdi ve ben konunun nereye gideceğini hiçbir zaman bilmiyordum. Ayrıca herhangi bir sistematik de söz konusu değildi; herhangi biri dilediği zaman konuşmaya dahil olabilirdi ve buna nasıl tepki verdiklerini izlemek ilginçti. Toplumsal rollerinden soyutlamıştım onları; bu oyun sahasında herkes eşitti.

Sık sık tuhaf sessizlik anları olurdu ve bu, her çeşit toplumsal kaygıyı ortaya çıkarırdı; özellikle de kimin söze başlayacağı ve kimin söylenmesi gerekenleri duymaya değer bulduğu gibi sorular uyanırdı kafalarda. Kim grubun liderliğine soyunacaktı? Kim grubun kontrolünü eline alacaktı? Ve buna kim tepki gösterecekti? Ya da aralarından biri, grupta sıkıntı yarattığını düşünecek miydi? Destek görmeyi hak ettiklerini hissediyorlar mıydı? Bu desteği alabilecekler miydi? Orada bulunan insanlar arasında, bu tarz bir samimiyete gerçekten dayanabilecek ve paylaşımda bulunabilecekler miydi? Başka biri için, sorun çözen kişi olmaları gerekiyor muydu? Liderliği ele geçirmek için uğraşırlar mıydı yoksa kendi kabuklarına mı çekilirlerdi?

Aralarındaki çekişmeyi izlemenin ilginç olacağını düşünüyordum. Genellikle aralarından biri, en başarılı ve en kuvvetli olanı öne çıkarken, diğerleri ikinci planda kalmayı kabul ederdi.

Üyeler Buddy, Oscar, John, Antoine ve Andrew'di.

Nefes kesecek kadar seksi olan Antoine, Fransız bir müzisyendi ve gönül yarasını iyileştirme çabasındaydı. James Dean gibi giyiniyordu ve kişiliği de aynı şekilde bu asilik ikonunu yansıtıyordu. Çekici esmerliği ve berduş haliyle aykırı, havalı, alışılmadıktı; bütünüyle yaralı ve duygusaldı.

Andrew takım elbiseleri ve kendisini güçlü gösteren kravatları tercih ediyordu. Genellikle sert ve gösterişliydi. Havadan sudan konuşma konusunda başarılı değildi; aslında banka memurluğuna yakışan ya da daha doğrusu, o an içinde bulunduğu gruba yakışmayan biri gibiydi. Artık sevmediği için eşinden ayrılmaya karar verdiğinden beri, yani on yıldır, yalnızdı.

Buddy bir postanenin müdürüydü. Zayıf, hafif kel, kendini beğenen ve pek çok fikri gibi öne çıkmaya çalışan bir adamdı; hiçbir zaman sevmediği bir tartışmaya katılmazdı.

John kadınları severdi... oyalanmak için. Frapan giyimi, düzgün konuşma tarzıyla çelişiyordu. Ne yazık ki kadınlara onlardan biriyle uzun süre beraber olacak kadar güvenmiyordu.

Oscar son derece tipik bir erkekti. Eşini sürekli aldatıyor, bu konuda kendine engel olamıyordu ve genel olarak kadınları değersiz görüyordu. Müteahhitti, kendi şirketini yönetiyordu. Kişisel olarak ondan hoşlanmadığıma, aslında onu önemsemediğime dair şüphelerini gizlemiyordu.

Bir akşam Oscar, yaşadığı ikilemi gruba açıkladı: Ya eşi Nora ile devam edecek ya da onu Ukraynalı genç bir kadın uğruna terk edecekti. Oscar'ın kişisel asistanı Shelly Amerika'ya yeni göç etmişti ve kayıt dışı çalışıyordu. Ayrıca bekâr bir anneydi. Yaklaşık bir yıldır beraberdiler ve Oscar onu şehir merkezindeki işyerine yakın, uygun bir eve gizlice yerleştirmişti.

Bir aylık özel seanslarda inatla kararsızlık yaşadıktan sonra Oscar sorunlarını gruba açmaya karar verdi. Diğerlerinin öne süreceği fikirlerin, bazı durumlara açıklık getirmesine yardımcı olacağını umuyordu. "Shelly'ye gerçekten âşık olup olmadığımdan emin değilim" diye açıkladı. "Belki de sadece bir saplantıdır. Ama nihayetinde, ona *tutku*num. Eşime karşı hiçbir şey hissetmiyorum. Sanırım bu, eşimle aramdaki ilişkinin bittiği anlamına geliyor."

John, "Shelly senin ne gibi gereksinimlerini karşılıyor?" diye sordu. Benim en uzun süredir tedavi gören hastamdı ve sık sık bilimsel terimler kullanarak sorular sorardı.

Oscar, "Gereksinimler? Eşimden göremediğim her şey" dedi. "İlgi, şefkat, seks. Tanrım! Eşim çocuklara o kadar kendini adamış durumda ki işten döndüğümü bile fark etmiyor. Shelly olsa sekste her şeyi yapar."

Oscar'ın, Shelly'nin yoğun cinsel arzusu hakkındaki kışkırtıcı anlatımı derhal grubun ilgisini çekmişti. "*Her şey* derken ne kastediyorsun?" diye sordu John.

Yanıt heyecan vericiydi; konudan sapılmamasını umuyordum. Oscar, Shelly'nin mastürbasyon yaparken kısa videolar çektiğini ve işe gelince bunları kendisine verdiğini anlattı. "Bir tanesini eve götürdüm ve eşim çocuklarla vakit geçirirken izledim" diye açıkladı. "Ve Nora beni yakaladı."

Odadan, toplu bir ah sesi yükseldi. "Beni boşanmakla tehdit etti ama tavrımı değiştirmedim. Eğer beni geri istiyorsa cinsel fantezilerimi karşılaması gerektiğini söyledim ona, sonra da çıkıp gittim."

"O bir şey söylemedi mi?" diye sordum.

"Sinirlendi" dedi Oscar.

Ve sonra durum kötüye gitti. Oscar bu hikâyeyi grupla paylaştıktan birkaç gün sonra, eşi Nora beni aradı. "Bu gerçekten çok kırıcı" dedi. "Bana 'Kendine dikkat et, seni seviyorum' demek ya da çocuklarla ilgili herhangi bir şey söylemek yerine onun seks fantezilerini gerçekleştirmem gerektiğini söylüyor ve kapıyı çarpıp çıkıyor." Nora o günden sonra, o videoyu ve çalışma masasının çekmecesine saklanmış birkaç videoyu daha bulup izlemişti. "Orospu... anüsüne olur olmaz şeyler sokuyordu!" dedi; çok sinirlenmişti. "O filmlerde başka neler olduğunu size anlatmam imkânsız; öyle mide bulandırıcı ki!"

Oscar sonunda eve döndü ve Nora onu kabul etti; ama yatak odalarında yatmasına izin vermedi. Yine de sorunlarını çözmek istiyor gibiydi. Fakat Oscar, sanki tam sınırda duruyor ve hangi tarafa geçmesi gerektiğini bilmiyordu. Oscar'ın evliliği bitirmeyi düşünen taraf olması kulağa çılgınca gelebilir; ama ben bunun, Oscar'ın, ilişkilerinde güçsüz olduğunu hissetmesinden kaynaklandığından kuşkulanıyordum. Oscar grup seansında değil de özel görüşmede, Nora'nın ondan daha iyi eğitim gördüğünü ve varlıklı bir aileden geldiğini anlatmıştı. "Onu bulunduğum konumla ya da maddi anlamda etkileyemem" diye yakındı. "Bu, insanı korkutan bir şey."

Bu düşünceyi, sonraki grup seansımızda dile getirdim ve Oscar'a, "Son seansta, Shelly'nin en tahrik edici yanlarından biri, cinsel anlamda her şeyi yapabilecek olması, dedin. Ve eve geri dönmen için Nora'dan, cinsel fantezilerini gerçekleştirmesi talebinde bulunmuştun. Sence bir kadının senin için her şeyi yapabilecek olmasını bu denli önemsemen ne anlama geliyor?" diye sordum.

Oscar sorumu yanıtlayamadan Buddy araya girdi. "Güç. Biri üzerinde tam bir cinsel hâkimiyet." Diğer erkekler de bilmişçe başını salladı.

Oscar'a, "Sen ne düşünüyorsun bu konuda?" diye sordum.

"Hangi konuda? Durum bu."

"Kendine ait bir şirketi yönetiyorsun" dedi John. "Bu yeterli bir güç değil mi?"

"Aynı şey değil" dedi Oscar.

"Ne ile aynı değil? Gücünü cinsel olarak ortaya koymakla mı?" diyerek John karşı çıktı.

Oscar, "Gücün insanları değiştirdiğini düşünüyorum. Sahip olduğum güç, daha güçlü olma konusunda beni açgözlü yaptı" diyerek kabul etti.

"Güç konusunda bu söylediğin doğru" dedi Buddy. "Seni sarhoş ediyor ve daha fazlasını istiyorsun. Mantıklı bakma yetini yitiriyorsun."

John onay almak istercesine yan gözle bana bakarak, "Hayatında kendini güçsüz hissettiğin bir zaman oldu mu?" diye sordu. Oscar derin düşüncelere dalmıştı ki, John sabırsızca konuşmaya başladı. "Bence sen..." Onu susturmak için elimi kaldırdım. John ve Buddy; ikisi de kendinden emin bir şekilde, grup lideri olma ve ilgimi çekme yarışındaydı. Örnek öğrenci gibi davranıyor, benimkilerden sonra kendi sorularını şekillendiriyorlardı. Terminolojiyi kapmışlardı ama bu bir gelişme göstergesi değildi. John, diğer erkekler etrafındayken güçlü rekabetçi eğilimler gösteriyordu ve Buddy ona karşılık veriyordu. Kendi sorunlarını dışa vuruyorlardı ve eğer dikkatli olmazsam tamamen gruba hâkim olacaklardı. Onları devre dışı bırakmayı düşündüm ama Oscar'da farklı bir gelişme var gibiydi.

"Oscar'ın bir süre bu konuyu düşünmesine izin verelim" dedim.

John surat astı. Susturulmaktan hoşlanmıyordu.

Sonunda Oscar, kararsız ve gergin bir ses tonuyla fısıldayarak, aklından geçenleri söyleyiverdi: "Ağabeyim tarafından yıllarca cinsel istismara uğradım." Gruptakilerle göz teması kurmaya çalıştı ama kimse böyle bir sürprize hazırlıklı değildi. "Ve anneme bunu anlatamadım çünkü onu daha çok seviyordu." Bomba etkisi yaratan bu beklenmedik açıklamaya kim, nasıl tepki vereceğini bilemiyordu; ben de. Bu benim için de yeni bir bilgiydi. Odaya rahatsız edici bir sessizlik çökmüştü.

Sonunda, "Fazla suskunlaştınız Baylar..." dedim. Grup genellikle empatik bir tepki verirdi, çoğu erkeğin yapacağı gibi; ama şimdi, Oscar açık olmayı göze almıştı ve onlardan duyacaklarına ihtiyacı vardı. Oscar bekledi, utanmıştı; ben de aynı hisler içindeydim. Ayrıca kimsenin konuşmuyor olması da beni öfkelendiriyordu.

Sessizliği Buddy bozdu. Savunmacı bir tavırla, "Ne diyeceğimi bilemiyorum" dedi.

"Harika, bunu paylaştığın için teşekkürler adamım" dedi Antoine. Onun başka düşüncelere dalıp gittiğini sanmıştım ama dinliyordu.

"Evet, berbatmış dostum" dedi John.

"Evet, bunu bizimle paylaştığın için teşekkür ederim. Bunu bize şimdi anlatmanda ne etkili oldu peki?" diye sordum.

"Sanırım kardeşim, onca yıl sürekli, cinsel olarak beni yönetti" dedi Oscar. "Şimdi yönetimi elinde bulunduran kişi olarak heyecanlanıyordum. Bir süre Shelly tamamen benim kontrolüm altında gibiydi ama şu an öyle değil; çünkü artık oltaya takıldım."

Buddy merakla, "Eşinin yanında kendini hiç güçlü hissediyor musun?" diye sordu.

"Hayır."

Bu cevabın üzerine Buddy, alaycı bir ifadeyle kendi kendine gülerek, "Sorun bununla ilgili olabilir" dedi.

Oscar, "Evde tüm kararları eşim verir" diye açıkladı. "Hiç evde bulunmadığım için böyle olduğunu biliyorum; ama oradayken kendimi faydasız hissediyorum. Ben onun için sadece bir çek defteriyim. Yaptığım hiçbir şeyi beğenmediğini düşünüyorum."

Erkeklerden bu konuda o kadar çok şikâyet işitiyordum ki bu bilgiyi kadınlarla paylaşmayı dilerdim. Lütfen bana kulak verin: Beğenildiğini hissetmek bir erkek için çok önemlidir.

"Yani başka birinin seni kontrol etmesi seni sinirlendiriyor..." dedi Antoine.

"Cinsel istismara dair geçmişin düşünüldüğünde bu oldukça mantıklı" dedim.

Oscar, "Ona ne sunarsam takdir edecek ve beni mutlu etmek için her şeyi yapacak fakir bir kadını yeğlerdim" dedi.

"Sana kendini güçlü hissettirecek" dedi Buddy; kendini Oscar'la özdeşleştiriyordu.

"Aynen öyle dostum ve şimdi, kendimi buna bağımlı hissediyorum."

Güç sorunları olan erkekler, genellikle her iki yönde de güç dengesizlikleri yaratır. Hem kendi algılarına göre düşük konumdaki kadınlardan hem de yüksek konumdakilerden etkilenmeleri olasıdır. Shelly elbette akıllı bir kadındı. Oscar'ın güç gereksinimini zekice hissetmiş ve bundan faydalanmıştı. Kendini onun cinsel kölesi yapacak ve Oscar'ın kendini gerektiği kadar güçlü hissetmesine fırsat verecekti. Hatta kendini küçük düşürecekti. Karşılığında Oscar, onun geçimini sağlayacaktı. Ama aralarındaki ilişkinin kalıcı olması için Oscar'a baskı yapıyor, eşinden ayrılıp kendisiyle evlenmesini istiyordu. Oscar, Nora'dan ayrılmayacağını ona net bir şekilde açıklamış ama yine de Shelly bu konuda şansını zorlamaya devam etmişti. Baskıyı artırmak için, işyerindeyken Oscar'a, o ailesiyle evindeyken, kız arkadaşlarıyla beraber bir gece kulübüne içmeye gideceklerini söyleyecekti. Sonra ona çok eğlendiğini ve onu çok özlediğini bildiren mesajlar çekecekti. Shelly hiçbir zaman Oscar'ı doğrudan tehdit etmemişti; ama onun, tüm fantezilerini gerçekleştiren çekici kadının, gerçek anlamda bekâr olduğunu ve tanıştığı herhangi bir adamın fantezilerinde de yer alabileceğini kafasında canlandırmasını sağlıyordu.

Dolaylı yoldan tehdit edilmek Oscar'ı korkutuyordu. Shelly, Oscar'ın kendisi üzerindeki hâkimiyet duygusuyla oynuyordu. Tüm olası seçeneklere rağmen hâlâ onu seçtiği her gün, Oscar mutluluktan havalara uçacaktı; o seçenekler Shelly'nin yarattığı yanılsamalar olsa bile. Tüm akşamı, o an onun ne yapmakta olduğunu düşünerek geçirecekti. Saplantılı hale gelecekti.

Birini size karşı saplantılı hale getirmek oldukça kolaydır. Kişinin benlik algısını beslemeniz yeter. Böylelikle insan, herhangi birini kolayca kendi çıkarı için kullanabilir. İpucu, davranışçı yaklaşımların en temel ilkelerinden birinde yatıyor: pekiştirme. Öngörülebilir ve sabit zamanlı pekiştirmeler olabilir bunlar. Örneğin, her cuma ödeme yapmak ya da her Sevgililer Günü'nde sevişmek gibi. Onu alacağınızı bilirsiniz ve bu memnuniyet yaratır: bütün hafta boyunca çalışmanın karşılığını vermek ya da şubat ayında, eve kalp şeklinde bir kutu dolusu çikolata getirmek. Ama bu, heyecanın bir kısmını da yok eder.

Değişken aralıklı pekiştirmeler daha etkilidir. Program rastgeledir. Ödülünüzü ne zaman alacağınızı bilme şansınız yoktur. Bu durumda, fareler küçük delik canavarları gibi manivelaları itecek, bu eylemlerinden birinin sonunda, bir ikram sunulacağını umut edeceklerdir. İnsanlar açısından değişken aralıklı pekiştirme, Vegas'taki kumar makineleri gibidir. İster hesaplanmış olsun ister basit bir sokak makinesi, Shelly işin inceliklerini kapmıştı. Biraz ver, sonra geri al. Oscar'ın aklını karıştır, sonra, tekrar istediğini elde ettiğinde onu telaşa düşür. Evet, evet, evet! Oscar'ın tutku olarak yorumladığı şey buydu.

"Eşine karşı hiç tutku hissettin mi?" diye sordu Buddy.

"Evet, uzun bir süre. Güçlü kişiliğini seviyordum; şimdi ise sadece ilişkinin yönetimini ele geçirdi."

"Eşine fazlasıyla öfke duyuyor gibisin" dedim. "Bunun kardeşine ve onu üstün tutan annene karşı duyduğun öfkenle bir ilişkisi var mı?"

Oscar, "Hepsinin acısını eşimden çıkardığımı mı söylüyorsun?" diye sordu.

"Belki de" dedim. "Derin öfke sorunları gün yüzüne çıkıp senin sevgi hislerini gölgede bırakabilir. Aşk belki de hâlâ oradadır, sadece görünürlüğü engellenmiştir. Bu çok sık olur. İnsanlar aşkın öldüğünü düşünürler. Aslına bakarsan, öfke bazı şeylerin hâlâ hayatta olduğunun işaretidir bence."

"Bir şey bittiğinde bitmiştir" diyerek araya giren Andrew'di. "Eşimi bu yüzden bıraktım ve iyi bir karardı. O zamandan beri hayatın tadını çıkarıyorum."

Oscar ters bir ifadeyle, "Peki o zaman neden tedavi görüyorsun?" dedi. "On yıldır yalnızsın. *Bu* ne demek?"

Andrew'in yanıtı hazırdı; hiç kuşku yok ki şimdiye kadar bu soruyu duymaya alışmıştı. "Sadece, aramızda o derece bir bağ hissedebileceğim biriyle henüz tanışmadım" dedi. "O kimya, o büyü..."

Andrew, grubun ismen varolan yabancısıydı. Her zaman, sandalyesini diğerlerinden biraz uzağa yerleştirirdi. Seans öncesi ya da sonrası, ayaküstü sohbetlere nadiren katılırdı. Diğerleri yardım etmek için fikir beyan ederken o daha çok susar, konuştuğunda da fikirlerini üstünlük sergileyen bir tavırla sunardı.

Andrew, özel seanslarımızda da iletişime geçilmesi en zor kişiydi. Benim bir yorum yapmamı bekler ve sonra haklı mı yoksa haksız mı olduğuma karar verirdi. Derinlerde asabiyet barındırsa da tavırları tekdüzeydi; öte yandan, pek duygusal biri olmadığını belirtmişti. Aslında duygularını "yükseltmek" için içiyordu çünkü onun için, "içinde iyi bir viski ya da iyi bir kadın barındırmayan hayat, çorak bir arazi gibiydi". Andrew, günlük yaşamın sıradanlığından nefret ediyordu ve bana da viskisine ve kadınlara baktığı gözle bakıyor, ona bir şeyler sunmamı istiyordu.

Andrew, Oscar'a, "Sürekli kadınlarla takılıyorum ve sıkmaya başladığında, gitmelerine izin veriyorum. Sadece, şu ana kadar, beni yanında tutacak kadar cazip bir kadınla tanışmadım" dedi; konuyu daha fazla deşmek istemiyormuş gibi bir tavrı vardı.

Oscar saldırırcasına, "Belki de cazip olmayan sensindir" diye karşılık verdi.

Müdahale etme zamanı gelmişti ama Antoine konuya daldı. "Eğer duygulanmak istiyorsan birini önemsemek zorundasın, adamım. Bundan eminim; çünkü benim sorunum da fazlasıyla önemsemek. Aşırı duygulanıyorum. Çok yoğun âşık oluyorum, asla bir kadını bırakıp yoluma devam edemiyorum, hâlâ tüm eski sevgililerime âşığım." Andrew dişlerini sıktı ve başını salladı. "Andrew, grup içinde bizi tanımak için hiç çaba harcamıyorsun" diye devam etti Antoine, "ve ben, senin kadınlara karşı da aynı tutum içinde olduğunu düşünüyorum. Hayata *dahil olmalısın*, dostum. Kendini kadınlara açmalısın, güzelliklerini görmelisin, şiirselliği keşfetmelisin. Her insan çekici bir yaratıktır; sen de dahil."

Andrew'in, Antoine'ın çözümlemesini çürütmeye çalışmaması şaşırtıcıydı. "Güzel bir hayata, harika bir mesleğe ve hoş bir eve sahip olduğumu düşünürdüm" dedi. Omuz silkti. "Ama asla kendimi bu kadar önemsiz hissedeceğimi hayal etmemiştim."

"Kadınları çok sevdiğimi düşünürdüm" dedi Antoine. "Hepsi hakkında hayaller kurarım. Yüzlerinden büyülenir, sevimli vücutlarına tutulur ve dokunuşları için ısrarcı olurum. Aşktan hasta düşerim, yalnızken uyuyamam, ilham perisi olmadan yazamam. Hayatıma devam edemem. Beni terk ettiklerinde ölmek isterim. Ama şimdi anlıyorum ki, aslında sorun kendimi yeteri kadar sevmememmiş" diyerek konuşmasını sonlandırdı.

"Ayrıca, o coşku hissini yaşamak istiyorum" dedi Andrew. "Var olduğunu biliyorum. Daha önce yaşadım."

Gruba, "Andrew, ayakları yerden kesilsin istiyor" dedim. "Aşk bu mu?"

İşin aslı, karşımda yarım daire şeklinde oturmuş erkeklerden her birinin anlamak istediği şey buydu. Hepsi çok güçlü duygular içindeydi ama bunlar tam olarak neydi? Aşk? Saplantı? Benliği memnun etme? Hormon kokteyli? Bunlardan herhangi biri, uzun süreli bir ilişkiyi ayakta tutabilmek için yeterli olacak mıydı?

"Antoine, buradaki herkes için geçerli olan bir noktaya değindi" dedim. "Kendiniz için yapmadığınız şey ne?"

"Bir fikrim var" dedi Antoine. "Bir iki seans önce yaptığımız grup meditasyonunu tekrarlayabilir miyiz?"

Kimse karşı çıkmadı. Erkeklerin hepsi gözlerini kapadı ve ben, kendilerine karşı sevecen bir iyilik hissi geliştirmelerine yönelik canlandırma alıştırmasında onlara rehberlik ettim. Bu benim çok sık başvurduğum bir müdahale yöntemiydi. Son derece banal gelebilir ama bunu önemsemiyorum çünkü gerçekten faydalı oluyor. Bu kez yaşlar, Oscar ve Andrew'in gözlerinden akıyordu.

Steve, San Francisco'dan geldi ve salı günü öğlen, West Village'te bir kafede buluştuk. Birkaç dakika gecikmiştim ama orada değildi, arka taraflardaki küçük bir masaya oturdum ve bir kapuçino sipariş edip *New York Times*'a göz gezdirmeye koyuldum.

Sonunda Steve içeri girdi; geniş gülümsemesi ve fazladan birkaç kilosu dışında aynıydı. Manhattan'ı pek bilmiyordu ve metroda kaybolmuştu. Oldukça heyecanlıydı ve tedirgin görünüyordu. Kahve istemedi. Hatta giriş olarak havadan sudan bir konuşma da yapmadık. "Doğrudan konuya gireceğim" dedi. "Hâlâ evliyim ve yakın bir zaman önce eşime, yaşadığım tüm ilişkileri ve aşksız bir evlilikte ne kadar mutsuz olduğumu anlattım. Beraber devam etmek ve romantizm yaratmak istiyor. Ona bunun için on ay, yani evlilik yıldönümümüze kadar zamanımız olduğunu söyledim. Eğer ona tekrar âşık olmazsam boşanmak istiyorum."

Derin bir nefes aldıktan sonra, "Yani Brandy" diye devam etti, "evliliğim için gereken tüm duygusal çabayı sarf etmeden önce, aklımdaki karışıklıkları giderebilmem için öğrenmem gereken bir şey var... Hayalini kurduğum her şeyi elde ettiğimi söyleyerek başlamama izin ver: harika bir mesleki başarı, dünya seyahati, yüzlerce kadınla ilişki. Ama hiçbir zaman, seninleyken hissettiğim heyecanı yaşamadım. Yıllardır, her gün seni düşünüyorum. Lütfen bana yalan söyleme; bu benim için çok önemli. Senin de benim için aynı şeyleri hissedip hissetmediğini bilmem gerekiyor."

Ne? Yanıt bile veremedim. Ama sessizliğim Steve'i rahatsız etmişti ve bu yüzden devam etti. "O kadar çok şey yaşadım ki hiçbir şey bende merak duygusu uyandırmıyor. Sen tanıdığım en göz alıcı kadınsın. Seninle olduğum zaman sanki dünya aydınlanıyor."

İçgüdüsel olarak, mesleki ruh halime bürünmüştüm: "Yani, yeniden yaşadığını hissetmek istiyorsun."

"Evet! O coşku. Büyü gibi. Dünyanın tüm renkleri daha parlak görünüyor!"

Steve bu coşkulu hissi keşfetmek için eşinden ayrılmaya hazırdı. Ama bu hissin sürüp gitmeyeceğinden de korkuyordu; ayrıca, gerçekten zirveye taşıdığı onca şeyi bir kenara savurmak istediğinden de emin değildi. Demek benim de kendisine karşı aynı duyguları besleyip beslemediğimi öğrenmek istiyordu; oysa ben, bir tek şey düşünebiliyordum: Bunun aşk olduğunu mu sanıyordu?

Erkeklerin -ya da hepimizin- peşine düştüğü bu muydu? Anlıyordum. Coşku, o sıralar grubumda üzerinde durduğumuz konuydu ve sanırım hâlâ, Rami'yle ilintili olarak aynı konuya takılıp kalmıştım. Fakat ayrıca bu konuda gözüm de açılmıştı.

Coşku, harikadır. Hepimiz tadına varmalıyız. Ama hastalarım ve ben gibi Steve de *her zaman* zirveyi yaşamak istiyordu. Bunun gerçekçi bir ilişki beklentisi olmadığı ortada. Steve heyecanı tutkuyla karıştırıyordu. Ayaklarının yere basmasına katlanamıyordu. Ve aşkın benim üzerimde nasıl bir etki yaratacağını görme hayalini yaşamıştı benimle. Ona acıdım. Yönünü kaybetmiş, aklı karışmıştı ve onu yıllar önce en son gördüğümde içinde bulunduğu durumda sıkışıp kalmıştı. Steve'le hiç ilgilenmiyor olmam bir yana, enerjimden beslenmek isteyen bir duygusal vampirle takılmaya istekli de değildim.

Steve'in beni ikna edemediğini anladığından emindim; böylece genç yaşta yaptığı evliliği anlatmaya koyuldu. Eşi gördüğü en güzel kızdı ama kısa süre sonra onun kendisi için uygun bir hayat arkadaşı olmadığını fark etmişti ve onunla beraber olmaktan keyif alamamıştı. Fakat artık çok geçti çünkü çocukları olmaya başlamıştı ve eşi ile çocuklarını bırakırsa kendini suçlu hissedecekti. Kapana kısıldığını düşünüyordu. Telafi etmek için başka kadınlara, başka ilgi alanlarına yönelmiş ama istediğini nasıl elde edeceğini asla öğrenememişti.

Bende, aradığı şeyi gördüğünü söyledi: yaşama tutkusu, basit şeylerden zevk alma, günlük hayattan macera çıkarabilme yeteneği, meraklı bir zihin ve insanları bir araya getirme arzusu. Sorun bunları bende arıyor olmasıydı ve ben Steve'in, mutluluğun kişinin kendi hayatındaki meşguliyetlerden geldiğini anlayabilmesini diliyordum.

"Elbette kendini bana yakın hissedersin" dedim. "Ben kendimi bu konuda geliştirdim. Bunun için para alıyorum. Belki de bu öğrenmen ve eşinin seni baştan çıkarmasını beklemek yerine ona karşı uygulaman gereken bir şeydir."

"Beni harekete geçiren dürtüleri çözümlemeye çalışıyorsun, sanki hastalarından biriymişim gibi" dedi. "Dinle, sadece şunu öğrenmek istiyorum: Sen de benim gibi mi hissediyorsun; yoksa ben bunu yıllarca kafamda kendim mi kurdum?"

"Hiçbir zaman senin hissettiklerini hissetmedim. Aslında seni hiç düşünmedim bile" dedim; kendimi rahatsız hissediyordum.

"Dürüstlüğün için teşekkür ederim. Bana yardımcı oldun, teşekkürler."

Kafeden çıkıp gitti; tatmin olmuş görünüyordu. İçimden onun için bol şans diledim ama çok da umutlu değildim. Steve'den bir daha haber almadım.

Terapi Defterim

Erkekler Ne İster? Michael ile İki Görüşme

Erkekler bana tam olarak ne istediklerini anlatıyorlar. Genellikle divanıma kendilerini bırakıp, başlarını kasıtlı olarak dik tutarak ve duraksamadan, bana doğrudan, "Ben her gün sevişmek istiyorum" diyorlar. "Ben vahşi ve teklifsiz bir seks istiyorum." "Ben tutkuyu hissetmek istiyorum." Bir beyefendi bunu, "Tek istediğim çıplak bir kadın" diyerek dile getirmişti; "Dinleyin hanımefendi, aşırı çözümleme yapıyorsun" der gibi.

Her durumda da onların basit yorumlamalarına karşı benim acımasız sorgulamalarım genellikle karmaşık gerçekleri ortaya çıkarmıştır.

Michael eğlenceli bir örnekti. Aslen Oklahomalı, bekâr bir adamdı. Etkileyici ve cesurdu. Çözümlemelerime kahkahalarla güler ve basit bir mantıkla bana meydan okurdu, ki bunu o sevimli, Güneyli aksanıyla yaptığında onu alt etmek çok zordu.

"Her gün mastürbasyon yapıyorum ama yine de sevişme ihtiyacı hissediyorum; bu bir sorun mu?" diye sordu. Kendi haline gülüyor ve ciddi olmamdan ötürü beni kışkırtmaya çalışıyordu. Sürekli şaka yapma ihtiyacını çözümlemek yerine onu ciddiye almaya karar verdim.

Ben: "Sevişmeye *ihtiyacın* olduğunu nereden biliyorsun?"

Michael: (gülümseyerek) "O da ne demek? Biliyorum işte."

Ben: "Pekâlâ, bu nasıl bir his?"

Michael: "Yanımdan ne zaman bir kadın geçse tedirgin oluyorum ve hayaller kurmaya başlıyorum."

Ben: "Mastürbasyon yaptığında kendini daha mı iyi hissediyorsun?"

Michael: "Hayır. Belki de daha fazla yapmam gerek ya da belki de ben cinsel dürtüleri yoğun olan erkeklerdenim. Mastürbasyonun ne kadarı çok fazladır ki?"

Ben: "Sana bir sayı veremem, Michael; ama her gün mastürbasyon yapman seni tatmin etmiyorsa daha fazlasının bir çözüm olacağını sanmıyorum. Belki de istediğin başka bir şeydir. Cinsel dürtülerin konusunda daha bilinçli olmana yardım etmek istiyorum. Gerçekten istediğin şey ne?"

Michael: "Doktor, yemin ederim ki bilmiyorum. Kadınlar yanımdan yürüyüp geçerken tek düşünebildiğim şey çıplakken nasıl göründükleri."

Ben: "Tamam ama *tedirgin oluyorsun*. Hadi bunun nedenini bulmaya çalışalım. Cinsel enerji tek başına harika bir şeydir. İnsanlar için yaşam kaynağıdır; duygularımızı yükseltir, yeniden doğmuş gibi taptaze hissederiz kendimizi. Ama senin yaşadığın bu değil; sen geriliyorsun. Neden?"

Michael: "Çünkü dört aydır biriyle yatmadım."
Ben: "Ama her gün fiziksel boşalma yaşıyorsun."
Michael: "Ama gerçek bir kadınla değil."
Ben: "Gerçek bir kadınla ilgili en çok neyin özlemini çekiyorsun?"
Michael: "Dokunuşlar, şefkat, kur yapacak biri, konuşacak..."
Ben: "Anladım, yani kendini yalnız hissediyorsun?"
Michael: "Evet. Bu doğru. Ama bunu kendime henüz itiraf edemedim sanırım."
Ben: "Sen yalnızsın. Bunu kabul etmen, nasıl hissetmene neden oluyor?"
Michael: "Üzgün."
Ben: "Üzücü olan tarafı ne?"
Michael: "Kendimi ezik hissediyorum."
Ben: "Çünkü kendi hislerinden kaçıyorsun; bir kadınla bağ kurma arzun kendini azgınlık olarak ortaya koyuyor. Bence sen bir dürtüyü başka bir dürtünün yerine koyuyorsun."

Pek çok hastamda olduğu gibi, Michael'ın da aslında ne istediğini bilmediği ortaya çıktı. Belli ki Michael yalnızlığının farkında değildi. Bunun yerine bedeni cinsel uyarılma duyumsuyordu; bir çeşit fiziksel yüceltme. Arzularının gerçek doğasının farkına varmaları konusunda rehberlik ettiğim diğer erkeklerde olduğu gibi Michael'da da duygusal özlemlerin hemen hepsi, ne istediğini bildiği sanısına bağlanıyor.

Bunu psikoterapide pek çok kez görmüşümdür. Duygu yoğunluğunun yaşandığı belli bir dönem olur: ayrılık, yer değiştirme, sevilen kişiyi kaybetme. Hasta, hislerinin altında kalır. Bir dakika önce kedere boğulmuşken, bir anda kendini çok zinde hissetmeye başlar ve daha da kısa bir süre sonra ateşli sevişmeler yaşar ya da deli gibi âşık olur. Terapideki sorun, benim bunun gerçek olmadığını bilmem ama hastanın bilmemesidir.

Zihnin duygusal acıları denetim altına alma konusunda sayısız ilginç yolu vardır: hissizleşme, çözülme, yansıtma vb. Bu özel yöntem, en seksi örneklerden biridir. Ekstazi almaya benzer: Aldıktan sonra, kaybolmuşluk hissi ve korkunun yerini herkese sarılma isteği alır. Duygularınızı teskin etmiş olmuyorsunuz aslında, sadece morfinle hissizleştiriyorsunuz. Hastalarıma, derinlerdeki dürtü ve duyguların nasıl daha fazla bilincinde olacaklarını öğretmeye çalışıyorum. Tam bir oyunbozanlık, biliyorum.

Sevişme konusundaki aceleci ve heyecanlı tavırlarının da gösterdiği üzere, Michael'ın bazı sorunları vardı. Ama bilinçaltının kuruntularına inanmaya devam ederse aradığını bulamayacaktı. Anladığınız üzere, Michael yalnız olduğunun bilincinde değildi. Ve okuyacağınız üzere, yalnızlığının altında da başka bir katman bulunmaktaydı.

Bu örnek, cinsel farkındalığın önemini vurguluyor. Cinsel fantezi ve hatta sertliğin fiziksel görünüşü bile sık sık, seks *dışında* ihtiyaç duyulan şeyleri temsil eden başka isteklerle çakışıyor olabilir. Neden yüceltme mekanizması? Neden sadece ne istediğini bilip, onun için uğraşmak değil? Neden karmaşık duygusal labirentler?

Şimdiki konuşma, ne istediğini bilmenin ve onun için uğraşmanın çok da kolay olmamasının nedenlerine dikkat çekiyor.

Michael: "Ben sadece sevişmek istiyorum. Şu anda bir kadınla ciddi bir ilişki yaşamak istemiyorum. Bence fahişelere gitmek daha kolay. Ödemeyi yapıyorum, istediğimi alıyorum ve aramızda hiçbir bağ kurulmuyor. Ama keşke para ödemek zorunda olmasam da sadece sevişebilsem. Neden bunun için ödeme yapmak zorundayım ki? Eğer sertleşmişsem bir kadına bunu söyleyip, sevişmeyi teklif edebilmeliyim. Neden mutlaka ciddi bir ilişki yaşanması gerekiyor? Kadınların da uyarıldığı zamanlar olmuyor mu? Kadınlar da bazen sadece sevişmek istemiyor mu?"

Ben: "Daha önce bir kadından bunu talep ettiğin oldu mu?"

Michael: "Hayır, buna kafa yormak istemem. Kadın bulmak da kadınlara yaklaşmak da zor. İma ettiklerini anlama konusunda sıkıntı yaşıyorum. Hiç uğraşmamayı yeğlerim. Bir orospu arayıp çağırmak daha kolay."

Ben: "Pekâlâ, her şey yolunda o zaman."

Michael: "Tek sorun benim hoşlandığım tarzda, benim istediğimi yapmaya istekli bir orospu bulmak."

Ben: "Sen nasıl birini istiyorsun?"

Michael: (durdu, rahatsız bir tavrı vardı, uzağa baktı, kıpırdandı) "Ha ha ha! Sen küçük bir fişeksin, değil mi?"

Ben: "İstediğin bildiğimiz seks mi yoksa bir çeşit etkileşim mi?"

Michael: "İkisi de. Yapmak istemedikleri, yapılmayacak diye kural koydukları şeyleri yapmalarını istiyorum."

Ben: "Ne gibi mesela?"

Michael: (bir an durdu) "Öpüşmek gibi. Önsevişme gibi. Bilirsin işte, 'normal bir kız' gibi davranmak."

Ben: "Onun da orada olmayı istemesi gibi, onun da o sevişmeye ihtiyacı varmış gibi..."

(Bu isteği daha önce de duymuştum, defalarca...)

Michael: "Kesinlikle. Onun da istemesini istiyorum. Onun da sevişmeye ihtiyacı varmış gibi."

Ben: "Yani bu sadece orgazmla ilgili bir şey değil."

Michael: "Kesinlikle değil."

Ben: "Dokunulmaya, insani bir iletişime, biraz şefkate ihtiyaç duyuyorsun. Tek istediğin sevişmek değil..."

Michael: "Yalnızım ama aşkı aradığım falan da yok, Doktor."

Ben: "Bir arkadaşının, sana postayla gelin sipariş etmeni önerdiğini anlatmıştın. Sanırım bu senin için iyi bir fikir."

Michael: "Ne? Neden?"

Ben: "Kolay iş. Bir kadın bulmaya çalışmak ya da birine yakınlaşmak için uğraşmayı es geçebilirsin. Zaten zor olduğunu söylüyorsun."

Michael: "İnsanlar hakkımda ne düşünür? Birini satın almak zorundaymışım gibi görünür."

Ben: "Öyle ama başka bir açıdan bakarsak da bu senin seçimin. Aklındaki ikilemle başa çıkman konusunda etkili ve kestirme bir yol. Ve o kadın her zaman uygun olacak; sevişmek istediğinde birini bulmak için uğraşmak zorunda kalmayacaksın ve büyük olasılıkla, sen ne istersen onu yapacak."

Michael: "İsteklerimi yapsa iyi olur. Bu hoş olabilir; her zaman sevişmeye müsait, güzel bir kadına sahip olmak. Hmm... Ama hayır. Her zaman var olacak. Ya onunla takılmak istemezsem? Ya hiç ortak nokta bulamazsak? Büyük olasılıkla İngilizce bile konuşmayan biri olur."

Ben: "İngilizce bilmeyen biri. Bu işine yarayabilir."

Michael: "Beni sinirlendiriyorsun, Doktor. Beraber mutlu olabileceğim bir kadın bulmak istiyorum. Bir ilişkim olsun istiyorum! Neden bana, kadınlara yönelik korkumun üstesinden gelmem gerektiğini söylemiyorsun? Tavsiyen çok saçma. Şimdi çekip gideceğim!"

Ben: "Saçma mı? Senin mantığınla konuşuyorum. Bu seni neden sinirlendiriyor ki?"

Michael: "Birini satın almam gerektiğini söylüyorsun! Kendi başıma bir kadın elde edemeyeceğimi söylüyorsun." (uzağa bakıyordu)

Ben: "Hayır, ben söylemiyorum. Bunları sen söylüyorsun."

Michael: (durdu, gülümsedi) "Ters psikoloji?"

Ben: "Evet."

Michael: "Senden nefret ediyorum."

Ben: "Yapma. Sen hoş birisin. Ben bir kadınla birlikte olabileceğini biliyorum. Ya sen biliyor musun?"

Michael'ın dilekleri ve fantezileri sadece kadınlar konusundaki kaygılarını değil, ayrıca bu kaygıyı *görmezden gelme* isteğini ortaya çıkarmıştı. Fanteziyi sonuna kadar yaşayarak onun savunulabilecek bir şey olmadığını anlamıştı. Onca atıp tutmanın ardında aslında ciddi bir ilişki yaşama *isteği* olduğunu açığa çıkarmıştı. Buradaki sorun, Michael'ın gerçekten de sosyal anlamda, kadınların bulunduğu ortamlarda tuhaf davranması, onlardan korkuyor olmasıydı. Karşılığında ödeme yaptığı bir ilişkiyi tercih ediyordu çünkü böylelikle egosu asla sınanmıyordu. Ve bunun doğru bir yol olduğunu kendine kanıtlamaya çalıştığında, bu ona yeterince akla yatkın gelmişti. Evet, erkekler sadece sevişmek isteyebilir, diye düşünüyordu; ama onu güdüleyen tek şeyin sevişme arzusu olmadığı ortadaydı.

Hastalarımın çoğunun ne istediklerini bilmemelerinin nedeni, gerçekten neye aç oldukları konusuna fazla önem vermemeleri. Sık sık, kesin bir tanımlaması olmayan *bir şey*e özlem duyuyorlar, belli bir duyguya dair ani bir açlık hissediyorlar ve sonra düşünmeden harekete geçiyorlar. Benim hedefim, onlara, cinsel bir dürtü hissettiklerinde durup şu soru üzerine düşünmelerini öğretmek: Ben gerçekten ne istiyorum?

Erkekler Grubu: Öfke

"Kadınlar, orospudur" dedi Will; grubun yeni bir üyesiydi. Bunu bir varsayım ya da ani bir tepki olarak değil, bir gerçeği açıklar gibi söylemişti. Will'e göre, bu kesin bir gerçeklikti. Odaya göz gezdirip, Will'in kışkırtıcı lafına tepki gösterecek birilerini aradım. Kimse tek kelime etmedi. Diğer erkeklerin kaçının bu düşünceye katıldığını merak ediyordum. Ve işin doğrusu, sessizlikleri beni endişelendirdi. Bu inanç hafife alınmamalı; çünkü bu, çoğu ilişkiyi ve cinsel fonksiyon bozukluklarını harekete geçiren bir fikir.

Ortamdaki sessizliğin grubun sosyal yapısının bir sonucu olmasını umuyordum. Will'in saldırgan ve baskın bir tavrı vardı; diğer erkekler, onunla birbirleriyle çekiştikleri kadar çekişmiyorlardı. Sonunda, Will'in iddiasını ben irdeledim.

"Kadınlar hakkındaki bu ifade fazlasıyla tek boyutlu, Will. Çok zeki birisin ve insanların karmaşık bir yapıya sahip olduğunun fazlasıyla farkındasın. Peki neden bugün bütün kadınlar çıban başı?"

"Kadınlar tüm gücü ellerinde tutuyor ve bunu biliyorlar" dedi; trans halde, duvardaki bir noktaya gözlerini dikmiş bakıyordu. "Hepsi seni kullanır, yönetir ve ayartır."

"Bir kadın seni ayartmaya çalıştığında kendini nasıl hissediyorsun?"

"Bir kere kadının biri bana, hayatıyla ilgili acıklı bir hikâye anlatmaya başladı. Tavsiye istiyormuş gibi davrandı; ama ben bu yardıma muhtaç kadın masalını daha önce duymuştum ve tabii ki yutmadım!"

"Bu, onun hakkında düşündüklerindi. O konuşurken sen kendini nasıl *hissettin*?"

"Kırılgan. Onun kontrolü ele almasını istemedim."

Antoine söz aldı. "Korktuğun ne, dostum?"

"Âşık olmak" diye yanıtladı Will; bunu anlamış olmaktan gurur duyuyor gibiydi.

Will'le gerçekleştirdiğimiz özel seanslarda, ona göre aşkın, geçmişteki deneyimlerinden ötürü, reddedilme ve aşağılanma ile bağlantılı olduğunu öğrenmiştim. Bu duyguların verdiği rahatsızlığı, kadınları cinsel olarak küçük görerek ve yöneterek telafi ediyordu.

Özel seanslarda, Will'le ilgili büyük bir sorun yaşıyordum: sıkılıyordum. Bu başka hastalarda da söz konusu olmuştu. Tanışma faslı, yeni hikâyenin orijinalliği, bir erkeğin cinsel sırlarını ve heyecanlarını keşfetme, ilişkilerindeki çelişkileri öğrenme safhası geçtikten sonra ilgimi kaybedebiliyorum. Bir hastayla işime yoğun bir şekilde odaklanmışım, tam ortada bir yerlerde seans seans üstüne onun özsaygısını tuğla tuğla zar zor örmeye çalışıyorken bir de bakıyorum ki meyvenin lezzetli tarafını çoktan sıkmışım ve adamın mücadelesinden sinirlerim bozulmuş bir haldeyim. İşte durum bu.

Bir gün, Will'le yaptığımız bir seanstan sonra, eve yürüyerek döndüm ve annemi aradım. "Psikoterapi sıkıcı" dedim. "Adamlar gerçekten çok sıkıcı! Ciddiyim, garsonluk yaparken daha çok eğleniyordum! Belki de başka bir iş yapmalıyım."

"Brandy!" dedi annem; sert bir anne tavrı takınmaya çalışıyor ama gülüyordu. Annem (açıklamak için ara vermeliyim) parıl parıl saçları, büyük mavi gözleri ve bembeyaz bir cildi olan, Elizabeth Taylor benzeri güzel bir kadın. Etrafındaki herkese; zihinsel özürlülere, fakirlere ve hak etmediğim halde bana sunduğu, tükenmek bilmeyen bir sevgiyle dolu, ruhani biri. Genellikle, etrafına güzellik saçan bir enerji alanına sahip, hayatını ruhani deneyime ve iyilik yaymaya adamış insanlarda görülen ışıltıya sahip. Bir örnek vermek gerekirse, bir zamanlar oturduğu sokakta, hapisten kaçmış bir tecavüzcü dolanıyordu; bu tecavüzcü kapıları çalıyor, sonra da kapıyı açan kadınlara tecavüz ediyordu. Kendi kapısı çalındığında annemin adamın kim olduğu hakkında en ufak bir fikri yokmuş. Adamı içeri davet etmiş ve adam dua edip, ağlayarak onunla sohbet etmiş. Sonra annem adamı kiliseye götürmüş. Adamın içeride kendisini neyin beklediğinden habersiz, kapıyı çalışını düşünmek beni her zaman güldürür.

Yani, annemin çabucak hastalarımı savunmaya geçmesi, pek de şaşırtıcı değil.

"Onlara karşı merhametli bir yaklaşım benimsemelisin" dedi. "Cesaretini yitirme. Karanlıktaki ışık ol."

"Evet. Merhametli olmam gerektiğini biliyorum" dedim. Sesi beni yatıştırıyordu. "Ama sanırım, bende bir sorun var. Gerçekten *her zaman* merhametli mi olmam gerekiyor?"

Bu bana biraz ruhani bir hayal gibi geliyordu. Bu sıradan bir şey olamazdı. Kim her zaman herkese karşı merhamet besler ki? Hastalarıma merhametle yaklaştığımda en iyi terapilerimi yaptığımı biliyorum; ama işin gerçeği şu ki, her zaman aynı şekilde hissetmiyorum.

İsteksiz de olsa işimi yapmayı öğrenmiştim; ama inanın bana, hastalar aradaki farkı hissedebiliyor. Tıpkı mekanik sevişme gibi: İki insan beklenen tüm hamleleri yapar ama hiçbir şey hissetmez. Gerçek, içgüdüseldir.

Bu, insan ilişkilerinde temel sorunlardan biri sanırım. Eğer kendilerine gerçekleri söylemesi için para ödedikleri kişi olarak benimle bile bağlantı kuramıyorlarsa kiminle iletişime geçecekler ki? Eğer bir kadınla bir birleşme yaşama konusunda gerçek bir yetenekleri yoksa bu erkekler ne tarz bir seks hayatına sahip?

Will'e karşı merhametli olmak için çok uğraştım; bunu da ancak grup içinde kadınlara yönelik mantıksız öfkesini ifade ederken yaptığı yorumdan sonra başarabildim. O, insanın zihninde ampul yandığı anlardan biriydi: Uzun zamandır Will, bana aramızda bir bağ kurmaya yarayacak hiçbir şey sunmuyordu. Ama Antoine'ın sorusunu dürüstçe yanıtladığında, küstah tavırlarının ardındaki asıl kederi görebildim. Ve bir bağlantı kurabildim.

Bazen erkeklerle seansta, kendimi taş bir duvarla, insan ırkının kaçkınlarıyla, *droid*lerle oturuyormuşum gibi hissediyordum; post doldurucuları tarafından içi doldurulmuş gibi suratları, sert bir şekilde, bir noktaya sabitlenmiş oluyordu. Böyle zamanlarda ofisten yorgun ve yenik bir ruh haliyle çıkıyor, bu şekilde böyle uğraşmaya bir son vermek istiyordum. Ama şimdi farkına varıyordum ki, bana en çok ihtiyacı olan tam da bu hasta grubuydu. Benim görevim onları kabuklarından çıkarmak, hislerini keşfetmelerine, hissetmelerine, benimle bu hisler üzerine sohbet etmelerine yardımcı olmaktı; bu düşüncelerle devam edebildim.

Bu adamlar, odada herhangi bir duygunun var olabilmesi için, yüzeyin altını görmeme fırsat sağlamak konusunda risk almak zorundaydı; ayrıca aynı durumun seks için de geçerli olduğu kanısına varmıştım. Benlik sekste var olmalı ki tutku olsun. Bu odada bulunan adamların anlattıkları, yaşamlarının tüm alanlarında, gerçek anlamda bağ kurma yeteneksizliklerinin bir göstergesi olduğuna göre, onların benimle ve grubun diğer üyeleriyle bağ kurma yetilerini geliştirmeliydim. Bu, kendilerinin önemli olduğu ve terapiye yönelik birlikteliğimizin bir hizmet olmaktan öte anlamlı bir ilişki olduğu anlayışını kazandırmayı gerektiriyordu; onlar benim için önemliydi, ben de onlar için. Yaşamlarındaki diğer insanlar da önemliydi, seks de.

Böylece onlara nasıl bağ kuracaklarını öğretmeye karar verdim. Nasıl yapacaklarını bilmedikleri için canımı sıkmak ya da onlara kızmak yerine onları kabuklarından çıkarmayı, gerçeğe ulaşmalarına yardımcı olmayı kendime iş edindim. Oraya varmanın yolu ise elimden geleni yapıp onlara ilişkin her şeye, hatta tiksindiğim şeylere bile değer vermekten geçiyordu. Mutlaka, kendilerine göre haklı nedenlerle, kapılarını kapatıp kendilerini terk etmeyi, beni terk etmeyi öğrenmiş olmalıydılar. Bu adamları ruhlarına, bedenlerine, göğüslerindeki belirsiz derinliklere, mide ve bağırsaklarına doğru bir araştırmaya çıkarmak ve o noktalara biraz sıcaklık, biraz ilgi, biraz merhamet vermek için, onları harekete geçirmek amacıyla bilinçli bir çaba sarf etmeliydim. Küçücük bir yaşam emaresi bulmaya çalışmalı ve ilgimi buna yönlendirmeliydim.

"Rüyamda, annemi bir uçurumdan aşağı ittiğimi gördüm" dedi Antoine aniden. Vayy! Bu yoğun ve ilkel öfke hiç de Antoine'la bağdaşmıyordu. Grup şoke olmuştu. Ben de; ama farklı bir nedenden ötürü. O hafta, daha önce gerçekleştirdiğimiz özel seansımızda, Antoine'ın bana kızmış olduğunu biliyordum. Hayal kırıklığı içinde, başını iki yana sallayarak ofiste tur attığını hatırladım.

"O bakış neyin nesi?" dedim.

"Ne bakışı?"

"Bilmiyorum, Antoine. Tuhaf biraz."

"Sana kızgınım."

Bir hastanın öfkesini bana yönlendirmesi önemli bir andır. Gerçek hammaddenin elinize öylece verilmesi kadar iyi bir şey olamaz. Bu, dönüşüm için önemli bir fırsattır; ben bu duruma karşı tepkili olmadığım sürece. Kendiliğinden, savunmacı bir tavır takındım ve bunu kontrol altında tutmak istiyordum; çünkü bu an, o öfkeyi anaç bir tavırla karşılayabilmem için bir fırsattı. Böylelikle Antoine'ın kadınlara karşı hislerinde bir değişim yaratabilirdim.

"Ne oldu?"

"Güvenimi zedeledin. Artık seninle içimdekileri paylaşabileceğimi sanmıyorum."

"Senin güvenini nasıl zedeledim, Antoine?" Gerçekten aklım karışmıştı.

"Grup seansında, erken boşalma yaşadığımı söyledin. Onların bilmesini istemiyordum. Gizlilik ilkesine uymadın."

Sözünü ettiği şeyi hatırlayamıyordum. Bir hastanın kişisel sorununu, kendisi herkese açıklamadığı sürece grup içinde asla dile getirmezdim.

Antoine'ın ciddi anlamda erken boşalma sorunu vardı. Bu duruma uygun standart seks terapisi egzersizi ise eve gidip boşalma noktasına gelene kadar mastürbasyon yapmak, sonra yavaşlayıp biraz yumuşamasını beklemek, sonra tekrar başlamak ve bu süreci cinsel tepkilerini yavaşlatabilmeyi öğrenene kadar defalarca tekrarlamaktı. Ama Antoine'da işe yaramamıştı. Sadece bir dakika devam edebiliyordu; bu yüzden henüz yirmi beş yaşında olmasına rağmen, geç boşalmak için Viagra kullanmaya başlamıştı. Fakat çok utanıyordu. Yavaş davranarak yemenin, içmenin, araba sürmenin ve elbette boşalmanın keyfini çıkarma alışkanlığı yoktu. Biz Antoine'ın bu eğilimini, Paris sokaklarında yaşamına devam edebilmesi için ihtiyacı olan şeylerin karşılanıp karşılanmayacağı konusunda duyduğu kuşku ve güvensizlikle büyümesine bağladık. Sürekli, yeteri kadarını bulamayacağından korkmuş, doğal olarak hızla ve hırsla tüketmeyi öğrenmişti.

"Aslında Antoine, bunu birkaç hafta önce sen kendin söylemiştin" dedim. "Grup seansında her şeyi çok hızlı yaptığını söylediğin günü hatırlıyor musun?"

Antoine hatırladı ama kararlı davrandı. "Seninle terapiye devam edebileceğimi sanmıyorum. Başka birini bulacağım. Sana güvenemiyorum."

"Sen *güvende olmaya* güvenmiyorsun, Antoine" dedim. "Hayatında hiç güvende olmamışsın. Küçükken öksüz kalmışsın ve güvenilir temellere sahip olmanın ne demek olduğunu bilmiyorsun. Ama benimle güvendesin."

"Şu anda kendimi hiç güvende hissetmiyorum."

"Güvendesin. Hissettiğin şey, açığa çıkmış olmak. Evet, bu doğru. Çalışmalarımız sayesinde seni görebiliyorum. Hepinizi görebiliyorum. Yakınlık böyle olur. Rahat bir şey değildir." Antoine söylediklerimi sindirmeye çalışırken kıpırdandı. "Sana zarar verdiğim duygusuna kapılmanı anlayabiliyorum; ama üzerine bir düşün. Ve kaçma, Antoine. Buna müsamaha göstermeni istiyorum. Sen güvendesin."

Bu krizi konuşarak atlatmıştık. Ama şimdi de grup seansına, bu rahatsız edici rüya ile gelmişti. Bu öfke gerçekten nereden kaynaklanıyordu?

"Çok can sıkıcı bir rüyaydı. Öfke doluydu. Onu mahvetmek istedim. Bu rüya yüzünden kendimi berbat hissediyorum şimdi. Kim annesine zarar vermek ister ki?"

"Bu durum bana yabancı gelmedi" dedi Buddy "Annemin dediğine göre, çocukken sürekli sinirliymişim. Ama sadece ona karşı. Sanırım, beş altı yaşlarındayken bir defasında ona saldırmıştım."

"Ben annemle konuşmuyorum bile" dedi Oscar. "Ağabeyimin bana cinsel tacizde bulunduğunu söylediğimde bana inanmadı. Tüm şefkatini ona gösterip beni ihmal etti. Sadece ilgi çekmeye çalıştığımı ve bundan nefret ettiğini söyledi."

"Benim de" dedi Andrew, "kızdığım tek kişi annemdir. Annem olduğunu biliyorum ama beni deli ediyor. Bazen mantıklı düşünemiyorum. O kadar baskın ve buyurgan biri ki onu gırtlaklamak istiyorum."

"Bilirim. Ben de bazen eşime karşı benzer duygular besliyorum."

"Kendini kötü hissetme, Antoine" dedi John. "Benim aklımdan da anneme zarar verme düşüncesi geçmişti; hatta hâlâ zaman zaman düşünürüm."

John'a, "Bu isteğinin ardında yatan sebep nedir?" diye sordum.

"Çok fazla eleştiriyor ve beni sürekli erkek kardeşlerimle kıyaslıyor" diye açıkladı. "Ben hiçbir zaman harika bir öğrenci olmadım ama diğerlerinin hepsi iyi üniversiteleri kazandı. Benim oralara girebilmemin hiçbir yolu yoktu. Onun yanındayken kendimi hiçbir zaman iyi hissetmedim. Oysa bir anne, insanın kendisini iyi hissetmesini sağlamalı."

Erkekler nefes almadan bu konudaki sıkıntılarını paylaşıyor ama birbirlerinin hikâyeleri üzerinde durmuyorlardı. Odadaki düşmanlığı hissedebiliyordum. Anneliğin gücünü düşündüm. Hepimiz annelerimiz konusunda büyük beklentiler içindeydik. Bir anne besleyip büyüten, rahatlatan, destekleyen, sevgi dolu, özenli ve koruyucu biri olmalıydı. Ve o anne istediğimiz her şey olmadığında içimizde bir öfke tsunami gibi yükseliyor, yoluna çıkan her şeyi yerle bir etme tehditleri savuruyordu.

Herkes söyleyeceklerini bitirdikten sonra, "Hepinizin anlayabileceği gibi Baylar, sevdiğiniz insanlardan istediğinizi alamadığınızda öfkelenmeniz oldukça sıradan bir tepki" dedim. "Sorun, onların bizi hayal kırıklığına uğratacak olmasının *kaçınılmazlığı*. Hiç kimse sizin ihtiyaçlarınızı kusursuz ve koşulsuz bir şekilde karşılayamaz. Yani bu gerçeği bildikten sonra ne yapabilirsin ki?"

"Onunla bir daha konuşmam" dedi Andrew.

"Evet, ben de öyle yaptım" diye ekledi Oscar.

"Bunun öfkenize nasıl bir faydası oldu?" diye sordu Buddy.

Oscar, "Onun nasıl biri olduğunu bilmiyorsunuz" diyerek birden diklendi. "Ayrıca anlamsız. İnsanlar değişmez."

"Sanırım, benim annem farklı" dedi Buddy. "Şu an aramızda iyi bir ilişki var. Sadece, onu olduğu gibi kabul edip yeterliliklerinin farkında olmam gerek."

"Söylemesi kolay" dedi Oscar. "Neden aynı tavrı eşin konusunda da benimsemiyorsun o zaman?"

Araya girme zamanıydı. "Tamam Baylar, şu an ortama çok fazla öfke hâkim; hıncımızı birbirimizden çıkarmayalım. Bence, beklentilerimizi makul seviyeye çekerek kendimizi hayal kırıklığına hazırlamış olmayız. Kadınlar sizin ihtiyaçlarınızı kusursuz bir şekilde karşılayamaz ve bu, aranızdaki ilişkiye son vermeniz, onlara fiziksel olarak zarar vermeniz ya da onları aldatmanız için bir gerekçe değildir. Hayatımızdaki kadınlara biraz merhamet etsek ve onların ne için mücadele ettiklerini anlamaya çalışsak nasıl olur?"

"Annenizden ya da eşinizden, ihtiyacınız olan şeyi talep etmeye ne dersiniz?" dedi John.

"Bu her zaman iyi bir fikirdir" dedim.

"Peki yapmadıklarında?" dedi Oscar.

Buddy kahkaha atarak, "Onları kontrol altına alın" dedi. "Onları bağlayıp zorlayın. Hoşlarına gidecektir."

John şaka yollu, "Buraya gel, bebeğim. Seninle biraz ilgileneceğim" dedi.

"Şimdi sana dalacağım. Biraz şefkat göstermek adına buna ne dersin?" dedi Oscar.

"Bence kendi başına yap. Bazı ihtiyaçlarını kendin karşılayabilirsin" dedi Antoine.

"Tabii, eminim kendi kendime sevişmekten çok hoşlanırım" dedi Oscar.

Buddy kıkırdayarak, "Ben de. Günde üç kere" dedi ve grup kahkahaya boğuldu.

Öfkeyi dağıtmak için, eski moda soyunma odası esprilerinden daha iyi bir şey yoktur.

O akşam seans üzerine notlar alırken, çocukluklarında yaşadıkları şeyler annelerine karşı fazlasıyla öfke üretmiş bir grup erkekle çevrili olmama şaşırdım. Gerçekten öfkeden kudurmuşlardı. Öfkelerinin doğası hakkında çok kafa yordum.

Erkekler, gündelik hayatlarına devam ederken hissettikleri öfkenin kökeninin çocukluklarına dayandığının farkında değildiler; onlar o an bir kadının sevgisine duydukları ihtiyaçtan kaynaklanan hüsranı hissediyorlardı sadece. Onları gerçekten çileden çıkaran şey istediklerini elde edememeleriydi çünkü varlıklarının derinlerinde bir yerde kadınlara karşı bir güvensizlik yatıyordu. Öyle inanıyorum ki, aslında bu tatmin edilmemiş sevilme arzusu, onların kadınları öldürme, lekeleme, cezalandırma ve onlara zarar verme gibi bilinçsiz isteklerinin merkezinde yer alıyor. Bunun simgesel olarak sergilendiğini çevremizde görüyoruz. Ben bunu sahici bir bağlılığın eksikliğine yönelik, öfkeli bir isyan olarak görüyorum. Bir erkeğin bana söylediği gibi: "Ondan nefret ediyorum çünkü onu seviyorum."

Bir kişinin sevme yeteneğinin tek bir kişiyle, annesiyle bu derece bağlantılı olması bana son derece büyüleyici geliyor. Bir çocuk annesini ilgisiz, mesafeli ya da zalim olarak algıladığında tüm kadınlara karşı bakış açısı çarpık, olumsuz ve ağrılı oluyor. Grubumdaki erkeklerin çoğunun annesiyle yaralı bir ilişkisi vardı ve hayatlarına annelerinden sonra giren kadınları önemsememeye dayalı tavırlar benimsemişlerdi. Bilinçli olarak, kadınlara karşı temkinli olmaya çalıştıklarını sanmıyorum. Erkekler bir kadını tanımlamak için "fahişe" ya da "orospu" ya da "deli" gibi sözcükler kullandığında, bu duygunun özüne inmeye çalışıyorum. İlginç bir biçimde, böylesi büyük bir kinin altında, derin bir aşk yaşama arzusunun yattığını keşfettim. Sorun, istedikleri kadın onları geri çevirdiğinde utanç hissetmeleri ve bunu yansıtmalarıydı.

Dahası, seks konusunda seçici olmadıklarında ya da kayıtsızca sekse sadece seks olarak baktıklarında, kadınlara genellikle "sürtük" sözcüğü yakıştırılıyordu. Neden günlük seksi yücelttiği varsayılan bir kültürden ve cinsiyetten böylesi bir düşmanlık baş gösteriyordu? Hastalarım üzerinde yaptığım araştırma, seksin, bu yakın ilişkinin, kadın için anlamsız olmasından, daha önemlisi, erkeklerin kadınlar için özel olmamaktan rahatsız olduklarını ortaya çıkardı. Erkekler her zaman bunun farkında olmayabilir ama seksin bir anlamı olmasını, özel olmasını istiyorlar. Sadece, bazıları bu gerçeği kabullenemeyecek kadar korkak.

~

Sonraki erkekler grubu seansımdan hemen önce, çiftler seansında, Oscar ve eşiyle görüştüm. Oscar, sorunlarını aşma olasılığını araştırmak istemişti. Zaman zaman eşi, hislerini sakince ve açık olarak paylaşıyor ama sonra birden, Oscar'a hayatını, gençliğini kendisinden çaldığını ya da kötü bir baba olduğunu söyleyerek öfke krizine giriyordu. Konuşurken Oscar'a değil bana bakmasını istemiştim; böylelikle onu sakinleştirebilirdim. Tekrar, Oscar'ın kişiliğine yönelik bir dizi saldırgan ve aşağılayıcı söz sarf etti; onu durdurmak zorunda kaldım ve seansım sırasında bunun olmasına izin veremeyeceğimi söyledim. Öfkelenmesini çok iyi anlıyor olsam da, sebebinin derin bir kalp kırıklığı olduğunu bilsem de Oscar için üzülüyordum. Ne kadar pişman olduğunu ve değişmek için ne kadar çabaladığını biliyordum. Dürüstçe kendini açmıştı ve bu en kırılgan anında, eşi onu oracıkta bıçaklayabilirdi.

O gece, kız arkadaşlarımdan biriyle bu seans hakkında sohbet ettik. "Nasıl oldu da bu herifi savunur hale geldim? Eşini aldatan biri. Bu işe kadınlara yardım etmek için girişmiştim" dedim. Arkadaşım bolca kahkaha attıktan sonra, "Sen, tahmin ettiğinden fazlasısın" dedi.

Bir sonraki özel seansta, Oscar onu koruduğum için bana teşekkür etti. Duygulanmıştı. Çocukken ağabeyi onu istismar ettiğinde annesinin yapınayı beceremediği şeyi yaptığımı söyledi. Evliliği konusundaki kuşkularından söz etti; eşinin öfkesiyle başa çıkabileceğinden emin değildi. Oscar'a, eşinin kızgın olduğunu fakat ondan ayrılmama kararı aldığını söyledim. Hata yapmıştı ama eşi yine de tedavi görürken ona destek olacak, düzelmesini bekleyecekti. Oscar bunun aşk olabileceğini düşünmüş müydü?

Oscar eşinden ayrılıp, Shelly ile beraber olmaya karar verdi. Bana bunu söyledi ve kararlı bir tavırla, fikrini değiştirmeye çalışmamamı üstü kapalı olarak bildirdi. Aldırış etmiyormuş gibi davrandım; ama dürüst olmak gerekirse hayal kırıklığına uğramıştım. Aşkın ve saplantının nasıl bir şey olduğunu ve ikisi arasındaki farkları açıklığa kavuşturmak için çok uğraşmıştık. Ama o, Shelly'e beslediği hislerin saplantı olmadığına karar vermişti. Shelly onu seviyordu. Emindi.

İki gün sonra Shelly, Oscar'ı başka bir adam için terk etti. Oscar artık yalnızdı. O gün, benim de onu son görüşümdü. Beni arayıp İspanya'ya gideceğini söyledi. Hepsi bu. Cesaretim kırılmıştı çünkü çalışmamız pek başarılı olmamıştı. Psikoterapi işte böyle bir şeydi; her zaman bir sona varmıyordu, bazı insanlar için yolculuğun sadece bir kısmıydı. Değişim süreci yavaş işliyordu ve ben sabırlı olmayı öğreniyordum. Bu adamlar her hafta gelecek, aynı mücadeleler için kafa yoracak ve onlara faydası dokunmayan kalıpları tekrarlayıp duracaklardı. Depresyon, öfke, mutsuzluk ve kaygıya saplanıp, o çamurda ağır ağır, isteksizce yaşamalarını ve çaba sarf etmelerini izledim. Bununla beraber, psikoterapiyi heykel benzeri bir sanat olarak görmeyi öğrenmiştim; biçimsiz kitleyi, her iki tarafı da şaşırtan ve keyiflendiren, zarif ve güzel bir şeyler kendini göstermeye başlayana kadar dikkatle yontuyoruz.

Antoine'ın da içinde olduğu bir rüya gördüm. Rüyamda, kumsalda bir taş buluyorum; okyanusun aşındırıp pürüzsüzleştirdiği bir taş. Üzerine "Güvendesin" yazıp, cebinde taşısın diye taşı Antoine'a veriyorum.

Seansımızda, ona rüyamı anlattım ve güvende olma duygusuna tutunmaya ne kadar ihtiyacı olduğu üzerine konuştuk. Çiftlerin birbirlerine yakınlaşmasıyla aynı çizgide yol alan rahatsızlık hissine katlanmayı öğrenmezse bir kadınla ilişki kuramayabilirdi. Ona ihanet ettiğimi düşündüğünde yaptığı gibi, ne zaman kendini benden uzaklaştırmaya çalışsa ona, yakınlaşmadan kaynaklanan rahatsız olma durumuna katlanmaya alışması gerektiğini, bunun gelişimi için önemli olduğunu söyledim.

Antoine ile ayrıca kadınlar üzerine sohbet ettik. Onların ya ideal, şiirsel bir figür ya da ruhunu mahvetmek isteyen şeytani baştan çıkarıcılar olduklarına inanıyordu. "Bunların hepsi fantezi" dedim. "Kadınları gerçekte oldukları gibi görmeye alışmalısın."

"Bu düşünceyi nasıl aşabilirim?" diye sordu. "Bana bir malzeme ver. Ne yapmalıyım? Bu konuda sadece konuşup durmaktan sıkıldım artık."

"Gözlerini kapat" dedim. "Kendini bir çocuk olarak hayal etmeni istiyorum. Sadece geçmişine git ve o yalnız, sinirli çocuğa, kendine bir bak. Bir süreliğine, tekrar aynı duyguları hissetmeyi dene." Antoine geçmişe ait görüntülere ulaşmaya çalışırken sustum. "O küçük çocuk hâlâ senin bir parçan, Antoine. Senden şimdi onunla konuşmanı istiyorum, şu anki aklı başında, olgun adam olarak... Şunu sessizce kendi kendine tekrar et: 'Senin için buradayım. Ben senin güvenli alanınım. Seni koruyup kollayacağım. Her zaman buradayım. Seni seveceğim. İhtiyacın olan her şeye sahip olacaksın... Sakinleşebilirsin, sorun yok.' "

Sonra sessizce oturduk. Antoine gözlerini açmadı. Ona sarılabilmeyi isterdim. Lanet olası psikoloji ilkeleri ve etik kuralları!.. Bazen bana fazlasıyla insanlık dışı geliyorlar.

~

Gruba bir soru yönelttim. "Kadınlardan ne istiyorsunuz?" Her birini, ayrı ayrı, özlerinde yatan duygusal gereksinimleri nasıl tanımlayacakları konusunda eğitmekteydim; bu yüzden bu soruyu, yeni açılardan bakarak yanıtlamayı öğreniyorlardı.

"Beni rahat hissettirmelerini istiyorum" dedi John. "Kendimi iyi hissetmemi sağlamalarını istiyorum."

"Beni heyecanlandırmalarını istiyorum çünkü can sıkıntısına katlanamıyorum" dedi Andrew.

"Ben kadınlardan her şeyi istiyorum" dedi Buddy. "Statü istiyorum. Onları sömürmek istiyorum. Güçlü hissetmek istiyorum. Şefkat istiyorum. Ve bunları almadığımda sinirleniyorum. Derhal başka bir kadına yöneliyorum."

"İçimde bir boşluk var" diye sonlandırdı Buddy. "Katlanamıyorum."

"O boşluğu kadınlardan bir şey talep etmeden nasıl doldurabilirsiniz?" diye sordum.

"Bilmiyorum" dedi Will.

"Belki yaşamlarımızı ilginç hale getirerek?" dedi John.

"Kendimizi severek de olabilir, sanırım" dedi Antoine. "Maneviyat bende işe yarıyor. Yaratıcının sevgisini hissediyorum."

"Evet, değerbilirlik. Kendimizi takdir ederek..." dedi John.

"Başkalarına sevgi göstermeye ne dersiniz?" diye sordum.

"Bu grup gibi, birbirimizden destek alarak ve birbirimize destek vererek; işte böyle" dedi Antoine. "Yargılamayı bir kenara bırakarak, rekabeti unutarak, Baylar. Bunun yerine insanları olduğu severek. Şefkatle."

Bu arada, Antoine'ın en çok ihtiyacı olan şeyi öğrenmeye başladığını biliyordum: kendini frenlemeyi.

~

Bizim yavaş yavaş alınan derslerden konuştuğumuz sırada Rami ziyaret için New York'a gelmişti; romantik bir akşam yemeğine çıktık. Ama kafamdaki "romantik yemek" hayali, eski huylarının yeniden kendini gösterdiğini, bizimle ilgilenen garson kıza kur yapmaya başladığını fark ettiğimde çabucak dağıldı.

Yeterince tahammül etmiştim. İlişkiyi bitirdim ve Rami Fas'a gitti. İlişkiyi sonlandıran kişi ben olsam da çok zor gelmişti. Ayrılığın acısını atlatmaya çalışırken haftalar geçti; işe gidip geldim, yatak adını verdiğim yastık yığınının üzerine uzanıp, öylece donup kalmayı istedim. Bazen Sarah McLachlan'dan kederli bir şarkı çalıp, yalnız başıma, tekrar tekrar bağırarak şarkıyı söyledim. Ev arkadaşlarım hiç şikâyetçi değildi; fakat bir akşamüzeri, yüzüncü kez aynı şarkıyı söylemeye başladığımda, ellerinde tarak mikrofonları, şarkıyı söylüyor gibi dudaklarını kıpırdatarak odama daldılar. Kahkahalar atıp yerde yuvarlanarak kendilerine acı çekiyormuş süsü verdiler. Beni gülümsetmişlerdi ama bir partiye katılmak üzere evden ayrılırken yanlarında götürememişlerdi.

Bir akşam ev arkadaşım Doreen, yeni bir arkadaşını getirdi ve dışarı çıkmak için hazırlanırlarken beraber odama girdiler. Doreen kıyafetlerimi arkadaşına önermeye başlamıştı. Ayağa fırladım ve başımın bir tarafına kümelenmiş, keçe gibi saçımla korkunç bir halde bağırmaya başladım: "Çıkın odamdan! Defolup gidin odamdan!"

Zavallı misafir kız o kadar korkmuştu ki evi terk etti. Doreen, "Brandy, tamam artık. Duş al, üstünü değiştir. Dışarı çıkıyoruz" dedi.

Kısa süre sonra odamdan asker yeşili kolsuz bluzum ve pembe balerin eteğim içinde çıktım.

"*Böyle* mi çıkacaksın?" dedi Doreen.

Başımı salladım.

"Emin misin?" diye sordu kibarca.

"Evet." Çatlak görünmek istiyordum. Hissettiğim gibi.

Doreen'in arkadaşları Soho'da bir bara gitmek istedi; ben West Village'teki bir otel barına gitme konusunda ısrarcı davrandım. O gece Khalid'le tanıştım; uzun, esmer ve yakışıklı bir Mısırlı. Onunla yakınlaştım. Gemiden yeni inen göçmenlerdendi; Amerika'ya bir hafta önce gelmişti. Ağabeyine ait pizzacıda çalışıyordu. Yirmi beş yaşındaydı. İngilizce konuşmuyordu. Böylece hızla "sözsüz" bir ilişkiye adım attık.

Benim ruh halimi göz ardı edip, Rami'ye tapan arkadaşlarım önceleri bu ilişkiyi kabullenemedi. Doreen'in "Adı neydi?" diye sorduğunu hatırlıyorum.

"Khalid."

"Ne?"

"Khalid."

"Anlıyorum. Ben ona Pizzacı Çocuk diyeceğim."

Khalid'i New York'un her yerine götürdüm. Tutku dolu, yoğun duygular yaşıyorduk. Yüzüme renk gelmişti ve sürekli gülümsüyordum. Onu gerçekten tanıyor muydum? Öyle olduğunu sanıyordum. Bakışlarımızla ve dokunuşlarımızla iletişim kurabildiğimize inanıyordum.

Elbette, Khalid'le olan beraberliğim uzun sürmedi ve birkaç ay sonra evin kapısını açıp da karşımda Rami'yi gördüğümde çok mutlu oldum.

Casey

Casey başlarda kuşkuluydu. Randevu almak için aradığında, "Seks terapisi tam olarak ne demek? *Seks* yapılıyor mu?" diye sormuştu. Bu adam dalga mı geçiyor benimle, diye düşünmüştüm. Ama gerçekten de benim bir çeşit "seks hizmeti" sunmadığımdan emin olmak istiyordu ve akademik eğitimim hakkında her şeyi sordu. İlk seans için geldiğinde, fazlasıyla içine kapanık biri olduğunu anladım. Divana hantalca oturup, isteksizce, neden yardım istediğini anlatmaya koyuldu. "Sevgilimle sevişmektense porno izlemeyi tercih ediyorum" dedi. "Sorunum ne?" Casey'nin utangaç ifadesi bir çıkış yolu keşfedip, içinde bulunduğu tatsız durumdan kurtulması için kendisine yardımcı olmam konusunda adeta yalvarıyordu.

Başlangıç niteliğinde birkaç soru sordum ve tüm yeni hastalarıma olduğu gibi ona da terapinin hedeflerini açıkladım. Casey'nin ses tonumu değerlendirdiğini, iyi bir dinleyici olup olmadığıma, yanımda rahat ve güvende olup olmayacağına karar vermeye çalıştığını anladım. Onu pornoya olan ilgisini biraz daha ayrıntılı anlatmaya teşvik ettiğimde bile sevgilisi hakkında konuşmaya devam etti.

"Amy'ye deli gibi âşığım" dedi. "Burada bulunmamın nedeni kesinlikle, ilişkimden şikâyetçi olmam değil." Casey onu asil bir duruşu olan, Yukarı Doğu Yakası ileri gelenlerinden bir hanımefendi olarak anlattı. Masum bir yaz aşkına kapılmıştı; geceleri Greenwich Village civarlarında dolaşıp flört ediyor, kahkahalar atıyorlardı. "Beraber olduğumuz zamanlarda hiçbir şeyi kafama takmıyordum."

Ama âşık olduktan sadece birkaç hafta sonra, Casey boş zamanının çoğunu tek başına bilgisayarın karşısına oturup, porno filmler izleyerek geçirmeye başlamıştı; aslında, Amy'den söz etmeyi bıraktığında itiraf ettiği gibi, filmlerdeki kadınlar kendisine hiç de çekici gelmiyordu. Casey özellikle pejmürde kadınlardan hoşlanıyordu: saçı karmakarışık, makyajı dağılmış, ter ve meniye bulanmış kadınlardan. Kusursuz bir porselen bebeğe benzettiği Amy'den oldukça farklı kadınlardan.

"Büyük olasılıkla, mide bulandırıcı ve tuhaf olduğumu düşünüyorsundur" dedi. "Ama ben böyle tahrik oluyorum." Ekranda gördüğü şeylerin herhangi birini sevgilisi üzerinde uygulamayı hayal bile edemediğini de hemen ardından ekledi. Sonuç olarak Casey, Amy ile sevişme konusunda hevesini yitirmişti. "Ancak ben sevişme konusunda istekli olursam sevişmek istiyor" dedi. "Ama bu çok sıkıcı ve sıradan."

Benim istemsiz ve belki de kaba düşüncelerimse Casey'nin *kendisinin sıradan göründüğü* yönündeydi: otuzlu yaşlarının ortalarında, mavi gömlek ve gri kumaş pantolon giyen, gösterişsiz Orta Amerikalı beyazlardandı. Onu sıra dışı düşüncelere sahip biri olarak kafamda canlandıramıyordum. Tuhaftır ki bu durum, Casey'yi benim için daha ilginç hale getirmişti; her sabah işe giderken caddede yanlarından geçtiğim bu tip adamların fantezilerini duyma fırsatı yakalamıştım.

Casey'nin zevkleri kendisini ciddi anlamda rahatsız ediyordu. Örnek bir durum anlatmasını istediğimde, "Yukarı, çalışma odama çıkıp, bilgisayarımdaki görüntülere bakarak mastürbasyon yapıyorum" dedi. "Üstelik Amy, âşık olduğum *kadın canlı canlı* aşağıda beni beklerken. Saygısız, sapık herifin tekiyim."

Casey bana kendinden biraz daha bahsedince, kendini sürekli eleştirmesinin altında yatan nedenleri anlamaya başladım. Ivy League mezunu, entelektüel biri olan Casey, feminist bir anne tarafından yetiştirilmişti. Ataerkil toplumsal cinsiyet rollerinden uzak duran, evrim geçirmiş bir erkek olarak kendisiyle gurur duyuyordu. Toplumsal eşitliğe değer veriyor ve "kadınların nesneleştirilmesi"nden rahatsızlık duyuyordu. Ahlaki mükemmeliyetçiliğe yakın bir dürüstlüğe sahipti; dolayısıyla neredeyse eksiksiz kibarlığı, siyasi anlamda eşitlikçi benliğiyle çelişen, söz konusu cinsel meraklara sahip olmaktan rahatsızlık duyuyordu.

Casey'nin kendinden iğrendiği ortadaydı ve benden duymaktan korkabileceği önyargılar ne olursa olsun, kendi olumsuz özdeğerlendirmesinin yanından bile geçemezdi. Bununla beraber, onu yargılama eğiliminde olmadığımı fark ettim; aslında genel anlamda, hastalarımdan duyduğum hikâyelere verdiğim korkunç tepkiler de azalıyordu. Tüm cinsel tutum ve davranışların, ne kadar işlevsiz olursa olsun, özünde belli nedenler olduğuna ve derhal teşhis konulmasındansa araştırmalar yapılarak bu nedenlere ulaşılabileceğine inanmaya başlamıştım.

"Gerçekten kendini fazla yıpratıyorsun" diyerek gözlemimi dile getirdim. "Hadi bunu farklı bir açıdan düşünelim. Porno izlemenin temelinde belki de iyi bir neden yatmaktadır."

"Ne? Bu nasıl *iyi* olabilir, bilemiyorum."

"Pekâlâ, sen sanırım cinselliği bölümlere ayırmışsın. Amy ile sevgi dolu ve duygusalsın ama erotik tarafın bastırılmış. Belki de erotik tarafın kendini ifade etme konusunda isyan ediyor. Ruhunun bir kısmı hayatta kalmak için savaşıyor."

"Ama neden bu aptalca şeyleri izliyorum. Benim erotik doğam *bu* mu?"

Casey güzel bir soru sormuştu ve ben yanıtı bilmiyordum. Birinin erotik doğasının ne olduğunu kestirmek benim için zordu; çünkü porno görüntülerin etkisiyle durum fazlasıyla karmaşık hale gelebiliyordu. İnternet pornoları aynı anda pek çok yere ulaşıyor diye, erkekler bunları izliyor ve seviyorsa o zaman yapmak istedikleri de bunlardır diye düşünerek yanılabiliriz. Dikkatli olmalıyız.

Porno, erkekler hakkında kesin gerçekler ortaya koymaz.

İnternet pornosu, gerçek hayatta elde edilemeyecek anlık hazlar sağlamak adına sonsuz farklı konuda, tuhaf ve sert görüntüler sunabilir. Çoğu insanın bedeni bu görüntülere tepki verir ve hepsinin insan beyninde güçlü etkileri vardır; her orgazm güçlü bir nörokimyasal karışım ile ödüllendirilir. Ereksiyon, biyolojik olarak koşullu bir tepkidir; birinin bakarak mastürbasyon yaptığı herhangi bir görüntüyle bağlantı kurabilir. Casey de ereksiyonlarını sanal âlemin hırpani kadınlarıyla koşullandırmıştı.

Ama bunların hiçbiri, Casey'ye erotik doğasıyla ilgili herhangi bir bilgi vermiyordu.

Casey'ye, internetteki pornoların yanlış erotizm olduğunu açıkladım. Hepsi birer ticari girişim ürünüydü. Bir internet sayfasının gündemi, cinsel senaryolar yaratarak, gelir elde etmek için yarışmaktır. İzleyicinin psikolojisiyle oynamak için tasarlanmış, çeşitli cinsel davranışları kullanıyor ama çok az duygusal içerik ekliyorlar. En yaygın içerik, güç ve öfke gösterileridir. Bu işin içinde olan insanlarla konuştum; bizim genel sadistik ve mazoşistik dürtülerimizi kasıtlı olarak çarpıtıyorlar. Erkek izleyiciler karmaşık varlıklar olsa da ve cinsellikleri genellikle bu iki tahrik unsuruyla sınırlı olmasa da bu iki sabit tema en temel dürtülerine hitap ediyor. Porno tacirleri, bu temel duygusal çatışmaların abartılı görüntülerini sunarak kârı artırmak istiyor; çünkü diğerlerine göre, bu içerikteki görüntülerin izleyeni tahrik etmesi daha olası. Görünüşe bakılırsa bu pornocular bol bol Freud okuyor.

~

Pornografi yanlılarının, pornografiyi, yetişkinleri eğlendirmek ve onları esinlendirmek için satılan zararsız fanteziler olarak savunduğunu biliyorum; ama porno bazı hastalarımı, kendilerine ve beraber uyudukları insana yabancılaşma yönünde etkiliyor. Kız arkadaşlarım, pornoya düşkün erkeklerle dalga geçerdi. Beraber olduğumuz erkeklerin, yataktaki tutumlarını nerelerden edindiğini genellikle hemen anlayabiliyorduk. Görüştüğümüz erkek birlikte olma konusunda gerçek bir ilgi göstermiyor da fantezi senaryoları canlandırma eğilimi gösteriyorsa "Porno çocuğuyla takıldım" diyorduk. Bunlar bizden biriyle birinci ya da ikinci sevişmesinde liseli kız fantezisi yaşamak isteyen erkeklerdi. Ben erkeğimin internetle değil de *Playboy* dergisiyle büyümüş olmasından memnundum. İkisi arasında çok fark vardı.

Başka bir arkadaşım, genç bir tıp asistanıyla birkaç gün görüşmüş ve sonunda bir gece beraber olmuşlardı. Başlarda çok hoş ve şehvetli bir deneyim yaşadıklarını ve beğenilerinin karşılıklı olduğunu sandığını söyledi; ama ardından, "Ta ki adam durduk yere, 'Bana seksi bir orospu olduğunu söyle!' diyene kadar" diye ekledi.

"O kadar ürkmüştüm ki donakaldım" dedi. Ortama bomba gibi düşen laflar, o anla ve karşısındaki adama beslemeye başladığı duygularla son derece alakasız ve rastgeleydi. Adam onu aramaya devam etse de arkadaşım onunla bir daha asla görüşmemişti.

Seksin anlamı konusunda erkekler ile kadınlar arasındaki bu uyuşmazlığın nedenini merak ettim. Yakınlık hissine dair bir davranış mıydı, bir oyun muydu yoksa her ikisi birden miydi? Pornonun yaygın olduğu gerçeğini dikkate alarak, elbette bunun üzerine düşünmemeyi tercih ettim. Seks davranışlarının benim için ne anlama geldiğine dair kendi gerçekliğimde, kendi kurgumda yaşamak istemiştim. Karşımdaki kişinin farklı fikirleri olabileceğini düşünmemiştim. Bir çeşit "benden uzak olsun" zihniyetindeydim. En azından, ben onu yatak odasında beklerken Rami'nin porno izlemediğini biliyordum. Ama ben yanında değilken izleyip izlemediğini merak etmiştim. En nihayetinde, uzak mesafeli bir ilişki sürdürüyorduk.

Fevri kişiliğim hemen devreye girdi ve Rami'yi aramaya karar verdim. "Rami, benimle beraber değilken porno izliyor musun?" diye sordum.

Rami hiç duraksamadan "Evet" dedi.

Olamaz! Aniden, mantıksız düşünceler seline kapıldım. İhanet! Nasıl olur da benden habersiz bir dünya kurabilirdi! Aklından geçen düşünceleri ve arzuları nasıl olur da bana anlatmazdı! Gerçeklik algım bir anlığına dağıldı, sonra her şeyi bir araya getirdim.

"Ne tarz pornolar?" diye sordum; tamamen sakin ve etkilenmemiş görünmeye çalışıyordum.

"Haftada bir iki kere *Showtime*'ı açıyorum ve bir porno film izliyorum."

Cinsel birleşme içermeyenler sorun değildi. "Peki internetten izliyor musun?"

"Bilgisayarda izlemiyorum. Nasıl izleneceğini bilmiyorum ki."

"İzlerken mastürbasyon yapıyor musun?"

"Bazen" dedi, sıradan bir şey söyler gibi.

Florida'da, onun yanında olduğum bir sonraki hafta sonunda bir an için paranoyaya kapıldım. Rami'nin yatak odasına girdim ve gizlice etrafı karıştırmaya başladım. Bir çekmecede, evde kaydedilmiş gibi görünen bir CD yığını buldum; etiketlerinde yarı çıplak kadınlar vardı. Çılgına dönmüştüm. Onunla yüzleşmek için, elimde CD'ler, Rami'nin karşısına dikildim. Önündeki masaya elimdekileri savurduğumda, "Onları bana Yousif verdi" diye açıklama yaptı. Yousif, Rami'nin evli arkadaşlarından biriydi. Her zaman onun bayağı biri olduğunu düşünmüştüm ve beni öfkeden kudurtabiliyordu. "Yousif sapığın teki" dedi Rami. "Ofisinde sabahtan akşama kadar porno izliyor. İzlediklerinin kopyasını çıkarmış, bana da verdi. Yemin ederim ki onları hiç izlemedim."

"O halde neden çöpe atmadın?"

Rami cevap vermedi ama hemen CD'leri toplayıp attı.

Rami'nin CD'leri saklama sebeplerine dair mütemadiyen çözümleme yapabilirdim; ama daha fazla gerilmemek için kabullenmeye karar verdim. Gördüğü şeyden zevk aldığı için yetersiz olduğumu düşünme tuzağına düşmemem gerektiğini sürekli kendime hatırlattım.

Yirmi dört yaşındaki hastamı düşündüm; görüşmek istemişti çünkü Casey gibi o da, çok fazla porno izlemesinin sevgilisine duyduğu ilgiyi azalttığından yakınıyordu. Kız arkadaşına çok âşık olduğunu ama yine de cinsel olarak sadece internette gördüklerini düşünebildiğini söyledi. Kendini "kirlenmiş" hissettiğini ve onu "daha iyi bir konumda" karşılamak istediğini söyledi. Bu onun kadar genç biri için oldukça olgun bir ifadeydi. Porno izlemeye başlamadan önceki seks yaşamını anlatmasını istediğimde, "Hayatımda, internet pornosunun yer almadığı bir dönem *olmadı*" dedi.

Vav! Her yerde her zaman varolan internet kim bilir arzularını nasıl şekillendirmişti. Bu iki şey içinden çıkılmaz bir şekilde birbiriyle bağlantılı hale gelmişti ve bu genç adam, cinselliğini frenlememek, cinselliği hakkında daha bilinçli olmak istiyordu. Bu gencin ve Casey'nin, arzularını bu zamana kadar öğrendiklerinden kurtarıp özgürleştirmeleri mümkün müydü; yoksa sadece, onları tahrik eden şeyleri kabullenip, bunu eşleriyle paylaşmaları mı gerekiyordu?

Casey'ye, porno seven yönünü daha önce Amy'yle paylaşıp paylaşmadığını sordum.

"Bundan hoşlanmayacağını rahatlıkla söyleyebilirim."

"Yani denedin mi?"

"O duygusal biri; daha çok sevişmekten hoşlanıyor."

"O zaman denemedin."

Casey soruyu geçiştirmek istiyordu. "Biraz denedim. Birkaç şey teklif ettim" dedi. "Ama bak, ona gerçekten saygı duyuyorum ve ona hayranım. İnternette gördüğüm şeylerin herhangi birini Amy'yle yaparken kendimi rahat hissedeceğimi sanmıyorum. İzlediğim o aptalca şeylerden haberdar olmasını istemiyorum, tamam mı? Onunla yapmayacağım bazı şeyler var. Ben ona çok saygı duyuyorum."

"Elbette, izlediğin onca şeyin *pek çoğunu* onunla yaşamak istemiyorsun; ama önemli olan, baktığın şeylerin içeriği değil, daha çok o erotizmin sizin ilişkinizde eksik olması. İlişkinizdeki kopukluğun bir nedeni de erotik yönünü onunla paylaşmaman."

"Anlamıyor musun? Amy'yi seviyorum ve onunla sevişecek olma fikrinin beni tahrik etmesini istiyorum" dedi. "Ama dürüst olmam gerekirse bundan çok sıkıldım."

"Sevişmenin sıkıcı olduğunu düşünüyorsun ama benden sevişerek tahrik olma konusunda yardım istiyorsun, öyle mi? Bence sıkıldın çünkü yeteri kadar erotik davranamıyorsun."

"Onun kendini rahatsız hissetmesine neden olmak istemiyorum."

"Bu neden rahatsızlık verici bir şey olsun ki?"

Casey, "Bu konuşma nereye gidiyor?" dercesine keskin bir bakış fırlattı. Birbirimizi yanlış anlamaya başlamıştık.

Casey'nin, Amy'nin vereceği tepkiden korkmasının sorunun bir parçası olduğunu fark etmesi için uğraşıyordum. Amy'nin ne düşüneceği konusuna kafayı o kadar takmıştı ki erotik arzuları bastırılmış, sonra da pornografiyle başka bir şekilde kendini gösteren aynı arzular yüceltilmişti.

Casey utancından kurtulamazsa cinselliğinin birbirinden farklı bu iki parçasını bir araya getirmesini asla sağlayamazdım. Kendini yargılamayı bırakmasını istiyordum; ancak bu şekilde gerçek bir araştırma yapabilecektik. Bu yüzden Casey'den bir süre "aptalca şeyler" fikri üzerine düşünmesini istedim. Gerçekten ne anlama geliyordu? "Pek çok cinsel fantezi dinledim ve şunu öğrendim ki insanları tahrik eden şeyler genellikle başkalarını rencide edici niteliktedir" diye açıkladım. "Tuhaf, iğrenç ve sömürüye yöneliktirler; çoğunlukla bizi şaşırtır ve aklımızı karıştırırlar. Seni *en çok* düşündürense erotik arzularının gerçekten seni yansıtıp yansıtmadığı; öyle olmadığını umuyorsun ve öyle olmasından endişeleniyorsun."

Casey'nin, cinsel anlamda daha bilinçli olmak için, öncelikle her türlü cinsel görüntüye tepki vermenin insanın doğasında var olduğunu kabul etmesi gerekiyor. Yani ereksiyon oluyordu ve bunda korkacak bir şey yoktu.

Casey pornonun içeriğine aklını takmıştı ama mevcut sorun onun içeriği değil, Casey'nin pornoyla olan ilişkisiydi. Porno çeşitli psikolojik işlevler görebilir. Gerçek bir cinsel birliktelik yerine pornoyu tercih edenler yakınlık kaygısını etkili bir şekilde aşabiliyorlar. Porno kendilerini daha güvende hissetmelerini sağlıyor. Reddedilme söz konusu değil. İstediğin herhangi bir kadınla sevişebilirsin. Her zaman istediklerini yapmaya hazır. Ortada duygusal bir bağ yok, yargılama yok ve bir şeyler yapma konusunda baskı yok. Daha da önemlisi, seninle olmaktan daima heyecan duyuyor.

Casey sorununun pornoya olan düşkünlüğünden kaynaklandığını düşünmüştü ama mesele daha derindi. Casey, erotik bir insan olduğu gerçeğini kabullenmeliydi. Sadece, bunun ne anlama geldiğini bulmalıydık. Aksi halde, duygularını bastırma ve rol yapma döngüsünden asla çıkamayacaktı. Bu noktada, konuyu Amy ile paylaşması için onu zorlayamazdım; sadece, aralarındaki iletişim eksikliğinin cinsel kimliğini zedeleyen şeylerden biri olduğunu görmesini istiyordum. Casey'nin hâlâ kendi üzerine düşen pek çok sorumluluğu vardı. Yüzeysel kültürel koşullanmanın ve onun psikolojisinin ötesine geçmek, böylelikle cinsel anlamda nasıl biri olduğuna dair özüne ulaşmak istiyordum. Kendi yaratıcılığını kullanabilecek mi görmek istiyordum ve bu, en kolay şekilde elde edilebilecek şeylere pasif olarak tepki vermeyi değil de birtakım bilinçli araştırmaları içerecekti.

Cinsel gelişimini araştırmaya karar verdik. Casey'nin, ikisi de Woodstock kuşağı hippilerinden olan ebeveyni, onunla cinsellik hakkında konuşmuş, kadınlara saygı gösterilmesi ve cinsel davranışların kutsal olarak algılanması gerektiğini vurgulamıştı. "Buna katılıyordum" dedi. "Hâlâ bu ideale ulaşılmasını istiyorum. Ama gençken çok fazla seks hayatım olmadı; bu yüzden arkadaşlarımdan aldığım yasadışı filmler, bunun üzerine gelen en iyi şeydi. Uzun zamandır porno izliyorum ve dürüst olmak gerekirse, onların normal eril davranışlar olduklarını düşünüyordum" dedi.

"Yani erotik bir rahatlama için doğrudan pornoya yöneldin. Bu kendin hakkında sana neler öğretti?"

Casey güldü. "Annemin yapmamamı söylediği şeyleri yaparak tahrik olduğumu?"

Elbette, birinin ideallerine zıt olan yıkıcı davranışlar doğal olarak seksi olabilirdi. Ama Casey'nin o "pejmürde" görüntüden hoşlanması nereden kaynaklanıyordu? Kesinlikle annesinden ya da sevgilisinden değil.

"Ciddiyim Casey, kendine dair neler keşfettin?"

"Eğer ne fark ettiğime dair... gerçekten düşünmek gerekirse... hmm... Sanırım saldırganlıktan, hükmetmekten ve dahil olma hissinin eksikliğinden tahrik oluyorum. Kabul etmek çok zor" diye devam etti Casey, "çünkü inanmak istediğim her şeye zıt bir yönde ilerliyor."

Casey'nin aklı karışmıştı. "Ama benim ailemle aramda herhangi bir tuhaf güç meselesi yaşanmadı, yemin ederim. Hayatım boyunca hiç güçsüz hissetmedim kendimi. Amy konusunda güvensiz hissetmiyorum. İlişkimizden keyif alıyorum."

İşin doğrusu, erkeklerin kadınları zayıf pozisyonda görmekten içten içe haz aldıklarını duymak benim için rahatsız edici bir durumdu. Belki de derin bir inceleme yapmaya gerek yoktu. Belki de durum basitçe açıklanabilirdi: Güç insanlara kendini iyi hissettiriyordu. Ve porno Casey'ye ve tüm erkeklere hükmetme ve bunun tadını çıkarma fırsatı sağlıyordu. "Büyük olasılıkla, bir kadına zarar verme pahasına da olsa" dedim.

" 'Bir kadına zarar verme pahasına.' Vay, bu şekilde dile getirildiğinde kulağa çok bencilce geliyor" dedi Casey. "Ama erkekler bir kadını kontrol altında tutmaktan fazlaca güç ve güven elde ediyor. Bu bir konum meselesi."

Bu bence insanın kendini iyi hissetmesi adına ucuz bir yoldu. Semtteki erkeklerin paylaştığı bir "kale"de rastgele, çıplak kız resimlerinin bulunduğu bir dergi zulası bulduğumdan beri, erkeklerin neye baktıklarını ve neden bunları birbirleriyle paylaştıklarını hep merak etmişimdir. Bunun, erkeklik hakkında nesilden nesile aktarılan mesajlar içeren bir çeşit hikâye anlatım tarzı olduğunu düşünüyordum. Öyleyse, hâkimiyet hakkındaki kültürel kinayeyi sadece bir adam için de olsa altüst edebilirdim. Kendisiyle barışık olma konusundaki çaresizliğinde, Casey yeterince açıktı ve konunun incelenmesini istemesinden memnuniyet duyuyordum. Porno söz konusu olunca, erkekler genellikle fazlasıyla savunmacı bir tavır takınıp zararlı etkilerini küçümsüyorlardı. Sanki kutsal ineği; kadınların tehdit unsuru olmayan erkek normalliği olarak kabul etmeleri ve asla sorgulamamaları gereken doğruları, dürtüyormuş gibiydim. "Erkekler birbirlerine, neyin seksi olduğuna dair düşüncelerini biçimlendirecek mesajlar veriyor" dedim. "Ama *gerçekte sen* bunun neresindesin?"

"Bunun üzerine hiç düşünmedim. Kendi başıma nasıl bulacağım?"

"İnternet pornosu yerine başka erotizm kaynaklarını göz önünde bulundurarak başlamaya ne dersin?"

"Ne gibi?"

"Erotik edebiyat, erotik şiir, Tantra, kendi hayal gücün?"

"Belki *buna* Amy'yi bile ikna edebilirim" dedi. "Daha çok, sevişme gibi görünebilir..."

İşte yine başa dönmüştük. Casey'nin istediği, Amy ile erotik bulduğu davranışlar içeren bir cinsel ilişki yaşamaktı. Güzel. Erotizm kötü değil. Sorun, Casey'nin aşkla erotizmi birbirinden ayrı tutmasıydı.

Casey'ye ilişkin bu çözümlemelerin bizi nereye götüreceğini kestiremiyordum. Aklımda ona ilişkin gerçek bir plan yoktu henüz. Sadece, Amy ve Casey'nin beraber erotizm yaşayabileceği bir yol; kimliğiyle, idealleriyle ve Amy'ye olan aşkıyla bütünleştirebileceği bir şey olması gerektiğine inanıyordum. Amy adına konuşamazdım çünkü elimde sadece Casey'nin bakış açısı vardı; ama Casey'nin Amy tarafından kısıtlandığı ortadaydı. Onun varlığında, kendini keşfetmesi için gereken duygusal güvenliği hissetmiyordu. Pornonun onu etkileme konusunda başarılı olması ve geçici olarak keyiflendirmesi, ne istediği konusunda Casey'nin aklını karıştırıyordu. Bu döngüye bir son verip, bölünmüş kimliğini bir köprüyle birleştirebilmeyi umuyordum.

~

Erotik seksi oluşturan şeyler konusunda kendime ait düşüncelerim vardı ve bunları Casey'ye kabul ettirme noktasında anlayışlı ve dikkatli olmam gerekiyordu. İnsanların sevişmeyi ve birbirlerinin bedenlerini kutsaması fikri hoşuma gidiyordu. Fakat penisi ve meniyi bir silah gibi insanlara zarar vermek için kullanan en yaygın porno temasından rahatsızlık duyuyordum; nihayetinde penisin ve meninin asıl işlevi varlığı oluşturmak.

Ben genel anlamda "erotik" kavramını dünyevi, hayvani, bedensel ve zevk odaklı deneyim olarak tanımlıyorum. Kapsamlı, bedensel, temel bir duygusallık olarak. Aslında Casey'nin düşündüğü gibi tamamıyla aşktan bağımsız değil; *fakat* Amy'nin daha çok bağlı olduğunu sandığı, aşkın zarafetinden ve tozpembe dünyasından da ayrı.

Erotik doğamız üzerine düşündüğümüzde, içinde bulunduğumuz kültürün etkisini dikkate almak önemli. Sadece çağdaş alışkanlıklara bakmak ve genellemeler yapmak fazla indirgemeci bir yaklaşım. Cinsel ifadeye dair tarihi ve kültürler arası eğilimler üzerine yaptığım çalışmalarda, bunun geniş bir yelpaze olduğunu keşfettim. Bir zamanlar, güç oyunlarının evrensel bir uyarıcı olduğunu düşünürdüm; fakat daha sonra hem erkekler *hem de* kadınlar için seksi oldukça olumlu kılan Taoizm, Tantra ve dinler öncesi Avrupa kültürü gibi gözde gelenekler olduğunu keşfettim (sonra durum bu kültürlerin hepsinde de değişti). Ama şunu belirtmekte fayda var ki, insanlık tarihinde önemli bir dönem boyunca, insanlar tahrik olmak için hâkimiyet kurmaya ihtiyaç duymamıştır. Eski Çin'de, Taoist düşüncenin yaygın olduğu dönemlerde, sadomazoşist eğilimli davranışlarda bulunulduğuna dair neredeyse hiç kanıt yok. Ayrıca dişi ve eril cinsel anatomiden söz ederken şu an olduğu gibi aşağılayıcı ifadeler kullanılmıyor. "Yarak" ya da "am" yerine o zamanlarda "yeşim sap" ve "yeşim vazo" gibi sözcükler kullanılırmış. Kadınlar fazlasıyla seksi olarak algılanır ve orgazmlarının her iki cinsiyete de sağlık ve zindelik kazandırdığına inanılırmış; bu yüzden erkekler genellikle, kadınları nasıl tatmin edeceklerine dair eğitilirmiş.

Eskiçağ sanatı bile bu fikirleri yansıtır. Bu konudaki bir kitaba bakarken, tarihöncesi Avrupa sanatındaki kadın imgeleri ile günümüzün pornolarını kıyasladım. Eski çalışmalarda, müstehcenlikle ilgili hiçbir önerme, hatta kavramın kendisi bile yoktu. Bedenin ve göğüslerin çıplak görüntüleri doğurganlık simgesiydi. Seks, yaşamı yücelten bir şeydi sadece. Sekse yüklenen anlamlar yaratma, bereket, kudret ve yaşam enerjisiyle ilintiliydi.

Bu bakış açılarını sevmiştim. Aslına bakılırsa onları erotik bulmuştum; paganların toprağı bereketli kılacağını umarak tarlalarda sevişmesi seksi bir inançtı. Ayrıca tarih boyunca, kadınlar erkeklerden daha fazla sekse düşkün olarak algılanmış. Bu kültürel çevrenin, kadınların cinsellik içgüdüsünü nasıl etkilediğini hayal etmek hoşuma gidiyor. Aslında, kadınların cinselliğe erkeklerden daha az düşkün olduğu düşüncesi sadece birkaç yüzyıllık bir geçmişe dayanıyor. Avrupa tarihinde, feodalizm çöküp kapitalizm ortaya çıkana kadar, kadınlar fazlasıyla seksüel nitelendiriliyor. Kısa süre sonra, cinsel olarak saldırgan kadınlar cadı olarak tanımlanıp yakılmaya başlanıyor ve o zamandan itibaren Batı'daki kadınlar edilgen olmaları ve erkeklerinin arzularını yansıtmaları yönünde yetiştiriliyor.

Kısacası, kültürel bağlamın erkeklerin cinsel davranışlarını anlama açısından önemli olduğu çünkü bazı parçalarının sosyal çevrede varolan durumları ifade ettiği düşüncesine varmıştım. Günümüzdeyse, ruhlarımıza üstünlük, rekabet ve güç duygusu sağlam bir şekilde aşılanmış durumda.

~

Casey sonraki seansına geldiğinde, bir şeyler olduğunu rahatlıkla anlayabilmiştim. Daha ofisten içeri girmeden konuşmaya başlamıştı; tanıdığım kontrollü, mantıklı ve sürekli özeleştiri yapan adamdan göze çarpan bir biçimde farklı bir tavır sergiliyordu. Bir tıpa açılmıştı sanki; Casey üzerindeki "döndür" talimatına uymuş ve özgür kalmaya karar vermişti; bilincinin ölü derisinden kurtulup hayat dolu ve coşkulu ruhunu ortaya çıkarmıştı.

Keyif içinde "Anladım" dedi; gözleri kocaman açılmıştı. Dimdik durmuş, kendinden emin bir tavırla konuşuyordu. "Bu sabah, Washington Square'den geçerken bir kadın gördüm. Yanımdan geçen her çekici kadının vücuduna baktığım gibi onunkine de baktım. Sonra dönüp onu takip ettim. Üzerine düşünmemiştim, birden oldu; böyle bir şeyi asla yapmam. Ama onu izlemeye başladım ve önümde yürürken gözlerimi kalçalarından alamadım."

"Nasıl hissettin?"

"İçim alev alevdi. Ava çıkmış bir hayvan gibiydim ve kadının üzerine atlayıp, oracıkta onunla sevişmek istedim." Birden, tanıdığım Casey kendini gösterdi. "Bu rahatsız edici bir şey mi?"

"Dürüstlüğünü takdir ediyorum" dedim. "Kendi gerçekliğine kavuşuyorsun. Bu bir adım." Ben bile elektrik akımı gibi odanın içinde dolaşıp kıvılcım saçan tutkusundan etkilenmiş ve hafiften heyecanlanmıştım.

"Ben sadece kendimi denetim altına alıp sınırlamadan hislerimi yaşamak istedim."

"Bu, neyi anlamana yardımcı oldu?"

"İstesem o kadını yiyip bitirebileceğimi hissettim. Şiddetle dolup, içine işlemek istiyordum. Onu bir ağaca yaslayıp doğrudan etini ısırabilirdim. Kızgın değil, sadece ilkeldim sanırım. Aslında kendimi suçlu hissetmiştim ama bu yumuşak ve yavaş düzenden de sıkıldım artık. Açım. Yiyişmek istiyorum!" diye içindekileri döktü, hafif hırıltılı bir sesle.

Casey'nin duygu yoğunluğu hafiften sinirlerimi bozmuştu. Kendimi dizginlemeye çalışarak, kıpırdanıp sandalyeme yerleştim ve dik oturup bir tarafa dayandım. Belim hafifçe büküldüğünde, Casey'nin vücudumun hatları üzerinde gezinerek yavaş yavaş aşağı inen bakışlarını yakaladım ve birden kıvrımlarımı hatırladım. Bilinçsizce kendimi sergiliyor, ilkel doğamın derinliklerinde bir yerde Casey'ye tepki mi veriyordum?

"Suçlu mu? Hangi konuda?" diye sordum; ikimizin de tekrar konuya odaklanması gerekiyordu.

"Bunun nedeni, aslında senin benden daha hassas olan tarafımı bulmamı istediğini ve böylelikle Amy ile daha uyumlu olabileceğimize inandığını sanmamdı."

"Hayır. Ben senden gerçek seni bulmanı istedim. Saldırgan dürtüler kötü değil, Casey. Bunlar senin tutkunu yansıtıyor."

"Ben de zaten istediğim buymuş gibi, gerçek kimliğim buymuş gibi hissediyorum!"

"Bu dürtüdeki insani değerleri kutlayalım o zaman. Yaşam enerjisi dedikleri şey işte bu. Sıradaki soru ise şu: Bunu Amy'ye yönlendirebilir misin?"

"Aslında yapamazdım ama... Sanırım artık denemeye hazırım."

Özünde Amy'nin romantizmi Casey'yi baştan çıkarsa da sevişme konusundaki sınırları (ki sınır sadece şuydu: *sevişmek*) onu yorgun düşürmüştü. Casey cinsel ilişki yaşamak istiyordu. Kadınları nasıl becerdiğini hatırlıyor ve daha fazlasını istiyordu. Et yağmalamak, bir kadının içine sertçe girmek için derin bir arzu duyuyordu; ama Amy'nin asaleti ve bunu zedeleme korkusu Casey'yi engelliyordu. Ama bugün, porno saldırganlığından; o nefret, sadizm ve tahrip etme hisleriyle karışık zehirli öfkeden farklı, sağlıklı bir saldırganlıktan bahsetmişti. Casey, ilkel bedensel çekicilikle tahrik olması konusunda olumlu düşünüyor ve bu hisse sahip çıkmak istiyordu.

~

Casey birkaç haftalığına şehir dışına çıkmıştı; sonraki randevusu için aradığında, hanımefendi sevgilisi Amy'yi de yanında getirmesine izin verip vermeyeceğimi sordu. Elbette! Merakla bekliyordum.

Geldiklerinde, Casey'nin ona neden tutulduğunu anladım. Amy'nin çok etkileyici bir görünüşü vardı. Bedenini tıpkı bir balerin gibi, ihtiyatlı bir zarafetle hareket ettiriyordu; omuzları gururla geride dururken, başını dimdik tutuyordu. Duruşu, esnek bedeninin zarif kıvrımlarını gözler önüne seriyordu.

Bekleme odasına girdiğimde nasıl tepki vereceğimi bilemedim; kanatları, başında bir halesi ya da uzun, hoş, yarı saydam bir elbisesi yoktu. Aksine Amy, son moda bir takım giymişti; pahalı ve havalıydı ama dikkat çekici değildi. Erkeklerden çok kadınların dikkatini çekecek tarzda bir seçim yapmıştı. Ayrıca saçı ve manikürü o kadar özenle yapılmıştı ki tuhaf bir şekilde, çıplak şehvetten çok uzak görünüyordu. Amy'nin bulunduğu ortamda olmak, kusursuz bir şekilde, neredeyse sahnelenmesi için döşenmiş, estetiğine hayran kaldığınız ama otururken rahat edemediğiniz evlerden birinde olmak gibiydi.

Onu odama davet ederken gülümsüyordum ve kendimi sevdirmek istercesine sıcaktım; oysa o benimle gelişigüzel selamlaştı ki bu moral bozucuydu. Meşhur büyüsüne kapılmak üzereydim. Casey ve Amy, ofisime girip oturduklarında pek de âşık bir çift gibi durmuyordu. Divanın birbirine uzak iki ucunda otururlarken Casey'nin sözünü ettiği, West Village'teki yürüyüşleri kafamda canlandıramadım; Casey'de yenik, Amy'deyse gergin ve bağımsız bir tavır hâkimdi. İkisi de birbiriyle göz teması kurmaktan kaçınıyor, sadece bana bakıyordu. Amy'nin ilk işi, bana hastamın "her şeyi mahvettiğini" anlatmak oldu. Bana Casey'yi mi şikâyet ediyordu yoksa beni mi suçluyordu, hiç anlayamamıştım. Konuşması baskıcı ve tavrı da birini azarlıyor gibiydi; endişesi arttıkça nezaketi azalıyordu.

"Bir şeyler, Casey'nin değişmesine neden oldu" dedi, küçümsercesine. "Seks için çıldırmış halde, sürekli yeni pozisyonlar, yeni mekânlar, kölelik ve benzeri şeyler öneriyor. İlişkiyi daha heyecanlı hale getirmeye çalışmasını anlıyorum; ama dürüst olmak gerekirse tek önemsediği şey sevişmekmiş gibi geliyor bana. Bu yüzden mi sizinle görüşüyor? Ona bu şekilde mi yol gösteriyorsunuz?"

Yanıt vermek yerine, "Siz bu konuda ne hissediyorsunuz?" diye sordum.

Amy de karşılık olarak sorumu geçiştirdi. "Daha da kötüsü, benden onunla birlikte porno izlememi istiyor." Casey'nin suratı asık bir halde oturuşuna şaşmamalıydı.

"Kendimi ihanete uğramış gibi hissettim" diye devam etti. "Ne demek bu? Artık onun için yeterli değil miyim?" Bana bakıyor ama aslında soruyu Casey'ye soruyordu. Casey bakışlarını kaçırdı.

"Artık Casey'nin seni sevmediğini düşünüyorsun, sanırım."

"Ortada sevgiye dair bir şey yok. Kullanılıyor gibi hissediyorum."

"Casey'nin cinsel ilişkinizi daha keyifli hale getirmek istemesinin *nedeni* seni sevmesi olamaz mı?"

"Ne? Sevgisini gösterme yolu bu, öyle mi?" diye sordu alay edercesine.

"Son zamanlarda cinsel ilişki sırasındaki tavırları dışında, Casey'nin seni sevmediğine inanman için bir nedenin ya da kanıtın var mı?"

"Yok. Aklımı karıştıran da bu."

"Bunun ne anlama gelmesinden korkuyorsun?"

"Beni artık *sevmemeye* başlamasından. Artık ilişkimizi önemsememesinden. Beni sadece boşalmak için kullandığını düşünüyorum."

"Bu iddialı bir varsayım."

Amy ters ters yüzüme baktı.

"Casey'nin erotik yönünü seninle paylaşmak istemesi, aranızdaki yakınlığa dayalı olamaz mı?"

Amy'nin öfkesi hissettiği suçluluk duygusunu harekete geçirip, uzun zamandır üzerinde çalıştığımız gerçeklik arayışının önünü keserken, Casey'nin suratı duyduğu utançla daha çok asıldı. Konuşarak bana yardımcı olmasını dilerdim ama Amy'nin gerginliği karşısında iyice sinmişti.

"Cinsel ilişkinizdeki bu değişiklikler hakkında kendi aranızda konuştunuz mu hiç?"

"Cinsel hayatımız konusunda konuşmayız" dedi Amy.

"Neden?"

"Eğer âşıksan doğal olarak iyi olacaktır zaten."

Çenemi kapattım ve iddiasının havada asılı kalmasına göz yumdum. Sonunda, "Bu tehlikeli bir efsane, Amy" dedim. "Seks *her zaman* iyi *olamaz.* Her iki taraf da deli gibi âşık olsa bile." İkisi de daha önce böylesi mantıksız bir şey duymamış, duysa da inanmamış gibi yüzüme bakakaldı. "Eğer ortada iletişim yoksa kendinizi her türlü yanlış yoruma açık bırakıyorsunuz demektir. Casey, sen aklındaki yeni düşünceleri, Amy ile konuşup bu konudaki fikri nedir ne değildir bakmadan dayatmaya çalışmışsın. Tüm bunların senin için ne anlama geldiği konusunda hiçbir fikri yok. Ve Amy, sen de bu değişimin onun artık seni sevmediği anlamına geldiği konusunda ezbere bir varsayımda bulunmuş ve aldatıldığına inanmışsın."

Amy kabullenip yavaşça başını salladı. Casey tepki vermeden oturdu.

Erkeklerin cinsel talepleri, kadınların birtakım oldukça güçlü tepkilerine yol açabilir. Bu tepkilerin nereden kaynaklandığını her zaman anlamayız. "Kullanılma" ya da nesneselleştirilme konusunda hassas insanlarız. Sevgi ortamında yetişen, romantizmi ve hayranlığı kendilerinin özel olduğuna dair bir doğrulanma olarak gören Amy ve hatta benim gibi kadınlara göre, bu kâbus gibi bir şey. Bu durumda kadın açısından söz konusu olan, fazlasıyla kişisel bir etkileşimdir; önceliği cinsellik olmayan, bir çeşit ters nesneleştirmedir. Erkek, "aşk nesnesi" haline gelir.

Amy cinselliği "sevişme" düşüncesiyle ve nasıl göründüğü ve hissettirdiğine dair aklından geçenlerle sınırlandırmıştı. Daha farklı bir cinsel ifade biçimi ona göre tehlikeliydi ve sevilmediği anlamına geliyordu. Onu suçlayamazdım; geçmişte seksin kadınlara zarar verme, güçlerini ellerinden alma, aşağılama, cezalandırma ve küçük düşürme gibi amaçlarla kullanıldığını biliyoruz. Cinsel davranışlar tarih boyunca ve kültürden kültüre değişen birçok farklı yöntemle, kadınlar üzerinde hâkimiyet kurmak için araç olarak kullanılmış ve bu konu üzerine ışık tutacak pek çok şey yazılmış; bu yüzden bu kitapta ayrıntıya girmeyeceğim.

Ama önemli bir noktaya dikkat çekmek için şuna değineceğim: Bazı erkeklerin cinsel taleplerinin kadınlarda derin korkular yaratmasının mantıklı nedenleri var. Kadınların tam da söz konusu bu cinsel davranışlardan keyif alma özgürlüğünün ellerinden alındığını düşünüyorum. "Sevişme" bölgesinde kalmak hoş, güvenli ve korunaklıdır fakat nefes almaz, gelişmez ve durgun bir hal alır. Sonunda iki taraf da kendini baskı altında hisseder. Bu aslında, korkunun hâkim olduğu kontrollü olma durumudur, âşık olma durumu değil. Amy ve Casey için seks akıcı değildi; yaratıcı değişiklikler ve kendiliğinden ortaya çıkan arzuları paylaşma özgürlüğü yoktu.

Doğruyu söylemek gerekirse; erkeklerin ve kadınların birbirinden farklı cinsel dürtüleri olması gerektiğine inanmıyorum. Bana göre, iki taraf da aşkı yaşamak ve seks yapmak ister. Açıkça konuşmak gerekirse, bence sevişmenin düpedüz sikişmekten ayrı tutulması yanlış. Bu, bir algılama meselesi. Çeşitli cinsel davranışlara yüklediğimiz anlamları incelememiz gerek.

Bir cinsel davranışın nasıl farklı anlamlar kazanabileceğini örnekleme açısından, kafamda şöyle bir sahneyi canlandıracağım. Ara sıra, ilgi çekici seansları not defterime kaydederim. Hank'le yaptığım terapi benzer seanslardan biriydi ve o, ofisten ayrılır ayrılmaz yazmaya başlamıştım.

Hank gergin, heyecanlı, öfke dolu ve çıldırmış bir halde eşinin kendisine oral seks yapmamasından yakınıyordu. Kesinlikle yerinde olduğunu düşündüğü öfkesiyle, oral seksi yaşamanın hakkı olduğunu söylüyordu. Onu durdurup konuşmayı şekillendirmek yerine, durmaksızın konuşmasına göz yumdum. Sadece dikkatle dinledim ve sessizce, söz ettiği sıkıntıları not aldım ve ara ara dinlediğime dair bildirimde bulundum. Bu uzun nutuk, Hank'in ruhsal manzarası hakkında bana fazlasıyla malzeme sağladı.

Hank: "Hiç Don Juan filmi izledin mi? O, benim işte. Eğitimli bir baştan çıkarıcıyım. O benim kim olduğumu biliyor mu? Elde edebileceğim kadınları? Sayısız kadına sahiptim ama ona âşık oldum, tercihimi tekeşlilikten yana kullandım. Ve şimdi, bir ahıra bağlanmış, damızlık at gibiyim!"

Ben: "Senin harika bir âşık olmanı takdir etmediğini mi söylemek istiyorsun?"

Hank: "Evet. Kim olduğumun farkında değil. Yeteneklerim onunla boşa gidiyor. Beni takdir edecek birini bulmalıyım. [Durdu.] Ne diyeceğim, biliyor musun? Ben baştan çıkarılmak istiyorum. Eşim çok pasif; ilişkiyi, her şeyi benim başlatmamı bekliyor. Ben ona sürekli oral seks yapıyorum ama o hiçbir zaman karşılık vermiyor! Ondan yapmasını istemek zorunda kalıyorum ve şunu söylemeliyim ki bu onun için bir angarya. Sanki bana lütufta bulunuyor. Hiç anlamıyor. Sanki deneyimsiz bir yeniyetmeyle uğraşıyorum. Çok sıkıcı. Ben dans istiyorum. Oysa o yorgun ya da meşgulmüş gibi davranıyor. Ne yani?.. Ben onun için bir külfet miyim? Her şeye vakit ayırıyor... Ben yeteri kadar önemli değil miyim? İhmal edilmekten bıktım usandım artık. Bana oral seks yapmaya başlamasının iyi olacağını, aksi halde boşanacağımızı söyledim."

Ben: "Kendini reddedilmiş hissediyorsun..."

Hank: "Aşkıma ihanet etti. Onun uğruna her şeyden vazgeçtim ben."

Ben: "Diğer bütün kadınlardan?"

Hank: "Kesinlikle. Ona değerli bir mücevhermiş gibi davrandım. Ona taptım ve hep verdim, hep verdim. Artık bende bir şey kalmadı."

Ben: "Anladığım kadarıyla senin için oral seks demek, onun sana değer vermesi demek. Sana tapması. Sana vermesi."

Hank: "Evet. Öyle."

Ben: "Sen ne istiyorsan onu veriyorsun gibi duruyor. Pekâlâ, sence eşin, oral seksin senin için bunları ifade ettiğini biliyor mu?"

Hank'in oral sekse yüklediği anlamlara bakın. Eşinin ona oral seks yapmasını, ona değer vermesi ve sevmesiyle eşit tutmuş. Nevrotik bir şekilde, aşkı seksle ilişkilendirmiş. Üstelik oral seksin temel ihtiyaçlarından biri olduğunu düşünüyor; oysa temel ihtiyacı aslında aşk.

Özellikle oral seks, çeşitli anlamlar yüklüdür. Genellikle boyun eğdirme, bazen hor görmeyle ilişkilendirilir, bazen de (çoğunlukla erkekler tarafından) bir şeyi elde etmek için araç görevi görür. Oysa etkisi her iki tarafa da yönlendirilebilir. Oral seksi sevgiye dair bir davranış olarak algılayamaz mıyız? Bir verme eylemi olarak?

Şunu öğrendim ki, herhangi bir hasta herhangi bir cinsel davranış konusunda hevesliyse, bu çoğu zaman bir güven sorunu yaşadığını gösteriyor. Birinin onun gereksinimlerini mütemadiyen karşılayacağına inanmadığını.

Duygusal bir gereksinim fiziksel bir gereksinimle bir araya geldiğinde ve birey olumsuz yanıt aldığında, ağır bir reddedilme duygusu baş gösteriyor. Bu, kişisel bir durum olarak algılanıyor.

Hank eşi konusunda, kafasında birtakım gerçekdışı cinsel beklentiler yaratmıştı: Eğer bana oral seks yapıyorsan beni seviyorsundur, eğer yapmıyorsan sevmiyorsundur. Hank durumun çarpıklığını göremiyordu. Çoğu erkek bunu yapıyor: Sadece cinsel gereksinimlerinin farkında oluyor ve hayal kırıklığına uğradıklarında da sorunun tekeşlilikten kaynaklandığını iddia ediyorlar.

Kısa süre sonra evlenecek olan başka bir hastam bunu şu sözleriyle doğrulamıştı: "Eğer benden, pek çok farklı kadınla yatarken ya da en azından öyle yapma seçeneğim varken evlenip hayatımın sonuna kadar sadece bir kişiyle ilişkiye girmem bekleniyorsa o zaman seks iyi olmak zorunda."

Buna bir kadına baskı uygulamak hakkında konuşmak denir! Bununla beraber, ciddi olmak gerekirse, erkekler çatışan şu iki arzuyla içten içe savaşıyor: Birçok sevgiliye karşı tek eş. Ama bu bir tarafın kazandığı, diğer tarafın kaybettiği bir çatışma değil; "birçok" sonsuza kadar yok edilmiş durumda, tekeşlilik ise görkemli bir zafer kazanmış... Daha çok ebedi bir yarış gibi; bir arzu idareli kullanılırken, diğeri arkasında yırtıcı bir şekilde nefes alıyor. Aşk ve birliktelik arzusu yarışmayı kazanabilir ama hâlâ o yetkin olma hissi söz konusudur; çünkü kendisinin biriciği olması için *erkek, kadını seçmiştir.* Erkeğin görüşüne göre, bu soylu bir seçimdir; bu kadınla geçireceği hayatın iyi olmak ve vazgeçilenlere değmek zorunda olduğuna inanmaktadır.

Bu düşünme süreci, erkekler için tam bir hatadır. Bire karşı birçok konusundaki içsel cinsel ikilem ile korkuyu etkin hale getirip onunla başa çıkmaya çalışırken aslında kendilerini başarısızlığa hazırlıyorlar. Az önce söylediklerinden alıntı yaptığım, kendini Don Juan zanneden adam, nişanlısına gerçekten âşıktı ve seçimini sadece onunla sevişmekten yana yapmaktan *mutlu* olduğunu söyledi. Ama bir şeylerden vazgeçtiğine ve bu yüzden de eşiyle yaşayacağı cinsel ilişkinin iyi olması *gerektiğine* dair baskı dolu beklentisi, onu hayal kırıklığı yaşamaya hazırlıyordu; çünkü bu beklenti talepkâr ve mantıksızdı.

Hiçbir cinsel ilişki her zaman güzel olamaz. Ve eğer kişi kendisine, bekâr hayatının daha büyüleyici olduğu ve evlenmenin sıkıcı bir hayata yönlendirdiği hikâyesini anlatmak istiyorsa, o zaman, sonuçta sahip olacağı hayat da tam olarak bu olacaktır. Sevgilileri üzerinde baskı yaratan erkekler genellikle, baştan çıkarma konusunda pek yetenekli olmayanlardır.

Cinsel benlik algıları yattıkları kadın sayısına dayanan erkekler tekeşlilikte daha çok zorlanırlar; muazzam yetkinlik algılarını ve cinsel hünerleri konusundaki son derece yanlış fikirlerini dile getirmeye gerek bile yok. Bir hastam, bir gece kendisi sevişmek istiyor olmasına rağmen eşi aynı ruh hali içinde değilken sinirlenip, karısına, "Kaç kadın beni istiyor, biliyor musun?" dediğini söyledi.

Bunun asıl yanıtı "hiç kimse" idi.

Çoğu erkek, ciddi bir ilişkinin, sırf evliliğin o görkemli dünyasını keşfetmek uğruna sınırsız fırsatlar âleminden kopmak anlamına geldiğini düşünüp korkuyor: cinsellik içermeyen evlilik anlamına geldiğini. "Bitiş zamanını" resmediyorlar; keyif, kurtarıcı, cennet olmadan. Onlar geride kalmıştır. Bu arada diğer herkes, tüm bekâr erkekler, malı götürmektedir.

Bu korku anlaşılır. Bu, erkeklerin zindeliğini, yaşam enerjisini kaybetmesi demek çünkü. Bir arkadaşımın dediği gibi, "seks, yaşamın kendisidir".

Söylediği doğru, üstelik temel bir doğru. Ama bu ayrıca, varoluşsal bir mesele. Cinsellik dürtüsü kişinin canlı, zinde ve yaratıcı olduğunu ifade etmesidir. Erkeklerin cinsellik içermeyen bir evliliğe hapsolma endişelerinin nedeni, biyolojik olarak aşırı cinsel eğilime sahip yaratıklar olmalarından kaynaklanmıyor. Evlilikte cinselliğin ölümü, bazı meslektaşlarımın önerdiği gibi, basit bir ölüm korkusu değil. Aksine, evlilikte seksin ölümü *gerçek* bir ölüm; ruhun ölümü, umudun ölümü.

Erkek hastalarımın çoğundan öğrendiğim bir gerçeği duymak, Amy'yi büyük olasılıkla şaşırtacaktı; tıpkı beni şaşırttığı gibi: Seks terapileri sırasında en çok ilgi duydukları konu... aşk.

Bununla beraber, bunu anlamak zor olabilir çünkü aşka dair hisleri genellikle seks sırasında ortaya çıkan, görünürde zıt olan başka dürtülerle karıştırılıyor. Saldırganlık ve korku gibi... Bu dürtüler erkeklerin akıllarını karıştırıyor ve çoğunlukla onları tedirgin ediyor. Endişelenmeye başlıyorlar: Gücümü, kontrolümü kaybedecek miyim? Düşünceleri yön değiştiriyor: Bu önüne geçilmez onaylanma ihtiyacından nefret ediyorum. Kendini bağımlı hissetmekten nefret ediyorum. Kadının üzerimdeki etkisinden nefret ediyorum. Onun için yeteri kadar iyi miyim? Unut gitsin, o kadın işe yaramazın teki. Ya da işin mazoşist yanından bakılırsa: Bana hükmedilmesini istiyorum, teslim alınmak istiyorum. Böylelikle kendimi güvende hissedeceğim.

Ben, mantık dışı yaklaşımın daha üretken olacağını düşünüyorum. Erkeklerin ve kadınların birbirinden tamamen farklı cinsel doğaları olduğu fikrini unutun. Eğer erkekler de kadınlar da kendi içlerindeki "diğer"i tanıyabilirlerse, çift olarak cinselliği keşfetmeyi mümkün kılabilirler.

Ortak seanstan sonra, içten içe Amy'den bir telefon gelmesini bekledim ve sezgilerimde yanılmamıştım. Benimle yalnız görüşmek istiyordu. Kendini kötü hissediyordu ve bu histen kurtulamamıştı. "Kusursuz bir sevgili olduğumu sanıyordum" dedi. "Şimdi bundan o kadar da emin değilim."

Amy divana yerleşti ve şaşırtıcı bir şey söyleyerek söze başladı. Casey'nin bilgisayarını açıp, ziyaret ettiği porno sitelerini aramıştı; onu bu kadar büyüleyen şeyin ne olduğunu ve kendisinin neden Casey için "yeterli olmadığını" öğrenmeyi umuyordu. Keşfettikleri hayal ettiklerinin ötesinde şeylerdi. "İlk tepkim, kendimi ekrandaki kadınlarla kıyaslamak ve onlarda kusur bulmak oldu: yüzlerinde, bedenlerinde, kıyafetlerinde. Giydikleri şeyler ne kadar da ufacıktı. Ama izledikçe tüm bunlar gözüme daha da saçma görünmeye başladı. Gerçekten gülmeye başladım. Ve sonra... şey... uyarıldım. Ve gördüklerimden utandım. Casey istese yapmayı reddederdim. Ama sonra mastürbasyon yaptım."

Amy, Casey'nin dünyasına girip deneyim edinmişti ve bu aklını karıştırmıştı. "Porno iticiydi *ve* beni tahrik etti" dedi; fazlasıyla belirsiz bir bakışla beni sıkıştırarak. "Bunun ne anlama geldiğini bilmek istiyorum. Bilmem gerek."

Amy'nin porno izlerken gördüğü sahneler, mantıksal açıdan ilgisini çekmediği halde tahrik olması beni kesinlikle hiç şaşırtmamıştı. Kadınlarda beden ve zihin uyuşmazlığı olabiliyor.

Bu bana büyüleyici bir çalışmayı hatırlattı. Seksologlar, beden fonksiyonlarını ölçen bir alete bağlanmış, erkeklerden ve kadınlardan oluşan gruplara, çeşitli cinsel davranışların görüntülerini gösterip, cinsel organlara giden kan dolaşımını (fiziksel uyarılma belirtisi) ölçüyorlar. Her iki grup da heteroseksüel bir cinsel ilişkinin, erkek/kadın homoseksüel ilişkinin, mastürbasyon yapan bir erkek ve kadının, sahilde yürüyüş yapan yakışıklı bir adamın, jimnastik yapan çıplak bir kadının ve çiftleşen bonoboların (bir maymun türü) görüntülerini izliyor. Herkese, görüntülerin onları tahrik edip etmediği soruluyor ve sonra, verilen yanıtlar bu aletin ölçümleriyle karşılaştırılıyor.

Erkeklerin kendilerini tahrik ettiğini söylediği şeyler, bedenlerinin verdiği tepkilerle uyuşuyor. Heteroseksüel erkeklerin, kadının ve heteroseksüel cinsel ilişkinin görüntülerini izlerken kan dolaşımları hızlanmış; bedenleri diğer erkekleri izlerken tepki göstermemiş. Gay erkekler, homoseksüel ilişkiye giren erkek görüntülerine tepki vermiş.

Bununla beraber, kadınlara dair sonuçlar tamamen birbirinden farklı çıkıyor. Bedenleri her şeye, hatta onları hiç tahrik etmediğini söyledikleri görüntülere bile tepki vermiş. Heteroseksüel ilişkiye, erkeklerin homoseksüel ilişkisine, jimnastik yapan kadına ve hatta bonobolara bile!

Bu çalışma, kesinlikle, kadın cinselliğinin fazlasıyla kapsamlı ya da Çinlilerin dediği gibi, bitmez tükenmez olduğunu gösteriyor. Zamanımızın ünlü seksologları Masters ve Johnson, "Bir kadının zevk alma yetisi, herhangi bir erkeği utanç verici bir duruma sokabilir" demiştir.

Amy'nin neden tahrik olduğunu biliyordum; bu yüzden ona neyin itici geldiğini sordum.

"Görüntüler hoş değildi. Hayvanlar, küçücük yaşta kızlar, yaşlı teyzeler, pis bir şey gibi muamele gören kadınlar. Cidden, bu insanların derdi ne? Orada gördüğüm şeyleri gerçek hayatta yaptığımı hayal bile edemiyorum."

"Bu senin için ne anlama geliyor?"

"Onun keyfi için, kendimi böyle küçük düşürücü hallere sokmak istemiyorum" dedi. "Onun" kelimesini küçümser bir ifadeyle vurgulamıştı.

"Bunun neden erotik bir şeyler yapmak istemeni engellediğini anlayabiliyorum" dedim.

"Erotik mi? Bu iğrenç şeylere bakarak tahrik olması gerçeği, beni inanılmaz derecede öfkelendiriyor."

Kendisine bir nesne gibi küçümsercesine davranılması fikri Amy'yi rahatsız ediyordu. Bunu anlayabiliyordum. Bedenini kutsal ve o bedenin kendisiyle paylaşılmasını da bir armağan olarak nitelendirecek bir erkek istiyordu. Ben de aynı duygular içindeydim ve bazen, cinsellik ruhunun kaybolmuş olduğundan kaygılanıyordum. Amy de ben de, toplumsal açıdan tutucu ebeveynlerin kızlarıydık. Cinsellik konusunda rahatça konuşulmazdı; bazen kendi gözlerimizle gördüğümüz şeylere rağmen, ilişkilerin, sonsuz bir mutluluk evresi olduğuna inanma konusunda yönlendirildiğimiz şeyin içinde kapalı tutulmasını tercih ediyorlardı.

Amy kendi yoluna gitmedi. Aksine, kendini Casey'nin girişimde bulunduğu seks oyunlarına uyum sağlarken buldu; ilişki için çaba sarf ediyordu. Ve şimdi Casey, arzularını doğrudan dile getiriyor, Amy'nin korkularının sadece "onun memnuniyeti"yle ilintili olduğunu açıkça görüyordu. Genellikle, zevk alma ve verme rollerine daha derin anlamlar yüklenir. Amy'nin burada, ona zevk verme rolünü nasıl algıladığı konusunda seçim şansı vardı; ama öncelikle, bunun onun için şu an ne anlama geldiğini anlamam gerekiyordu.

"Bu konuda seni kızdıran nedir?" dedim; dikkatle ve kararlı bir şekilde, yargıda bulunmadan dinledim.

"Sanki beni küçük düşürmeye çalışıyor" dedi. Kaşlarını çatışı ve keskin bakışları, denetim altında tutmaya çalıştığı ifadesine rağmen, aşağılayıcı bir öfkeye kapılmakta olduğuna işaret ediyordu.

"Bunun nesi kötü?" dedim. Amacım onu kışkırtmaktı.

Böyle bir soru sorduğum için bana öfkeyle baktı, yanıtın açık olması gerekiyormuş gibi. Oysa ben onu doğrudan öfkesinin merkezine yönlendiriyordum.

Tatlı bir ses tonuyla, "Beni sevmesini istiyorum" dedi.

"Yani sevildiğini hissetmek önemli. Ve cinsellik sevgiye dair olmaktan çıkmaya başladığında, bu seni korkutuyor?"

"Ben 'normal' seksten keyif alıyorum. Sevişmek istemesinden hoşlanıyorum."

"Elbette. Ama bazı porno filmler seni tahrik etti..."

"Evet... ve nedenini bilmiyorum."

"Bence bu, romantik tarzda bir ilişkiyi tercih ettiğin ama aslında, deneyimlerini genişletmeye de açık kapı bıraktığın anlamına geliyor."

"Beni küçük düşüren herhangi bir şey yapmayacağım" dedi ısrarlı bir tavırla.

"Amy, hâlâ internette gördüğün şeye tepki gösteriyorsun" dedim. "Seni suçlamıyorum. Ama erotik olmak için, internetin *tek* kaynak olmadığını düşünemez misin?" Belki Amy, Casey'ye de teklif ettiğim öneriye yanıt verirdi.

"Bilmiyorum."

"Hadi, en önemli kaynağı deneyelim: kendi zihnini. Belki de kendini aşağılanmış hissetmeden erotizm yaşayabileceğin bir yol vardır..."

"Bu nasıl mümkün olabilir ki? Ne demek istiyorsun?"

"Erotik olabilir ama aynı zamanda sevgine de bağlı kalabilirsin. İnternette gördüğün şeylerin çoğu, ilgi çekmek adına, fazla açık saçık ve çirkince tasarlanmış. Çoğu, erkeklerin temel cinsel kodlarını takip ediyor. Peki, seni erotik olma konusunda kendini iyi hissetmeni sağlayacak bir konuma yerleştiren *kendine ait* bir cinsel yöntem geliştirmeye ne dersin?"

Amy ne yapması gerektiğini sordu. "Birtakım yeniden programlama" dedim, sakince. "Ama öncelikle, tüm bunlar bir yana, Casey'nin seni sevdiğine inanıyor musun?"

"Evet, sanırım. Yani, eğer şey olmasaydı..."

Lafını kestim. "Yani, evet."

"Evet."

"O zaman, seksi sevildiğini doğrulama aracı olarak kullanmanın ötesine geçmelisin. Böyle olduğunu varsayabilirsin çünkü zaten çok önceden biliyorsun ki, seviliyorsun."

"Sanırım. Evet."

Amy'nin aklı hâlâ karışıktı. "Demek istediğim, erkeklerin ne istediğini unut. Eğer seni uyaran şeyleri keşfedersen Casey için daha etkili bir uyarıcı olursun. 'Romantik bir sevişmenin' seni tahrik ettiğini biliyorum. Ne var ki sen, bunun seni tahrik eden tek şey olduğunu düşünüyorsun. Şimdi, daha iyi bilmelisin. Yani ne gibi fantezilerin var; sevişmenin *yanı sıra* karşındakinin isteklerine boyun eğecek misin? Özellikle de, ne isterse istesin Casey'nin aslında sadece seni kullanmadığını, seni seviyor ve sana saygı duyuyor olduğunu bildiğinden..."

Amy benimle özel olarak görüşmeye başlamak istedi; Casey'nin de fikrini aldıktan sonra kabul ettim.

Haftalar geçtikçe, Amy hakkında daha çok şey öğrendim. Otuz sekiz yaşındaydı ve on beş yıldır Yukarı Doğu Yakası'nda, kiralık bir evde yaşıyordu. Teksas, Dallas'ta işletme eğitimi görmüş ama moda alanında kariyer yapma hedefinin peşine düşerek ani bir kararla Manhattan'a taşınmıştı (aslında hastalarımdan bir iki tanesi New York'tandı). Ailesi onay vermemişti ama bu onun için bir dönüm olmuştu. Amy çeşitli kataloglar için serbest tasarımcı olarak kısmen başarılı bir kariyere adım atmıştı. İlk izlenimimin aksine mutlu, konuşkan bir hanımefendiydi. Sürekli farklı kıyafetler giyiyor, bir dizi son moda aksesuar ve takı kullanıyordu. Odaya her girdiğinde, bir an durup görsel ziyafeti sindirmem gerekiyordu; aksi halde çarpıcı, uyumsuz kumaşlar ya da büyük, vintage küpeleri fazlasıyla dikkatimi dağıtırdı ve sonuç olarak değerli seansımızı birbirimizin kıyafetlerine hoş iltifatlarda bulunarak harcayabilirdik. Kolayca, en yakın arkadaşlarımdan biri olabilirdi; bu yüzden kendime sürekli, Amy'nin benim hastam olduğunu hatırlatmak zorunda kaldım.

Amy psikoloji konusunda bilgili ve sezgiliydi; kişisel gelişim kitaplarına takıntısı olduğunu söyledi. Öte yandan Casey, tavsiye dolu bir kütüphanesi olduğu halde öğrendiklerini hiç eyleme geçirmediği konusunda şaka yapmayı seviyordu.

Amy'nin fiziksel görünüşünü önemsediği ortadaydı ama bunu cinsel amaç güderek yapmıyordu; o daha çok, canlı bir sanat eseri gibiydi, izlenilmekten keyif alıyor ve cinselliğin doğasındaki "ucuzlukla" bayağılaştırılmak istemiyordu. Benim iddiam, ona, kendisi ve tahminen Casey üzerinde kurduğu sınırları aşabilen bir cinsel varlık haline gelmeyi öğretmekti. Freud, cinsel içgüdülerimizi sürekli bastırdığımıza dair çok şey söylemiştir. Bunu dikkate alarak ben, eğer içgüdülerimizi bastırma konusunda yetenekliysek artırma konusunda da başarılı olabiliriz diye düşünüyorum. Eğer bu bir algılama meselesiyse o zaman bir seçimdir. Kişi herhangi bir şeyi ya da birini cinselleştirmeyi öğrenebilir.

Bu Amy için zor olabilir ama en temel yoldan gitmeye karar verdim: cinsel enerjisini işlemek. Hepimiz cinsel enerjiye sahibiz; bedenimizin çılgınca süratiyle karanlığa gömülmüş, cılız bir ışık olsa bile. Cinselliğin enerjisi, her şeyin içinden geçen büyük bir akım gibi, her tarafımıza yayılmış durumdadır. Bazen bunu hissetmek için tek yapmamız gereken rahatlamaktır; ama sık sık görmemiz ve algılamamız da gereklidir. Her şey açık: şehvetli bir müzik, yumuşak bir kumaş, bir mumun kızıl ışığı, şiir. Bunun ötesinde, kişinin benliğinin uğraşlarından daha güçlü bir yaşam gücüne uyum sağlama yeteneği var; hislerin tadını çıkarma ve değer bilmeyi geliştirme yeteneği; işin ehli kişi ya da bir zanaatkâr gibi, herhangi bir şeydeki, bizim meselemizde herhangi bir şeydeki *cinselliğin* güzelliğini görebilen yetkin gözleri. Fas'ın dalgalı kum tepeleri bende işe yaramıştı. Güneybatı'da küçük bir otel odasının, bir Fransız kafesinde şarap üzerine hararetli bir sohbetin, Montreal'deki Cirque du Soleil'in, çamurlu bir ırmak kenarının, salaş bir caz barın ve New Orleans'taki mezarlığın yaptığı gibi. Ya da yaz sıcağında, gece suyu yirmi sekiz derece olan Meksika Körfezi'nin. Ya da New York'ta bir kulübün: İsmini bilmediğiniz Latin erkekler tarafından döndürülüyor ve zemine doğru savruluyorsunuz. O kadar hızlı ki şarkı bitene kadar ne olduğunu anlamıyorsunuz ve adam devam ediyor ve siz serseme dönmüş ve saçınız başınız darmadağınık bir halde, gülümseyerek, sendeleye sendeleye uzaklaşıyorsunuz.

Gün boyu bedenimizi o kadar çok pratik işte kullanıyoruz ki, duygusal anlamda fiziksel benliğimizle bağlarımızı kolayca yitiriyoruz. Amy'ye nasıl bağlantı kuracağını öğretmeye çalıştım; ama bu beyinle ilgili ya da soyut bir şey değil, iç organlarla ilgili. Bu yüzden, çekmecemden yarım paket, tarçın ve kırmızıbiber çeşnili, özel bir bitter çikolata çıkardım.

Amy'ye bir parça çikolata uzatarak, "Al bunu" dedim. Oldukça basit bir egzersiz yapacaktık.

"Şimdi gözlerini kapat. Derin nefes al ve çikolatadan bir parça ısır. Çiğneme. Sadece ağzında tut. Tadını çıkar ve dilinle damağına doğru ittir. Hafif acı kırmızıbiberin tadını alabildin mi? Şimdi çikolatayı yut ve ağzında bıraktığı tadı hisset. Tarçın tadı ortaya çıkıyor, fark etmeye çalış. Tarçının kokusunu içine çek ve her bir hücresi canlanan ve keyiflenen bedenine odaklan."

Amy söylediklerimi yaptı. "Şimdi benimle kal. Nefes al ve sonra, vajinandan geçtiğini hayal ederek nefesini yavaşça ver. Hafifçe vajina kaslarını sık ve cinsel organlarının canlandığını hayal et. Tekrar. Hislerinin farkına var ve rahatla. Tekrar. Şimdi kendine şunu söylemeni istiyorum: 'Hazzın tadına varmaya hakkım var. Hazzın tadına varmaya hakkım var.' Aklında beliren görüntüleri, eğer beliriyorsa, fark et. Zihninin, zevk aldığına dair herhangi bir görüntüye sürüklenmesine fırsat ver."

Amy'nin nefes alıp verişleri nispeten hızlanmıştı.

"Şimdi tekrar et: 'Ben seksiyim.' Cinselliğine, haz duyma hakkına sarıldığını ve bunların tadını çıkardığını hayal et. Nasıl olduğunu, nasıl hissettirdiğini fark et. Artık gözlerini açabilirsin."

Amy'nin gözleri yaşlıydı.

Yüzüme cesaretlendirici bir gülümseme yerleştirerek, "Nasıldı?" diye sordum.

"Casey'ye ne kadar kızgın olduğumu unuttum. Ve ne istediğimi düşünmekten kendimi alamadığıma inanamıyorum" dedi.

"Güzel. Bunu kendini tehdit altında değil de aksine daha güçlü hissetmen için istedim."

Zevk alma hakkından ötürü Casey'ye karşı hissettiği kızgınlığı azaltmak amacıyla, onun kendi hak anlayışını geliştirmesini istiyordum. İlk adım kendisine bu konuda izin vermesiydi. Eğer zevk alırken rahatlamayı başarırsa Casey'ye zevk vermek onun için, eskisi kadar, teslimiyet anlamına gelmeyecekti.

Bir öğleden sonra, geldiğinde Amy'ye, "Gün içinde ne kadar sıklıkla seks üzerine düşünüyorsun?" diye sordum.

"Hah! Hiç." İlginç bir durumdu. Günlük yaşantıda cinsellik algısı nasıl bu derece kapatılabilirdi ki?

"Bir deney yapmaya ne dersin?"

"İlk önce, nasıl bir şey olduğunu anlat." Amy hâlâ cinsellik konusunda tedbirliydi.

"Günde üç kere, en az üç dakika, bilinçli olarak cinsellik üzerine düşünmek. Her yerde yapabilirsin; metroda, caddede yürürken. Etrafındaki cinsel enerjinin farkına varmanı istiyorum."

"Manavda? Mahsuller son derece erotik olabilir" dedi şakadan.

"Evet. Her şey seksi olabilir. Sen yeter ki seksi senaryoların zihnine takılmasına fırsat ver. Onları yargılama, sadece onların farkında ol. Bunun amacı, senin cinsel hayal gücünle temasa geçmeni sağlamak."

"Tamam, deneyebilirim."

Casey'yle de ayrı olarak seanslara devam ediyorduk. Washington Square Park'taki olay, haz duyma hakkıyla bağ kurmasına yardımcı olmuşsa da hâlâ yapması gerekenler vardı. Hâlâ tüm erotik fikirlerini Amy'yle paylaşmakta zorluk çekiyordu çünkü Amy'nin onaylamamasından korkuyordu.

Amy'nin onay vermesini kendi gereksinimlerinden çok daha önemli kılmasının nedenini düşünmesini istedim. Bir ilişki, her zaman eşinizin onayını almanız demek değildir. Bazen fikir ayrılıkları yaşar ve birbirinizin önerilerini kabul etmezsiniz ama hâlâ birbirinizi sevmeye devam edersiniz.

Cinsellik hassas bir konudur. İnsanların "Iyyy!" ya da "İğrenç bir şey" demelerinden etkileniyoruz. Ama bu yargıyı da hoşgörüyle karşılamaya istekli olmalıyız çünkü paylaşmak insan olarak varlığımız için çok önemli.

Hastalara sadece, "*Senin* istediğin ne?" sorusunu sormuyorum; onlara özlerinde oldukları kişi olmalarını da söylüyorum.

Öncelikle kendimizi onurlandırmamız ve onaylanmamayla karşılaşsak bile gerçekliğimizden ödün vermememiz gerektiğine inanıyorum. Aksi halde, sahte mal satıyorsunuz demektir ve yalan eninde sonunda ortaya çıkarılacaktır.

Casey ve Amy ayrı yönlerde yola koyulmuştu; Amy aşkın ifade edilişine odaklanmış, Casey ise porno izlemeye takılmıştı. Dışarıdan tarafsız bir gözle bakıldığında, çok farklı görünüyorlardı ama ortak bir noktaları vardı: Toplumsal kısıtlamalar, her ikisinin de hislerini gasp etmişti. Bu toplumsal mesajlar, kişisel simgecilik ve duygusal anlamlar batağından çıkabilmeleri için onlara yol göstermeye çalışıyordum. Amy'yi yalnız görmem gerekiyordu; böylelikle Casey'nin eğilimleri konusunda, onun da odada olduğu zamanlara göre daha az tepki gösterecekti. Onun Casey'ye odaklanmak yerine kendine odaklanmasını sağlayabildim ve müdahalelerimi kişisel gelişim olarak şekillendirmeye dikkat ettim. Ama hedefim, her biri için yaklaşık bir yıl süren seanslar boyunca çıktıkları kişisel yolculuklarından birbirlerine geri dönmelerine rehberlik etmekti.

Sonraki görüşmemizde Amy'ye, "Cinsel bir senaryo geldi mi aklına?" diye sordum.

"Evet. Başlarda angarya gibi gelmişti bir şey üzerine düşünme ödevi; fakat sonra eğlenceli olmaya başladı. Günde üç kere, üç dakikadan daha uzun süre yaptım. Çevremdeki bütün dünyayı keşfetmiş gibi hissettim. Spor salonundaki erkeklere bakıp, üzerlerinde tişörtleri yokken nasıl görüneceklerini hayal ettim. Judo derslerim keyifli geçti çünkü tüm o hareketler seksiydi. Bir resim sergisine gittim; resimlerden bazıları parlak renkleriyle tamamen cinsel heyecanla dolu gibiydi. Trader Joe'nun Yeri'nde bile kasadaki çocuğa kur yaptım. Ve Casey'le sevişmek için ilk adımı ben attım ki normalde hiç yapmadığım bir şeydir. O isteyene kadar beklerdim hep."

"Casey buna nasıl tepki verdi?"

"Hoşuna gitti; hatta şu son iki haftadır fark ettim ki bana daha sevgi dolu davranıyor."

Casey bana Amy'ye nasıl karşılık verdiğini daha önce anlatmış, Amy'nin cinsel yönüne sarılma konusundaki istekliliğinin, kendisinin Amy'ye olan sevgisini ortaya çıkarmasında yardımcı olduğunu söylemişti. "Harika gidiyorsun, Amy. Cinsel gelişimin konusunda oldukça heyecanlı görünüyorsun" dedim.

Amy, "Evet, oldukça!" dedi.

Casey'nin ilk seansımızda, duyduğu hayranlıkla göklere çıkardığı Amy zamanla daha gerçek biri haline dönüşmüştü. Amy zeki, coşkulu ve çalışkan biriydi. Ondan hoşlanmıştım.

Fantezileri konusunda çaba harcaması Amy'ye yeni bir yaşam algısı kazandırmıştı. Casey'nin bu değişime tepkisi, hoş bir yan etkiydi. Casey'ye göre, Amy'ye hiçbir zaman olmadığı kadar çok ısınmıştı. Ve onu daha da fazla arzuluyordu.

Başka bir kayda değer yan etki: Geceleri porno izleme alışkanlığı zayıflamıştı.

Mark

Erkeklere psikoterapi uygulamaktan keyif almaya başlamıştım; hâlâ birkaç seans sonra faydasız olduğum hissine kapıldığımı fark etmem dışında. Eğer bir saatin ana fikrini özetleyecek olursak, erkeklerin "Güzel. Anladım. Tüm sorunu çözdüm" demesinden ibaretti. Ama bedenleri onlara tam anlamıyla ihanet ederdi. Sımsıkı kenetlenmiş bir çene, titreyen bir diz ya da çatılmış kaşlar dikkatimi çekerdi. Divanımdaki erkeklerin *bir şeyler* hissettiğini söyleyebilirdim; her ne kadar kendilerini dizginleseler de bedenleri bunu açığa çıkarmak için tam anlamıyla savaş verirdi. Bazen bana ne kadar harika ve hoş insanlar olduklarından bahsederken bir balonun ağzını büzüp kıvırıyormuş gibi kelimenin tam anlamıyla boyunlarını ya da yüzlerini büzüyorlardı. Balonun ağzını büzerseniz, pek tabii ki, hava içeride kalır. Bu olduğunda, terapide gelişme kaydedemiyorum, ta ki onlardan insanın hisleri olmasının ne anlama geldiğini anlatmalarını ve daha önemlisi bana göstermelerini isteyene kadar.

Terapinin doğası, erkeklerin erkekliğe dair genel inançlarıyla çatışır. Bu yüzden durur ve önemli bir soru sorarım: "Erkek olmak ne demek?" Bu tuhaf bir an olabilir; çünkü benim erkek olmadığım ortada. Fakat yine de erkekliği yeniden tanımlamak için hastalarla düzenli olarak çalışan biri olarak, kendimi bir çeşit erkek antropoloğu gibi görüyorum: Gözlem yapan, not alan, tanıdık olmayan davranışları ve alttürleri sınıflandıran bir "erkropolog" diyebiliriz, eğer kabul ederseniz.

Duygularını ifade etme konusunda ağzı sıkı olduklarına dair bilgi edindiğimde, sıklıkla şu yanıta benzer şeylere ulaşıyorum: "Zayıflık." Sanırım hepsi, Marlboro Erkeği olmak istiyor. Bu konuda göze çarpan bir istisna, Bear Stearns'te çalışan, donuk suratlı, genç bir bankacıydı. Ofisime gelip, tamamen robotu andıran bir ses tonuyla, "Nasıl hissedileceğini öğrenmek istiyorum. Bana öğretebilir misiniz? Ağlayabilmek istiyorum" dedi.

Çoğunlukla, soğukkanlılıklarını savunurlar. Hastalarımdan David bir keresinde, "Bana ne yapmaya çalışıyorsun? Kadınlar hassas erkek istemiyor" dedi. "O kadar yumuşak görünmek istemiyorum. İnsan bir kadına onu ne kadar çok sevdiğini belli etmemeli."

Hayattaki en güçlü duruşun aslında hislerimizi açığa vurup ifade etmek olduğunu öne sürdüğümde, bu adamlardan bazıları bana, erkek kardeşimin deyimiyle dokuz gözlü tekeden daha deliymişim gibi bakıyor ve onlardan erkekçe olmayan tavırlar benimsemelerini istememe şaşırıyorlar. Bir hastam bana, "Beni kız gibi konuşturmaya çalışıyorsun" diye bağırmış ve ben de ona, "Hislerini kabul etmek senin için neden bu kadar büyük bir sorun? Bu doğal bir şey. İnsan deneyiminin bir parçası. Seninle ilgili bilgiler taşıyor" diye yanıt vermiştim. Bazı erkeklerin, hissetmenin erdemlerini övmenin *kadına* has olduğunu düşünmelerinden ötürü, bu konuyu önemsememe konusunda ayartıldıklarını biliyorum; ama onlar da içten içe benim doğruyu söylediğimi biliyorlar. Bununla beraber, erkeklerin faaliyette bulunduğu rekabetçi çevrelerin çoğunda, hisleri paylaşmanın işlevsiz olduğunu anladım: örneğin sporda, işte, borsada. Bir askerin, "Bak Komutanım, söylediklerin gerçekten kalbimi kırdı" diyemeyecek olması anlaşılır bir şey; ama söz konusu psikoterapi olduğunda ve daha önemlisi özel ilişkilerinde, erkekler kurşungeçirmez yeleklerini çıkarabilirler.

Bu zayıflık fikri, sadece ağlamak ya da üzülmek gibi hislerle sınırlı kalmıyor. Genellikle güvensizlik, korku, hatta sevgi gibi hislere de uzanıyor. Bazı erkekler, yumuşak ve zayıf görüneceği korkusuyla duygularına ket vurup sevgilerini ifade etmiyor. Duygular hakkında konuşmaktan kaçınmak, cinselliğin, erkeğin ifade etmediği duyguları ve karşılanmayan gereksinimleri için bir depo haline gelmesiyle neticelenebilir. Sonuç olarak bu erkekler, erkekliklerini cinselliğe katmak yerine erkekliği cinsellik yoluyla bulmaya çalışıyorlar.

Açık olmak gerekirse, erkekler duygularını sergilemekten kısmen çekiniyorlar çünkü bunun gerçek hayatta sonuçları var. Kadının saygısını kaybetmekten ya da daha kötüsü, tüm ilişkiyi yitirmekten korkuyorlar. Ve gerçekten de böyle bir ihtimal söz konusu, özellikle de cinsel anlamda. Yakın zamanda, birkaç arkadaşımla aramda, hangi erkek prototiplerini saplantı haline getirdiğimiz üzerine bir sohbet geçti. Yoğun olarak polis, itfaiyeci, asker, hatta mafya gibi yanıtlar verildi. Kimse Eckhart Tolle'yla yatmak istemiyordu. Bir kız arkadaşım, tatlı ve zarif ağzından daha önce hiç duymadığım tarzda saldırgan bir ses tonuyla şöyle dedi: "Bazen tartaklanmak, mahvedilmek istiyorum." Bu hanımlar kötü adamların, vampirlerin, Christian Grey'lerin peşindeydi.

Kadınların, erkeklerin erkeksiliğinin keyfini çıkarmaya aç olduğunu düşünüyorum. Bir erkeğin gücünü; hem pazılarındaki hem de ruhlarındaki gücü hissetmek istiyorlar. Bir adam tüm dikkatini birlikte olduğu kişiyi memnun etmeye verdiğinde ve iyi bir performans göstermeye kafasını takıp endişelendiğinde, genellikle itici derecede yaltak görünür. Bilirsiniz işte, "Tamam mı?" ya da "Ne yapmamı istersin?" ya da "Canını acıttım mı?" gibi şeyler söylediğinde.

Bu, ne yaptığını bilen bir erkeğin tavrı değildir. Hiç istemediği bir anda hâkimiyeti kadına devrediyor.

Güvensizlikten mustarip pek çok kadın baskın erkek arayışı içine giriyor ve sonunda da alan ama karşılığında bir şey sunmayan, sömüren, belki de şiddet uygulayan işe yaramazın tekini buluyor. Bu da kadınların isteyeceği tarzda bir erkeksilik değil.

Tanıdığım bir adam bir keresinde bana iki tür erkek olduğunu söylemişti: Gladyatör ve Bahçıvan. Ya yatakta harikalar yaratan ama yatak odası dışında pek eşlik etmeyen, güçlü, kuvvetli, maço, asabi bir erkeğe sahip olursunuz ya da bahçıvan olana, yani duyarlı, romantik erkeğe. Saçınızı tarar ve âdet döneminizde size dondurma getirir ama yatakta pek de iyi olmayabilir. Sizinle sevişecektir ama erkeksiliği sergileyen güç ve kuvvetle değil.

Şahsen ben bu iki tür erkekten hiçbirini istemedim. Gladyatör güçlü ama zarar veriyor, Bahçıvan da etkisiz ve yetersiz kalıyor. Ama ikisinin en iyi yönleri birleştirildiğinde, gücü ve hassasiyeti uyumlu bir şekilde bir araya getirmiş bir erkeğe sahip oluyorsunuz. Genel anlamda (her ne kadar bu tutum ve tavırlar teknik olarak o kadar da tek bir cinsiyete has olmasa da) kadınlar kararlı, sorumluluk sahibi, ne yapacağını bilen, doğal, testosteron kaynaklı cinsel enerjiyi bünyesinde barındıran ve bunu kadına karşı arzularında ifade eden erkeklerden etkileniyor. Son olarak, kadınlar tutkusunu dışa vuran erkekleri sever; ne de olsa tutku *duygu* gerektirir.

Yani, genel anlamda, hastalarıma hislerini paylaşabilmeleri için güvenli bir ortam sağlayıp, bu "erkek olmak ne demek sohbeti" üzerinde çalışırsak sonunda bent kapaklarının açılacağını düşünüyorum. Bazıları bana zor zamanlar yaşatsa da sonuçta bunu gerçekten istiyor gibi görünüyorlar. Sadece izne ihtiyaçları var. Hiçbir şey beni, Queens'li, keçi gibi inatçı bir adamın, kendine "daha yakın hissettiğini" ya da o gün biraz üzüldüğünü söylediğini duymak kadar gururlandıramaz. Ben de ona, "Bu harika. Tebrikler. Sen bir insansın. Hissedebilirsin, sevebilirsin ve bunu böylece dile getirebilirsin. Bunun için çılgına dönmene gerek yok" derim.

~

Unutulmaz hastalarımdan biri de Mark'tı. Oregon, Portland'dan gelmiş, cana yakın, dürüst, iyi huylu tabiatıyla hemen insanın sevgisini kazanan biriydi. Bu belki de son derece hoş ve uyumlu olmasından ya da otuzlu yaşlarının ortalarında olmasına rağmen, ona çocuksu bir ifade veren belli belirsiz çillerini burnuna ve yanaklarına dağıtan rahat gülümsemesinden kaynaklanıyordu. Bir dergide editör olarak çalışan, bekâr bir adamdı. İlk seansımıza, New York'un çılgınlıkları ve elinde tuttuğu, son çıkan popüler roman hakkında tuhaf, yüzeysel, kısa bir yorumla giriş yapmıştı. Gergin bir halde gevezelik ederek seansı raydan çıkardığını fark ettim.

Sonunda görüşmeye gelme nedenine dair (sertleşme sorunu) sorular sormaya başladığımda, Mark sözümü kesip başka bir mesele olduğunu söyledi.

"Aslında sadece... sadece bir ilişki yaşamak istiyorum ama bir kadına *gerçekten* nasıl biri olduğumu söylersem hiç şansım olmaz." Bekledim, araya girmek istemiyordum. Mark ümitsizce gerçeği açıklamak istiyordu; ayrıca çok korkuyor gibiydi. İçinde ne saklıyor olabileceğini tahmin edemedim.

"Tamam" dedim. "Burası güvenli bir yer."

Mark bir anda söyleyiverdi. "Ben sadistim. Tahrik olmak için bir kadına şiddet uygulamam gerekiyor."

Cinselliğinin bu aykırılığı ve onu bu denli kabullenmiş bir tavırla ifade edişi, önce bir an sözlerine devam etmesini zorlaştırdı. Oturmuş, karşımdaki bu Peter Pan'ı andıran adamı inceliyordum. Gergin bir halde çantasıyla oynuyordu. Desenli bir tişört ve Converse ayakkabı giymişti; "büyük bir şirkette çalışmıyorum, ofise gitme zorunluluğum yok; bu yüzden olgun görünmem gerekmiyor" ifadesini dışa vuran bir giyim tarzıydı bu. Kesinlikle, sadistik fantezileri gerçekleştirme açısından yetkin bir erkeği yansıtmıyordu.

"Ben, şehrin yeraltı S&M topluluğundanım" diye açıkladı. Kürek ve kamçılardan oluşan, özenle oluşturulmuş bir koleksiyonu olduğunu ve Times Square'deki turistik alandan birkaç apartman ötede, sadece üyelerin girebildiği bir seks zindanı bulunduğunu söyledi. "Kadınlarla orada tanışıyorum. Asla kişisel düzeyde görüşmüyoruz. Nerede yaşadıklarını, hayatlarını nasıl kazandıklarını bilmiyorum. Hatta çoğunlukla gerçek adlarını bile öğrenmiyorum. Edindiğim bilgiler, cinsellikteki sınır ve tercihlerinin yanı sıra, durmamı istediklerinde kullanacakları 'güvenlik sözcüğü'nden ibaret. Ama o ortamın dışına çıktığımda utangaç biriyim ve kadınlara yaklaşamıyorum" dedi; küçük düşmüş gibi bakıyordu.

Bu noktada S&M topluluğu hakkındaki genel düşüncelerimi açıklamak istiyorum. Cinsel davranışlarının denetimini ellerinde bulunduran yetişkin insanlar bunlar; sınırlarını belirlemişler. Kesin teslimiyet ve acıyı dindiren uyuşturucularla iyi vakit geçiriyorlar. Bunlar daha önce bahsettiğim, aşağı gördükleri kadınlar üzerinde hâkimiyet kurmak isteyen, kadınların hâkimiyet kurma ya da seçme şansı olmaması gerektiğini düşünen erkeklerden çok farklılar. Bunun yanı sıra, bir hastamın cinsel tercihlerine her zaman, onları sorgulamadan kabullenmek yerine merakla yaklaşırım. Sorgulamadan kabullenme, keşfetmeye ve gelişmeye açılan kapıları kapatır.

Bu çift karakterli adam ilgimi çekmişti; rahatlıkla yan komşumuz, göze çarpmayan meslektaşlarımızdan biri ya da fazla nazik olduğu için ikinci kez görüşmek istemediğimiz bir erkek olabilirdi. Bu adamı yönlendirenin gerçekten ne olduğunu anlamak için onu tam olarak neyin tahrik ettiğini bulmam gerekiyordu. Cinsel fantezileri, ruhsal gereksinimleri ve çözümlenmemiş duygusal çatışmaları konusunda bana ipucu verecekti. Yanımda rahatsız ve kararsız olduğunu görebiliyordum; bu yüzden, kesinlikle yargılamamaya dikkat ettim ve açık ifadeler kullandım.

Kulüpte neler yapıldığını daha ayrıntılı olarak anlatmasını istedim ve orada kendini tedirgin hissedip hissetmediğini sordum. "Hayır, aslında. Tam tersi" dedi. "Yapılandırılmış senaryolar var. Rol yaparken saklanıp kendimi kaybedebiliyorum. Başka biri olabiliyorum."

"Ne tarz bir rolü canlandırmayı seviyorsun?"

"Elleri ve kolları bağlı halde, dizleri üzerine çökmüş bir kadının olmasını seviyorum. Yavaş yavaş etrafında dönüp bedenini inceliyorum. Sonra keyfi olarak sırtına, kalçalarına ya da göğüslerine kırbaç savuruyorum. Etindeki kırmızılığı, cildindeki pembe şişlikleri ve gözlerinin sulanmaya başladığını görmekten hoşlanıyorum."

Mark'ın oturuşu fark edilir bir şekilde dikleşmişti. "Bana bir daha kendisine vurmamam için yalvarırken yüzünde beliren korku dolu ifadeyi seviyorum. Onu rahat bırakırsam beni tatmin edeceğine dair sözler veriyor. İstediğim her şeyi yapacağını söylüyor. Söylediklerini ciddiye almıyorum ve her kırbaç savuruşumdan sonra bir süre bekliyorum ki sonraki kırbacın beklentisiyle korkusu artsın. Durmam için bana yalvarmasından gerçekten çok zevk alıyorum. Ama tabii ki bu sadece bir oyun; aslında o da kırbaçlanmayı istiyor."

"Sen korkuyu ortaya çıkarmayı seviyorsun."

"Evet."

"Ve senin yerine de korkan, sadece o kadın."

"Evet."

"Onu acı çekerken görmenin nesi hoşuna gidiyor?"

"Acı çekmek onu uysallaşmaya zorluyor."

"Bu konuda ne hissediyorsun?"

"Kendinden emin, sorumluluk ve denetim sahibi, güçlü."

Çok ilginç bir tersine çevirme olduğuna dair varsayımda bulundum. Kendi korkularını onlar üzerinden mi yansıtıyordu; böylece belki de korkuya hükmederek korkusunun üstesinden gelmeye çabalıyordu.

"Sonra cinsel ilişkiye mi giriyorsunuz?"

"Nadiren" gibi bir şey geveledi. "Biliyorum, biliyorum, tuhaf bir durum. Ama oyun sırasında sertleşsem de sonrasında her zaman sertliğim geçiyor."

Sertliğini kaybetmesi ilginç bir noktaydı; ama bu konu üzerinde durmayı o an için ertelemeyi tercih ettim. "Tamam, öyle görünüyor ki kadınların bulunduğu bir ortamda ne hissettiğin konusunda biraz bilgi edinmeye başladık. Bakalım, bunu ilişkilerinden herhangi biriyle bağlantılayabilecek misin..."

"Kulüp dışında kendimi hassas ve romantik biri olarak görüyorum" dedi utangaç bir ifadeyle ve ekledi: "Sanırım kadınları korkutucu buluyorum."

"Ne açıdan?"

"Memnun edilmesi zor insanlar. Son kız arkadaşım Kathy çok baskıcıydı. Onun için çok şey yaptım; o ise gerçek anlamda değerbilmez biriydi ve ben onun için çabaladıkça o daha talepkâr hale geldi."

"Onun için neler yaptın?"

"Ne yapmadım ki!" der gibi gözlerini devirdi. "Al sana bir örnek" dedi. "Rudy adında, şeytani, küçük bir Şivava köpeği var. Çok sinirli; her yere her zaman işeyebiliyor. Kathy, büyük boy pedlerinden birini pembe bir saç bandıyla köpeğe bağladı. Bir kere Rudy o halde sokağa çıktı ve Kathy beni zorlayınca Houston Street boyunca onun peşine düşmek zorunda kaldım."

Gülmemek için kendimi tuttum.

"Bak, kafayı insanları memnun etmeye takmış biri olduğumu biliyorum" dedi Mark. Geleceğini tahmin ettiği eleştiriyi engellemek için ilk gözlemi kendisi yapmıştı. "İşte de aynı şeyi yapıyorum. Patronum, erkekleri kontrol etmeyi seven bir kadın ve ben sürekli fazla mesai yapıyorum ve o bana sürekli daha fazla iş veriyor. Hiç şikâyet etmiyorum. Tıpkı *Hayvan Çiftliği*'ndeki at gibiyim: patronunu memnun etme heveslisi bir işçi."

En azından, Mark'ın hayatının her iki yönüne dair kabaca fikir edinmiştim ve elbette, dahası da olabilirdi. Ama bunlar nasıl bir araya geliyordu? "Kathy ile cinsel ilişkiniz nasıldı?" diye sordum. "Onun haberi var mıydı senin..."

Mark sözümü kesti. "S&M'ye olan ilgimden hiç haberi yoktu. Kesinlikle hoşuna gitmeyeceğini görebiliyordum; bu yüzden bu konuyu asla dile getirmedim. Ve bu yüzden çoğunlukla, *Kathy* ne isterse onu yaptık. *Seviştik.*"

Tanıdık bir nakarat daha; hastalarımın dar bakışlı "iyi" ve kabul edilebilir seks nesnesi kadın değişkenlere karşı öfkeyle dolup taşan erkeklerin sıradan tavrı.

"Senin açından durum nasıl gidiyordu?" diye sordum.

Mark isteksizce, "Aslında, oldukça iyi" dedi, "ama çoğu zaman ilişkiye girmeden hemen önce sertliğimi kaybediyordum."

Bu yüzden, bana "oldukça iyi" gibi gelmeyen ilk seans için böyle söylemişti. Bu başlangıcın ardından, Mark'ın eğitimini incelemeye koyulabilirdim; ama ikiye ayrılmış yaşantısını di-

dinlemek istedim. "Demek kendine dair önemli bir kısmı saklı tutuyorsun?"

"Sanırım, öyle." Durdu, bir şey hatırlamıştı. "Ama bir kere, uşak rolüne büründüm ve bu ikimizin de hoşuna gitti. İç çamaşırımla Kathy'nin evinde dolandım ve o da bana bulaşıkları yıkamamı ya da yerleri süpürmemi emretti. Eğitim çavuşu gibi konuştu ve ben onun emirlerini yerine getirince, yumuşak bir ses tonuyla 'Aferin' deyip, hafif hafif beni okşayarak dikkatimi dağıttı."

Gerek S&M kulübünde olsun gerek kulüp dışındaki dünyada, Mark'ın cinsel yaşamı itaat üzerine kuruluydu. Ancak kimliğini bilmediği kadınlarla beraberken denetimi eline alıyordu. Kathy ile beraberken ise onun tarafından yönetiliyordu. Mark kulüp sınırları dışında kendini güçsüz hissetse de güçsüzlüğünü erotikleştirmişti. Fakat akla uygun gelmeyen bir şey vardı.

"Eğer Kathy bu oyundan hoşlandıysa neden ona fantezilerini anlatmaktan çekindin?"

"Her zaman son derece yargılayıcı biriydi. Onu sinirlendirmek istemedim."

"Kathy sinirli olduğunda ne hissediyordun?"

"Öfkeli ve aşağılayıcı bir tavır takınıyor ve benimle konuşmayı reddediyordu" dedi; konunun üzerinde fazla durmak istemiyordu. "Bu yüzden de onun canını sıkmamaya çalışıyordum." Mark'ın çenesinin kasıldığını fark ettim.

"Bir içerleme sezdim, sanırım..."

"Ah, hayır. Hayır, hayır. Hiç yok."

Şimdi Mark, bana yanıtını ona geri yansıtma fırsatı vermişti. "Anladığım kadarıyla kendini kurban etmekten *zevk alıyorsun*?"

Mark bir an yanıt veremedi. "Sanırım, ilişkinizi Kathy yönetiyordu" diyerek üstüne gittim.

"Tamam, ben bencil biri değilim" dedi; savunmaya geçmişti. "Çalışmaktan ve verici bir insan olmaktan gurur duyuyorum. Her zaman bunların önemli ilkeler olduklarına inandım. Çok gelişmiş bir adalet anlayışına sahibim..."

Mark kendinden emin bir tavırla, başkalarına hizmet etmenin erdemleri üzerine konuşmaya başlamıştı. Onu üstün hissettiren, sert bir barikattan faydalanmıştım. Her ne kadar henüz bunun ne olduğunu bilmesem de savunma tarzı, kendini bir şey *hissetmekten* koruduğuna dair bir ipucuydu. Belki de mesele, gülümsemesinin ardından sızdığını hissettiğim öfkeydi. Bulaşıcı bir şekilde benim de sinirimi bozuyordu. Kusursuz nezaketinin ve kibirli görüntüsünün altında, Mark'ın aslında birinin yüzünü darmadağın etmek istediğini hayal ettim.

Vedalaşmanın ardından, seansın sonundaki rahatsızlığıma rağmen tuhaf bir biçimde, Mark'la geçirdiğim seanstan keyif aldığımı fark ettim. Mark ilgimi çekmişti. İnce bir zekâyla taçlandırılmış, iyi niyetli, cazibeli, dürüst, hoş biriydi ve genel olarak özünde hoş bir erkekti. İronik bir biçimde, bu da büyük olasılıkla sorununun bir parçasını oluşturuyordu. Peki, neden ereksiyon halinde kalamıyor olabilir, diye düşündüm. Bir kadının içine girmek, saldırganlık içerir. Belki de Mark, gerçek hayatında onu edilgen bir konuma sokan saldırganlık konusunda bilinçaltında bir çatışma yaşıyordu.

Mark'ın edilgenliğine odaklanmak, bir kız arkadaşımın bir sabah Central Park'ta yürürken anlattıklarını hatırlattı bana. Yakın zaman önce yeni biriyle görüşmeye başlamıştı. Çok heyecanlıydı, çiçek açmıştı. Adam, dergi kapaklarındaki erkeklere benziyordu. Yakışıklı mı dersen, evet. Başarılı mı dersen, evet. Oldukça akıllı mı dersen, evet. İlginç, nazik... evet, evet, evet. Tek kusuru, kendi başına karar veremiyor olmasıydı. Arkadaşım bu durumu, basit bir buluşma günü ayarlamanın bile yorucu bir iş haline geldiğini söyleyerek açıkladı.

"Ne tür yemeklerden hoşlandığımı, ne tarz restoranların ilgimi çektiğini, şehrin hangi yakasını daha çok beğendiğimi öğrenmek istiyor. Sonra da rezervasyon saatinin benim için uygun olup olmadığından emin olmak için telefon ediyor, üstelik ona tüm geceyi onunla geçirebileceğimi önceden söylediğim halde. Neden kısaca, 'Şu restorana rezervasyon yaptırdım, saat sekizde gelip seni alacağım' demiyor ki?" diye yakındı. "Biraz inisiyatifi eline alsa olmaz mı!"

Şakayla karışık, "Yatakta nasıl?" diye sordum. Yüzündeki ifadeden henüz o kadar ilerlemedikleri ve şimdi düşününce, bu durumun tuhafına gittiği anlaşılıyordu.

"Ne yapmalıyım? Ona kendisinin karar vermesinden mutlu olacağımı söylediğimde morali bozuluyor."

Rami de bazen böyle davranırdı. "Bir keresinde Rami ve ben, Aşağı Doğu Yakası'nda yürüyor, bir restoran arıyorduk" diye anlatmaya başladım. " Ve Rami sürekli, 'Sen nereyi istersen' diyordu. Bir kere daha aynı lafı duyarsam avaz avaz bağıracağım diye aklımdan geçirdim. Rami'ye, '*Sen* ne istiyorsun bana onu söyle!' dedim ve karşılığında 'Benim için fark etmez, *sen* nereyi istersen olur' dedi."

"Ne yaptın?"

"Aklıma ilk gelen şeyi yaptım: Bağırdım! 'Hemen şimdi bir karar ver yoksa sokağın ortasında bırakıp gideceğim seni' diye bağırdım ve yürümeye başladım."

"Karar verebildi mi?"

"Kolumdan tutup beni iki kapı ilerideki sıradan bir Meksika lokantasına soktu. Yemek berbattı ama ben mutluydum."

~

O hafta sonu Rami'yi görmeye gidiyordum; havaalanına gitmek için bindiğim taksinin arka koltuğunda kendimi öne doğru kaydırıp taksinin sürgülü penceresinden şoförün ehliyetine baktım.

"Merhaba Mohammed, evli misin?"

"Evet."

"Peki evliliğinizde kontrol kimin elinde? Senin mi yoksa eşinin mi?"

Kahkaha attı. "Her şeyi eşim kontrol eder. *Um krone.*"

"*Um krone*? Ne demek o?"

"Boynuzu olan kadın demek. Ayağını erkeğin başına koymuş kadınlara böyle deriz biz."

"Bu kelime iyi mi yoksa kötü mü?"

"Aa, kötü, çok kötü bir laf."

"Benzetmeler! Yapma. Kontrolün kadında olmasının nesi bu kadar kötü?" diyerek sataştım.

"Tüm kontrolü herhangi bir kişinin tek başına elinde bulundurması kötü" dedi. "Eski bir Arap atasözü şöyle der: Birine sahip dersen götürür seni köle pazarında satar."

Boynuza sahip bir kadın olmak bana o kadar da kötü gelmemişti. Ama birlikte olduğum erkeğin de boynuzu olmasını isterdim... Bilerek söylüyorum bunu... Enerji eşler arasında gidip geldiği sürece her iki taraf da güçlü kişilik algılarına tutunabilir; bu çatışmanın kendisi cinsel tutku için en doğru heyecanı yaratır.

Mark bir sonraki seansında, her zamanki amaçsız hoşbeşini yaparak divanın bir köşesine yerleşti ve kendini korurcasına, yastığı kucağına aldı. Beklenti içinde bana baktı. Ona hafifçe gülümsedim ama bir şey söylemedim. O da konuşmadı. Mark'ın edilgenliğinin benim kontrolcü yönümü ortaya çıkardığını fark ettim ve bu bir düzen oluşturuyordu: o kendini geri çektikçe gündemi ben belirliyordum. Böyle bir tepkiyi başkalarından da aldığına emindim. Bu işleyişin üzerinde durmamız gerektiğine karar vermiştim; bu yüzden bilinçli olarak edilgen bir tavır takınmıştım. Sessizlikten rahatsızlık duyduğunu hissedebiliyordum ama ikimiz de etrafa, ara ara da birbirimize bakarken ağzımı hiç açmadım.

"Masanın hemen yanında, duvarda bir delik olduğunu biliyor muydun?" dedi.

Dönüp deliğe falan bakmadan, "Hmm" dedim.

"Bugün pek sessizsiniz, Doktor."

"Senin başlamanı bekliyorum" dedim.

"Bu *sizin* işiniz değil miydi?"

"Ne hakkında konuşacağımıza *benim* karar vermemi mi istiyorsun?"

Yüzünde gergin bir gülümseme, "Sana bu yüzden para ödemiyor muyum?" dedi.

"Birine sana ne yapman gerektiğini söylesin diye para ödüyorsun, öyle mi?"

"Ne konuşacağımı bilmiyorum."

"Tamam, beklerim" dedim. Bir elimi kucağıma koydum, diğeriyle de bir tutam saçımı döndürmeye başladım ve bu arada gözlerimi Mark'tan hiç ayırmadım.

"Bundan bir şey anladığımı sanmıyorum" dedi sonunda. Hiddetle sırt çantasına uzandı; gitmeye hazırlandığını ima etmeye çalışıyordu.

Durum zaten ortadaydı ama kasıtlı olarak, "Bana kızmış gibisin" dedim.

"Burada boş boş oturup birbirimize bakmamızın bana bir faydası olmayacak" diye söylendi.

"Kendi üzerinde çalışmak için çok fazla para ödüyorsun ama" dedim. "Bu konuda ileriye dönük çaba sarf edeceğini düşünmüştüm."

"Kapana kısılmış gibi hissediyorum kendimi" dedi.

"Anlıyorum" dedim. "Hayatında sürekli, ne yapman gerektiği kadınlar tarafından söylenmiş. Sanırım, bu hoşuna gitmiyor."

"Doğru."

"O zaman neden benden ne yapman gerektiğini söylememi istiyorsun? Seni yönlendirmediğim için bana kızdığının farkındasın değil mi? Bir açıdan, başka birinin lider olmasını *istiyorsun*. Bunu senin yerine ben yapacaksam, o zaman sen ne öğreneceksin ki?"

Bu benim açımdan da rahatsız edici bir yaklaşımdı; çünkü sessizlikten ve hareketsizlikten nefret ederim. Bunlar yetersiz olma korkumu büyütürler; bir şeyler söyleme ve yapma ihtiyacımı. Tabii ki hastalarımın bana öfkelenmesinden de hoşlanmıyordum ama bu teknik genellikle işe yarıyordu.

Mark'ın bunun üzerine düşünmesine fırsat tanıdım. Bu arada, sorumluluğu başkalarına yükleme isteğinin, çocukluğunda yaşadığı ciddi bir olaydan kaynaklanıp kaynaklanmadığını düşünüyordum. Sordum ve sonunda bu bana yol gösterdi; on iki yaşındayken babasının kalp krizi geçirip aniden vefat ettiğini anlattı. Annesi çektiği acıyla darmadağın olmuş, ciddi anlamda bunalıma girmişti; iki erkek çocuğa bakmak bir yana işe gidip gelmekte bile zorlanıyordu.

Mark büyük olan çocuktu ve annesinin ne kadar kötü hissettiğinin acı bir şekilde farkındaydı. Onu daha fazla üzecek herhangi bir şeye neden olmak istemiyordu. "Tek istediğim onun mutlu olmasıydı" dedi. Bu amaçla, her zaman ona ev işlerinde yardımcı olmuş, başını beladan uzak tutmuş. Ayrıca küçük kardeşiyle de ilgilenmiş ve onun da annelerini üzmemesi konusunda dikkatli olmuş. Erkek kardeşi herhangi bir sıkıntıya sebep olsa Mark hemen disiplini sağlıyormuş. "Ama asla sinirlenmezdim."

"Yani, uslu çocuk rolünü üstlendin?" İçinde bulunduğumuz duruma uygun sözcükleri seçerek dikkatle konuşuyordum.

"Evet."

"İsyankâr bir dönemden geçme şansın oldu mu?"

"Hayır, olmadı. Kendimi, annemi üzmemeye adamıştım. Onunla tartışamaz ya da isteklerine olumsuz bir tepki veremezdim."

"Ne olabilirdi ki?"

"Çok kırılgan ve tasalı biriydi. Onu o şekilde görmeye dayanamazdım. Kendimi çok suçlu hissedebilirdim; bu yüzden her zaman uslu çocuk oldum ve bununla gurur duymaya çalıştım. İsyan eden, erkek kardeşimdi ve bundan dolayı ondan nefret ederdim."

"Hâlâ, kadınlarla olan ilişkilerinde aynı rolü benimsiyor gibisin..."

"Evet, eski sevgilimleyken ve işyerinde."

"Bu sana neye mal oluyor?"

"Ne demek istiyorsun?"

"Bu rol seni nasıl biri yapıyor? Sana neler yapıyor?"

"Kendi adıma açıkça konuşamam" dedi. "Ben... kadınların tepeme çıkmasına izin veriyorum..."

Anlamıştı. "İtaatsiz olmaya, öfkelenmeye, öylece dünyaya açılıp delilik yapmaya heves etmiyor musun?"

İşe bakın ki, Mark'ın sorunu geleneksel seks terapi yöntemleriyle çözülemezdi; çünkü sorunun kökeni cinsel değildi. Mark'ın çocukluğunda yaşadıkları kişiliğinde bir kırılmaya neden olmuştu. Sorumlu biri olma isteği fazlaca gelişirken, bağımsız olma isteği gölgelere saklanıp sadece cinselliği destek olduğunda ortaya çıkma yoluna gitmişti. Hayal dünyası, günden güne kaybolan şeyi telafi ediyor ama bir yandan da bir ilişkide gerçekten ne istediği konusuna yöneliyordu.

Hedefim, dünyalarını bir araya getirebilmesine yardımcı olmaktı; bu yüzden cinsel tutumuna değil, annesine olan kızgınlığına ulaşmasını sağlamaya odaklanmam gerekiyordu. Belki o zaman, zindanda sahnelediği oyun gereği sergilediği güç yerine, daha tutarlı bir kişisel güç anlayışı edinebilirdi.

Eğer karşısındaki kadın onun için önemli biri değilse Mark ondan istediklerini talep etme konusunda rahat davranıyordu. Ama bir ilişkide, kendi isteklerinden vazgeçme pahasına, sevgilisinin mutlu olmasını sağlama saplantısı vardı. Bir kadın onun için değerli olduğunda annesiyle arasındaki eski ilişki düzenine geri dönüyordu. Farkında olmadan hırsını yansıtıyor olabileceğini düşündüm.

"Yani, istediğini elde edemediğinde talep etmek şöyle dursun suçu kadına atıyorsun ve ona öfkeleniyorsun."

"Çoğu zaman, öfkelendiğimin farkında bile olmuyorum aslında. Sadece sinirlerim bozuluyor ve bunalıma giriyorum. Ve bunu görmesine asla izin vermiyorum. Ta ki ayrılmak istediğime karar verene kadar. Kathy'le ilişkimde olduğu gibi. İki yıl önce ayrıldık ve kendimi hâlâ suçlu hissediyorum. Çok kırılmıştı. Hâlâ beni seviyordu." Mark durdu. "Neden bunu yaptım ki?.."

"Biraz uzaklaşman gerekiyordu çünkü kendin olamıyordun. Öfkeyi ve doğal olan diğer kendini ifade etme yollarını bastırmak, insanı kolaylıkla asabiyete ve bunalıma sürükleyebilir."

"Belki de bu yüzden onu terk ettikten sonra kendimi son derece özgür hissettim. Hiç üzülmemiştim bile. Ama suçluluk duygusu asla geçmedi."

"Şimdi, öfkelenmenin senin için neden bu kadar zor olduğu anlaşıldı. Suçluluk duygusu seni engelliyor. Hâlâ özünde, kırılgan anneni korumaya çalışıyorsun."

Mark'ın yüzünde geçmişten bir an belirdi; hikâyeyi anlatmaya başladı. "Mutfak masasında oturur, hiçbir şey söylemeden önündeki bir yığın ilaca bakardı. Bir keresinde kardeşim bisikletten düşmüştü ve yanağı derin bir şekilde kesilmişti. Annem bunu görünce ağlamaya başladı ve sonra öfkelendi. Kardeşimi yakaladı. Gözlerinde kontrolden çıkıp kendini dağıttığı zamanlardaki bakış vardı. Telaşa kapıldım ve araya girdim. Ama o anı asla unutmadım."

Annesinin ruh sağlığını dengede tutma konusunda kendini bu kadar sorumluluk sahibi hissetmesi Mark için taşıması zor bir yük olmalıydı.

"Senin dayanağın kimdi?"

Mark omuz silkti. "Hiç kimse yoktu. Onu mutlu edecek incelikleri keşfettim. Evi temiz tutmak, küçük kardeşimin uslu durmasını sağlamak gibi. Ağlaması kesildiğinde annem gülümserdi. O zaman her şey yoluna girerdi ve ben huzura ererdim."

"Senin tüm denge anlayışın, annenin mutluluğunu koruma etrafında örülmüş. Bu kendini pek ifade edemediğin anlamına geliyor..."

Artık Mark'ın edilgenliğinin altında yatan öfkenin, altın anahtar olduğundan emindim. Terapide kapıları açan ve bireye kişisel yaklaşımda bir değişim ve güçlü yönlerine erişme imkânı sağlayan an, işte bu andır. İnsanlar her zaman, öfkenin, belli nedenlerden ötürü kaçınılması gereken olumsuz bir duygu olduğunu düşünür; ama aslında öfke benim en sevdiğim duygulardan biridir. Verimli bir şekilde istifade ettiğinizde bir benlik algısına işaret eder. Bireylerin haklarına ve sınırlarına izinsiz müdahale edildiğine ve saygıyı hak ettiklerine işaret eder. Mark engellenmişti ve ben, annesine olan sevgisine tutunmasını ama aynı zamanda benlik algısına ulaşmasını sağlamalıydım.

Gestalt terapisindeki, ünlü "boş sandalye" tekniğini kullanarak, annesinin ofiste bizimle oturduğunu varsaydık. Sandalyede oturan annesiyle yüzleşmesini ve gençken gerçekten hissettiği her şeyi ona söylemesini istedim. Kendimi geri çekip onun görüş açısından çıktım ama neler hissettiğini geri yansıtmak için bazen usulca araya girdim. Her zaman yaptığım gibi, hislerini yoğunlaştırmaya çalıştım. "Seni sinir eden her şeyi ona anlat" diyerek yönlendiriyordum. Mark bir an için bir şeyler söylemeye çalıştı ama ilk sözcükleri başarıya ulaşamadı. "Hadi ama. Ona *senin* ne istediğini söyle" diye zorladım onu.

Sonunda birden Mark kendini bırakıverdi. "Aptalca ağlamalarına bir son verip anne olmanı istiyorum." Bu sert çıkışın ardından kısmen geri çekildi; belki de patlamaya hazır bir duygu dalgasını zapt etmeye çalışıyordu. Ama geç kalmıştı.

Yumuşak bir ses tonuyla, "Başka ne istiyorsan anlat ona" diyerek onu cesaretlendirdim.

"Beni görmene ihtiyacım vardı ama kendi kederinle o kadar tükenmiştin ki! Neden kendini toparlamadın?" diye bağırdı.

"Ona çok kızgınsın" diyerek kışkırttım Mark'ı.

"Var olduğumu bile hissetmiyordum. Bizi unuttun. Yanımızda değildin." Yüzü kızarmıştı ve titriyordu; annesinin hayaline doğru eğildi. "*Her şeyi* ben yapmak zorunda kaldım. Baba olmak zorunda kaldım." Mark yumruklarını sıktı. "Köşeye sıkışmıştım. Lanet olsun, hapsolmuş gibiydim!"

Öfkeyi sevdiğimi söylüyorum ama aslında odada karşımda oturan erkeğin olgunlaşmamış ve dizginlenemeyen bir halde hiddetlenmesi, doğruyu söylemek gerekirse, beni korkutuyordu. Mark'ın öfkelendikçe kontrolünü daha da kaybetmemesini diledim. Diğer taraftan, bu öfkeyi hissetmesi *gerekliydi*; yapabileceğim en kötü şey, öfkesinden kaçınmak olurdu, ki kendisi yıllarca bunu yapmıştı. Dahası, bu hisler karşısında durabilecek kadar güçlü *bir kadına*, bana ihtiyacı vardı.

Mark'ın göğsü kabardı. "Babam öldü... ve sen de beni terk ettin."

Mark'ın içinde taşıdığı keder, sonunda öfkesini aşıp yüzeye çıkmıştı. Elleriyle yüzünü kapadı ve yüzünü benden uzağa çevirdi. Sadece şiddetle sarsılan omuzlarını görüyor, engelleyemediği hıçkırıklarını duyuyordum. Bir süre sonra Mark'a bir yastık uzattım ve ona sıkıca sarılmasını söyledim. Birini acı çekerken izlemek insanı inanılmaz derecede duygulandırıyordu. Mark'la beraber ağlamak istemiyordum ama duyarsız olmak mümkün değildi. Tıkanıp kalmıştım.

Mark sonunda öfkesini ve acısını özgür bırakabildiğine göre, şimdi mesele, bu güçlü deneyimle ne yapacağıydı. Suçluluk duygusunun üstesinden gelip, acı ve öfkesinden yapıcı bir şekilde faydalanabilecek miydi; yoksa tekrar içine kapanıp eski haline geri mi dönecekti? Kendi sesini duyurabilecek miydi? Adam olmak için bir fırsat yakalayabilecek miydi?

~

O akşam bir görüşmem daha vardı; ardından Bryant Park'a yürüyüşe gittim. Satranç oynayanları bulmayı umuyordum. Rami ile ilişkimi (yine) sonlandırma konusunda düşünüp duruyordum; ama bu kez daha ciddi olacaktı: son ayrılık, büyük ayrılık. Zihinsel olarak kendimi hazırlamaya başladım; bir güvenlik planı oluşturup alınması gereken önlemleri belirliyordum.

Birkaç ay önceki, sayısız kısa ayrılıklarımızdan birini takip eden bir geceyi tekrar tekrar kafamda canlandırıyordum. Rami bana haber vermeden New York'a gelmiş ve beni East Village'teki küçük bir İspanyol restoranından aramıştı. "Yakın bir yerde bir şeyler içiyorum" tavrındaydı ve ona katılabilir miyim diye soruyordu. Kalbim hızla atmaya başladı; hem heyecanlanmış hem de endişelenmiştim. Ama sıradan ses tonuna rağmen, beni gerçekten görmek istediğini anlayabilecek kadar onu tanıyordum. Ayrıca bu, ayrılmak istemediği anlamına geliyordu.

Öyle olsa bile, restorana oradan birlikte ayrılmamak konusunda kararlı gittim. Sadece konuşup beraber akşam yemeği yiyecek ve biraz şarap içecektik. Evet, yarım şişe şarap ve işte yine, birlikte geçirmek istediğimiz hayata dair ortak hayallere dalmıştık. Ellerimi avuçlarının içine alıp, "*Habibi*, çalışman gerekmiyor. Hiçbir şeyi düşünmen gerekmiyor. Ben senin okul masrafını, her şeyi karşılayacağım. Canımız istediğinde seyahat edeceğiz. Yazabilirsin ya da seni ne mutlu edecekse onu yapabilirsin" dedi.

Ne teklif ama! O tanıdık, sıcacık yoğun mutluluğu hissettim. El ele tutuşuyorduk. Çalışmaktan ya da okul masrafından kurtulacağımı hiç düşünmemiştim. Orta sınıf bir aileden geliyordum ve her zaman çok çalışmam gerekmişti. İşin aslı, Rami'nin yaşam tarzının benim için gerçek olacağına hiçbir zaman tam olarak inanmamıştım; ama vaatleri bu yakışıklı, olgun ve iyi baba figürü tarafından kurtarılmaya ve korunup kollanmaya dair derinlerdeki dileklerime hitap etmişti. Beraber, kayıtsız bir neşe içinde yaşayacaktık.

"Ayrıca, Arapça'ya biraz daha çalışmanı istiyorum. Belki bir süre Al-Bireh'teki evde kalmak isteriz" dedi.

Şimdi de bu fikirlerle adeta kendimden geçmiştim; önümde beliren rüya gibi yaşamın renkleriyle. Nargilelerin, Arap yaseminlerinin ve gitmek istediğim bütün mekânların görüntüsü zihnime hücum etmişti. Bütün Ortadoğu'yu; Tunus'u, Lübnan'ı, Ürdün'ü keşfetmek istiyordum. Evet, çağın Freya Stark'ı olabilirdim; ünlü bir seyahat yazarı olan Freya Stark, Ortadoğu'nun ilk kadın kâşiflerindendi. Herhangi bir zaman herhangi bir yere seyahat etmek, herhangi yaratıcı bir çabanın peşine düşmek... Kim, bu fırsatı değerlendirmezdi ki? Kâr amacı gütmeyen bir çalışma, bir kitap, bir belgesel hayal ediyordum. Brezilya'ya, Tanzanya'ya ve Yunanistan'a gitmek istiyordum. Ve o zamanlar özellikle, Meksika'nın merkezindeki, Guanajuato adındaki küçük bir şehri kafama takmıştım; güzelliğe ve romantizme övgü niteliğinde, sömürge döneminde gümüş ticareti yapmış, başkentten uzak bir yerdi.

Farklı şeyler istiyordum, sıra dışı bir yaşam. Belki de ilişkimizin yürümesini sağlayabilirdik. Bir yolunu bulurduk.

"Asıl evimiz Florida'da olacak" dedi Rami.

Mide kaslarım düğümlenmişti. Yine aynı şey. Yüklü bir bildirge. Rami yüzümdeki ifadeyi fark etti.

"Rami" dedim. "Florida'da yaşamak istemediğimi *biliyorsun*!"

Rami güldü. "Endişe etme; zaten hiç evde durmayacaksın ki."

New York'tan ayrılmak? Asla! New York'a Rami'ye olduğumdan daha çok âşık olmam hayli mümkündü. Florida'ya, eve gitmek istemiyordum. Arkadaşlarımı, mesleğimi bırakmak istemiyordum. Mutluydum ve halimden memnundum. Rami'nin teklifinin ciddi bir bedeli olduğunu fark ettim: şu anda sahip olduğum her şey. Teklifini kabul edersem her şeyi elde etmiş mi yoksa kaybetmiş mi olacaktım?

Şimdi parkta otururken bir gece önce yediğimiz akşam yemeğini düşünüyordum. Rami masanın karşısında sessizce oturuyordu; gözleri omzumun üzerinden bir noktaya bakıyordu. Seyahat, siyaset, işim, onun hayatı hakkında söylediklerime neredeyse hiç ilgi göstermiyordu. Bir heykelle konuşuyor gibiydim. Onun canını sıktığımı düşündüm. Artık hikâyelerimi çok iyi bildiğinden, nezaket gereği bile olsa, ilgi gösteriyormuş gibi yapamıyor muydu? Çok sevilen, eski bir elbise gibi hissediyordum kendimi: Zamana direnen kalitesine rağmen artık güzelliğini göremiyordum.

Onca kargaşa beni kötü etkilemişti ve korkularımın en kötüsü gerçekleşiyordu. Tutkumuz yok oluyordu. Dahası Rami, gergin ve meşguldü. Ekonomi çöküşteydi ve işinde çok fazla para kaybetmeye başlamıştı. Bana açılıp anlatsaydı her şey çok kolay olabilirdi; ama bu hiç tarzı değildi. Rami ruhundaki o gizli dolaba, erkeklerin tüm dünyanın sorunlarını tek başlarına çözmek için girdikleri şu küçük "durum odası"na çekilmişti. Ve gerçek maço modasına uygun olarak, ümitsizliğe kapılmasına ramak kaldığını görmemi istemiyordu. Bununla beraber, gözleri yine etrafta dolanıyordu; kendimi hiç bu kadar görünmez hissetmemiştim. Her ayrılığın ardından, gelecek hayalleriyle birbirimize daha kuvvetli bağlanarak barışıyorduk. Kısa bir süre, ayakların yerden kesilmesi dönemi yaşanıyordu ve biz hayallerimizden hazırladığımız kokteylle sarhoş oluyorduk; ama sadece birkaç ay sonra akşamdan kalma bir halde uyanıyor ve bir tabak makarnanın üzerinden birbirimize anlamsız anlamsız bakıyorduk.

Rami'den ayrılmam gerektiğini biliyordum. O gece, evde yalnızken farkına vardım ki hayallerimi kaybetmek Rami'yi kaybetmekten daha zor geliyordu.

Tek yapmam gereken, kendi başıma, hayalimdeki hayatı yaratabileceğimi anlamamdı.

~

Bir gün Mark, derin bunalıma girmiş bir halde geldi. Bu kesinlikle, onun tutarlı hoş görünüşünden farklı bir merhabaydı. Nasıl hissettiğini sorduğumda "Zor" dedi. "Ama insan olduğu gibi davranınca kendini iyi hissediyor. İşyerinde de aklımdan geçenleri açıkça dile getiriyorum; kendimi özgür hissetmeye başladım."

"Bu büyük bir adım!" Onunla gurur duyuyordum. Son birkaç aydır Mark, kendini yaşamının her alanına yavaş yavaş dahil etmeye başlamıştı. Bu yeni gerçekliği desteklemek istiyordum ve bunu ona söyledim. "Bu şekilde seninle iletişime geçmek daha kolay. Daha samimi. Bu, ilişkilerinde de sana yardım edecek."

"Pekâlâ, konu açılmışken sana söylemem gereken bir şey var" dedi. Yüzüne birden canlılık gelmişti. "Ben sana âşık oldum."

"Öyle mi?" dedim. Aklıma gelen tek şey bu oldu. Kıpkırmızı kesilmiştim ve afallamıştım ama öyle çok da şaşırmış değildim. Farklı şeyler olduğunu sezmiştim ve dürüst olmak gerekirse, ben de ondan biraz hoşlanıyordum. Aylardır beraber çalışıyorduk ve seans günlerini heyecanla bekliyordum. Bir kere, o gelmeden önce makyajımı tazelerken bulmuştum kendimi.

Buna ben mi neden oldum? Tanrım, umarım böyle bir duruma yol açacak bir şey yapmamışımdır. İçten içe ona kur mu yapmıştım acaba? Hafızamı tarayıp, kur yapmış olabileceğim anlar var mı diye düşündüm. Onu çoğu hastamdan daha yakın hissediyordum kendime; sohbetlerimiz zaman zaman bir terapi gibi değil de son derece doğal gelişiyordu. Sonra, kendime değil de ona odaklanmaya karar verdim.

"Bana bu hislerinden biraz daha bahset."

"Beni anlaman hoşuma gidiyor."

Midem istemsizce çalkalandı. "Bu senin için yeni bir deneyim gibi. Birinin seni gerçekten anlamaya çalışması nasıl bir duygu?" diye sordum.

"Hiç bu kadar görüldüğümü ve önemsendiğimi hissetmemiştim. Daha önce bir kadınla böyle bir ilişki yaşamamıştım. Annemle bile."

Mark için güçlü bir kadın karakter olmuştum; ona sakince rehberlik ederek derinlerdeki öfkesini açığa çıkarabilmiştim. Bu, kederi nedeniyle annesinin yapamadığı bir şeydi. Eski danışman öğretmenimin sözlerini dikkate almıştım: "Her zaman hastanın, ruhsal anlamda güçlü biri olduğunu hissetmesini sağla; senin güçlü karakterin de bir çeşit müdahale olacaktır. İnsanlar içgüdüsel olarak buna tepki verir. Bu kendilerini güvende hissetmelerini sağlar." Mark'ın sorumluluk sahibi erkek evlat rolünden kurtulup, bir insan olarak kendini ortaya çıkarabilmesi için korunaklı bir alan yaratmıştım.

"Evet, aramızda güçlü bir ilişki var" diye açıklamaya başladım. "Birinin seni, gerçek seni görüyor olmasını seviyorsun. Ve ben seni koşulsuz kabul ediyorum. Arayışı içinde olduğun şey de bu."

Mark'ın bana olan aşkının, aslında başarılı bir terapiye dayalı ilişkinin doğasından kaynaklandığını anlamasını umuyordum: terapist olarak, onun özündeki kişiliğini biliyor ve kabul ediyordum. İnsanların kendilerini bu şekilde yansıtmaya böylesi aç olduklarını görmek beni her zaman şaşırtıyordu. Bu benim işimdi ama *bana* has bir şey değildi. Mark ofis dışında nasıl biri olduğumu ya da ilişkilerimde ne gibi sıkıntılar yaşadığımı bilmiyordu.

Mark bakışlarını kaçırarak, "Sana bunu söylediğim için kendimi aptal gibi hissediyorum" dedi. Onun utandığını görmekten nefret ediyordum.

"Dürüstlüğün cesaret gerektiriyordu" dedim. "Ben buna saygı duydum."

"Tanıştığım diğer kadınlara karşı da böyle olmak isterdim" diye devam etti. "Bu hafta sonu işyerinden birkaç arkadaşla dışarı çıktım ve bir kızla sohbet etmeye başladık. Sohbet etmek için ilk adımı ben atmıştım ki bu benim için yeni bir şey. Çok akıllı ve ilginç biriydi; bütün gece konuştuk ve bardan beraber ayrıldık. Onun evine birlikte yürüdük ve kapısının önünde öpüştük. Sonra beni şaşkınlığa uğratan bir şekilde, kasıklarıma dokunmaya başladı ve eve davet etti. Ama ben kabul etmedim. Ereksiyon halinde kalmayı başaramayacağımdan emindim."

İlk önce, bir an için kıskançlık hissettim; ama konuyu değiştirip başka bir kadından bahsetmeye başladığı için rahatlamıştım. Toplum içinde uygun ortamlarda kadınlarla tanışmaya başlamak, tam olarak yapması gereken şeydi. Umursamaz ve neredeyse duygusuz olmalıydım; ancak bu yolla bu alışılmadık kişisel tepkimden kurtulabilirdim. "Biriyle iletişime geçmen, üstelik bu konuda ilk adımı senin atmış olman harika. Ama cinsellik söz konusu olunca korkuların seni etkiliyor. O zaman bu konu üzerinde durmamız gerekiyor."

"Girişken biri olmasından hoşlanmıştım. Kişiliğinde o an hoşuma giden buydu."

"Neden?"

"Üzerimdeki baskıyı alıyor."

Mark'a hissettiği baskıdan kaçmak yerine onunla yüzleşmesinin iyi olacağını söyledim.

"Tamam, o zaman. Seninle ilgili cinsel fanteziler kurdum" dedi birden.

Olamaz, yine ben! Bana bir şaplak atmayı mı düşünüyordu? Şimdi, rahatsız etse de etmese de fantezisinin içeriğini duymak ve bunu tedavi edici bir yönde kullanmak zorundaydım.

"Tamam. Anlat bakalım."

"Emin değilim..."

"Bana bir şeyler söylemek istediğin ortada" dedim. Baştan savmaya çalışmasına ve hatta bana dair bu girişkenliğine bile kızmaya başlamıştım. "Ayrıntısıyla anlatmak zorunda değilsin. Bir konusu var mıydı?"

"Sıcaklık, yumuşak dokunuşlar, sert öpüşmeler. Benim evimde olduğunu, yatağımda yattığını, bedenlerimizin birbirine kenetlendiğini hayal ettim."

"Bu fantezinin içindeyken sen nasıl hissediyordun?"

"Sana olan sevgim beni tahrik etmişti."

"Bu arzunun, şu anki hayatında ne gibi beklentiler içinde olduğun konusunda sana neler anlatmaya çalıştığını düşünmeni istiyorum." Mark neden söz ettiğimi anlamıştı.

"Sevgiye dair duygular beslerken aynı zamanda tahrik olabildiğimi mi?"

Bu, gerçek bir gelişmeydi. Mark'ın fantezi dünyasında aşk yerini almıştı; ayrıca Mark günlük yaşamında daha girişken biri olmuştu. Yeni edindiği güveninin yanı sıra daha az sinirli görünüyordu. Odaya hafif bir atmosfer hâkimdi. Gülümsemesi bir öfke kazanının kapağı değildi. Mark gerçekten daha mutluydu.

Gitmek için ayağa kalktığında, kapıya doğru eskisinden daha yavaş ilerledi ve yanıma gelince durdu; bir şeyler düşünüyordu. Gülümsedim ama bir şey söylemedim. Ama yanaklarım pembeleşti ve beni kapıya yaslayıp öptüğünü hayal ettim. Usulca sandalyemin arkasına geçtim; bilinçsizce, kendimi kendi fantezimden ve şeffaflıktan koruyordum. Bu gerçekten sıra dışı bir durumdu. Hiçbir hastam hakkında böyle düşünmemiştim; inanın bana, divanıma pek çok ilginç ve çekici adam oturmuştur ki bazıları iflah olmaz bir çapkındı. Yine de hiçbirinden etkilenmemiştim.

Mark uzun uzun bakarak geçip gitti yanımdan ve beni tek başıma bıraktı. Odanın içinde sersem bir halde kalakalmıştım; dağılmış ve toparlanamamıştım. Üstelik, gerçekten yanlış bir şey yapmış gibi suçlu hissediyordum kendimi.

O seansı düşündüğümde, herhangi bir terapi ilişkisinde ortaya çıkabilecek, basit bir ilginin ötesinde bir şeye tanık olduğumu fark ettim. Mark'ın kişiliğindeki büyük değişim, benimle olan ilişkisinde kendini gösteriyordu. Bu çift karakterli, edilgen ve saldırgan adam tek bir kişiye; girişken, rahat ve cesaretli birine dönüşüyordu. Ne Gladyatör'dü ne de Bahçıvan; her ikisinden de belli özellikler almış, karma bir adam oluyordu.

Mark neler hissettiğini benimle paylaşarak riske girmişti ve açıklaması beni etkilemişti. Cesaret bir ilişkiyi ayakta tutmak için önemli, diye düşündüm. Mark, kendi hayatımda kesinlikle uygulamayı beceremediğim bir özelliği sergiliyordu. Rami'yle ilişkimizdeki sorunları doğrudan çözmeye çalışmak yerine ondan ayrılmak istiyordum ya da en azından ayrılma konusunda hayaller kuruyordum. Ama hastalarımdan kaçamazdım. Onların yanında olmam ve onları koşulsuz kabullendiğimi hissettirmem gerekiyordu. İşte tam da bu süreç, daha önce hiçbir erkekten öğrenmediğim yeni bir gücü ortaya çıkardı. Erkeğinin yanından ayrılmama düşüncesini benimsemekten bahsetmiyorum; bu bağımlı bir felsefe. Benim bahsettiğim daha çok, korkakça davranıp insanın güvende hissetmesini sağlayan kendini memnun etme arayışına girmek yerine gözü pek davranacak cesarete sahip olmak. Bir birliktelik ya da sevilmek istediğin için bir ilişkiye girmeye karar vermen kolaydır; ama sevgini vermek risk almayı ve belirsizliğe katlanmayı gerektirir.

Yakınlık, cesaret gerektirir. Mark onun arzularını görmeme izin verdi ve büyük olasılıkla reddedileceğini biliyordu. Bu davranışından ötürü ona cesaret madalyası gibi bir şey vermek isterdim. Çok sayıda hastam, cinselliklerinde gerçek bir değişim gerçekleştiremiyor çünkü erotik arzularını sergilemekte zorluk çekiyorlar. Neden? Çünkü kendinden şüphe etmeyi, reddedilme korkusunu, farklı ve tuhaf biri olma korkusunu beraberinde getiriyor. Bu yüzden seks terapisi çalışmaları genellikle, bütüne bakıldığında, kendine güven konusunda oluyor çünkü yakınlık kurabilmek için kişinin ihtiyacı olan şey bu. Mark'ın bana kendini açması, kendini kabullenmesine ve sonunda da ciddi bir ilişkiye doğru bir adımdı.

Erkekliğin ideallerini düşündüğümde, bunlar da özünde, herhangi bir ilişkinin başarılı olabilmesi için gereken aynı ideallere sahip. Erkeklerle, ilişkilerinde nasıl bir adam olmak *istediklerini* konusunda konuşmak, erkek arayan kadınların kendilerine sormaları gereken önemli soruları tanımlamamda yardımcı oldu. Duygularını nasıl yaşıyor? Öfkeyle ya da kederle başa çıkabiliyor mu; yoksa onları büyütüyor ya da biriktiriyor mu? Harekete geçip saldırır mı yoksa içine mi kapanır? Stres karşısında nasıl bir tepki gösteriyor? Çünkü hayat stresle dolu ve kadınlar şunu bilmeli ki yaşamlarını beraber paylaşacakları erkekler bunları rahatlıkla atlatabilmeli. Aşk meselelerinde rahat davranabiliyor mu; vermek *ve* almak konusunda? Karşılıklı bir destek söz konusu olabilir mi? Biri diğerinin dayanağı ya da sığınağı olabilir mi? Kadın onu kızdırdığında ve araları bozuk olduğunda, sevgisini koruyabilir mi? Aşkları, kendilerini ve kendi bireysel seslerini kaybettikleri bir yer değil de onları buldukları bir yer olabilir mi?

Bir arkadaşıma, muayenehanemi açarken asıl hedefimin kadınlara yardım etmek olduğunu ama öncelikle erkeklerle çalıştığımı ve bu yüzden, asıl bakış açımı kaybetmiş olabileceğim yönünde tedirginlik yaşadığımı anlatmıştım. "Sen kadınlara yardım ediyorsun" diye cevap vermişti, "tahmin edebileceğinden de fazla." Hastalarımın kadınlarla ilişki kurma yollarını şekillendirmedeki payımı uzun uzadıya düşündüm. Sık sık, erkeksiliğin gladyatörvari, kültürel koşullanma çeşitleriyle karşı karşıya kalıyordum, en yumuşak huylu görünen adamlarda bile ve bu durum onların kişisel gelişimi açısından ciddi bir engel teşkil ediyordu. Erkek olmanın ne demek olduğunu yeniden tanımlamaya kararlıydım. Hem içlerinde varolan hassasiyete hem de ruhsal güçlerine ulaşmalarına yardım etmek istiyordum. Her birine ayrı ayrı, erkek olmanın ne anlama geldiğini yeniden tanımlama konusunda yardım etmek istiyordum. İdeal erkek benim için ne anlama geliyor diye düşündüm. Aşkın belirsizlikleri karşısında sağlam duran, kendisini hırpalayan, ayrılmakla tehdit eden bir kadın karşısında savrulmayan bir adam olmalı. Güçlü hissetme ihtiyacını saygın bir yolla karşılamalı; gücünü yeni bir şeyler oluşturmak ve yaratmak için kullanmalı. Gücünü başkalarından, özellikle de kadınlardan almak yerine, paylaşarak ve vererek, dünyada yardımcı güç olma yoluyla elde etmeye çalışmalı. Kendi kadını da dahil, başkalarındaki güzelliklerin ortaya çıkmasına fırsat vermeli. Kendisine ve sevdiği kişiye sonsuz saygı duymalı. Başkalarının başarılarını tehlike olarak görmemeli çünkü zaten kendi değeri konusunda kararlı olmalı. Kendi gücünü kazanmak için başkalarının zayıflıklarını sömürme ihtiyacı duymamalı.

Bu erkeklerin, bu ideallerini harekete geçirmelerini sağlamak kolay değildi. Hastalarıma kızdığımda annemi arayıp pes ettiğimi söylüyordum. Küçümseme anlarında, "Niye bu adama yardım ediyorum ki?" diye soruyordum. Bir gün İncil'de, Korintliler, 13'e bakmamı söyledi. "İlk satırı oku." Okudum. "Sevgi, sabırdır" diyordu. Sıkıcı diye geçirmiştim içimden. Sıradaki.

Ama durun, bu benim problemim. Gerçekten de, sevme yeteneğimle ilgili sorunlar yaşıyordum. Aşk pek de kolay bir şey değildi; romantizm gibi değildi. Sadece insanın içini ısıtan bir his değildi; aşk belli bir kararlılık ve ruhsal dayanıklılık gerektiriyordu. Erkeklerin engelleyici ve kusurlu olduğunu anlamaya başlamıştım. Hayatlarını gerçekten olmak istedikleri gibi yaşamıyorlardı; gerçekten öyle yaşasalar büyük olasılıkla ve bu yüzden onlardan nefret ederdik. İşin gerçeği şu ki, hiçbir erkek benim kurtarıcım, İsa'm, Buda'm ya da annem değil. O sadece bir erkek.

~

Yakınlığa katlanmak konusuna gelince, hepimizin bir ilişkiye ne kadar dayanabileceğimiz konusunda kendi eşiği var. Rami ve ben, darmadağınıktık. Ben yakınlaştığımda o uzaklaşıyordu. Ben uzaklaştığımda da o yakınlaşıyordu. Kimse kovalayan olmak istemiyordu. İkimiz de kovalanmak istiyorduk. Bana kendini açardı; tartışma başlardı. Kırılgan hissederdim; tartışma başlardı. Bunlar hep güvensizlikten kaynaklanıyordu, tutkudan değil. Kimse cesur ve kararlı olamıyordu.

Rami'yle ilişkim sırasında düzenli olarak günlük tuttum; çoğunlukla karmaşık listeler ve sonu gelmez sayfalar boyunca bir şeyleri açıklığa kavuşturmak için çabalıyordum. Yazıp durduğum düşüncelerin temelindeki soru şuydu: "Beni gerçekten seviyor mu?"

Ama asıl soru, "Ben sevme konusunda becerikli miyim?" olmalıydı.

Tıpkı David'in kendisi ile ilgili olarak bana sorduğu gibi.

Sabır, cesaret, hoşgörü. Yanıtı belirleyen bunlar. Bu soruyu hastalarıma sorduğum ve kendileri açısından yanıtlamalarına yardım ettiğim için, sevme becerisi derslerinde, sevme becerisinin ne olduğunu öğrenmeye başlamıştım. Sevginin en çok gözden kaçırılan, en az ilgi çeken yönleriydi bunlar.

Mark, son zamanlarda S&M kulübüne çok az gittiğini ve kız arkadaşlarıyla daha çok vakit geçirdiğini söyledi. "Zindan"ı kullanmayı azaltması, hiçbir zaman terapinin hedefi olmadı; çünkü herhangi bir soruna sebep olmadığı sürece, birinin cinsel yaşantısını değiştirmeye çalışmak benim işim değildi. Ama terapi, Mark'ın sınırlarının ötesine geçip girişken olmasını sağlamıştı ve şu son derece açıktı ki bu, Mark'ın ihtiyaçlarını da dengelemişti. Kendini güçlü hissettikçe kadınları kırbaçlama isteği azalmıştı; fakat yine de bunun, her zaman, tahrik olma repertuvarının bir parçası olacağını söylüyordu. Ama şimdi tek istediği, aşk dolu bir ilişki yaşamaktı.

Sonraki birkaç seansımız verimsiz geçti; duygusal derinlik içermeyen boş konuşmalarla doluydu. Aramızdaki durum hakkında ikimiz de konuşmuyorduk. Doğrudan, bu içinden çıkılmaz durum hakkında konuşmayı teklif edebilirdim; direnişle karşılaşırsam ne yapacağımı biliyordum. Ama bu kez, yapmamayı seçtim. Hakkımızda konuşma yapmaktan kaçınıyordum; çünkü aklımın bir köşesinde biliyordum ki, o konuşma Mark'ı son görüşüm olacaktı. Sessizliği Mark bozdu.

Kendinden emin bir ifadeyle, "Sana karşı hislerim ciddi" dedi. "Bu, bazı fantezilerimi senin üzerinden yansıtmak gibi bir şey değil. İnan bana. Şimdi sana bir soru soracağım ve buna psikolojik bir yorum yapmadan cevap vermeni istiyorum. Terapistim olmayı bırak, sadece kendin ol."

"Soru nedir?"

"Sen de hissediyor musun?"

Hayır demek istiyordum. Yalan söylemek istiyordum ama ondan bir gerçeği çalmak da istemiyordum. Güvenilirlik benim desteklediğim, yüceltmeye çalıştığım şeydi. Gerçek şu ki ona karşı bir şeyler hissediyordum ve sezgilerini sorgulamasına neden olmak istemiyordum.

"Evet ama..." Kekeliyordum. "Bu tek taraflı bir ilişki, Mark. Beni *gerçekten* sevdiğine inanıyor musun? Bunun mümkün olduğunu sanmıyorum ben."

"Çok saçma. Seni *tanıyorum,* Brandy. Nerede yaşadığını, nereden geldiğini bilmiyor olabilirim. Kendinle ilgili hiçbir şey anlatmıyorsun ama gözlerindeki bakışı biliyorum ve gülüşünü, sıcaklığını, zekânı. Çok iyi biliyorum. Seni bir yıldır tanıyorum. Kendini saklayamazsın."

Tam anlamıyla kafam karışmıştı. Mark haklıydı. Bir şeyler hissediyordum. Neydi bu? Emin değildim. Mark'ın itirafı gururumu okşamış olabilirdi. Muhtemelen, o da benim bir başkası tarafından görülme isteğimden istifade ediyordu. Hastalarım genellikle, hakkımda bir şey öğrenmeye çalışmazdı; sadece doğal olarak, onlara yardım edebilecek eğitime sahip olup olmadığım konusunda emin olmak için sorular sorarlardı. Hakkımda bildiklerinin çoğu, kendi tahminlerine dayalıydı. Brandy olarak, psikoterapistin ardındaki kadın olarak görünmez olmaya başladığımı hissediyordum. Onları gerçekliklerini yaşamaya teşvik ederken kendi gerçekliğimi gömüyordum; ciddi çaba sarf ederek anbean ruhsal hallerimi, gerçek düşüncelerimi gizliyordum. Sıkılmış, yorulmuş, bıkmış ya da coşkun bir neşeyle dolu olabilirdim; onların gözyaşlarını, korkularını, kederlerini dışa vurabilecekleri güvenli bir alan sağlamak için gerekli olan, sonsuz ciddiyetle ilgi göstermek adına, yüzüme bir gülümseme yerleştiriyordum. Bedenlerinde ifade bulan, üstü kapalı her titreşimi dikkatle takip ediyor, anlattıkları hikâyelerin ayrıntılarından, ses tonlarından, seçtikleri sözcüklerden anlamlar çıkarıyordum. Mikroskobik bir şekilde özlerine iniyor ve kendilerinin bile göremediği şeyleri onlara geri yansıtıyordum. Bu arada benim kendi ışığım, küçük karanlık odamdaki ürkütücü gölgelerde tutulma yaşıyordu.

Güneşin altında yürüyerek hikâyelerimi anlatmak, biraz kendimden söz etmek istiyordum. Bazen, o sabah metroda gerçekleşen bir olaydan, bir gece önce gördüğüm oyundan ya da okuduğum kitaptan söz ederdim. Ama bunu yaptığımda hemen susturulurdum. Psikologların hastaların para ödediği zamanı kendileri hakkında sohbet etmek için kullanmaması gerektiği yönünde bir mesajdır bu.

Terapi büyük ölçüde parazitsel bir ilişkidir. Bazı zamanlar, kendimi kullanılmış hissederim ve alıngan olurum. Mark *beni* tanımak istemişti; terapist duvarımı yontmuş ve böylece onun gösterdiği ilgi damarlarıma yeni bir enerjinin yayılmasını sağlamış, solmuş bir çiçeğe su verir gibi aksak ruhumu yeniden canlandırmış, beni hayata döndürmüştü. Daha önce böyle bir şey yaşamamıştım. Kendimi ona açmak istiyordum ve bu, kendimi suçlu hissetmeme neden oluyordu.

Bunu, bana ya da karşılaştığı herhangi bir kadına asılan David gibi hastalarımda yorumladığım gibi yorumlayamazdım. Onlarda, kadınlara karşı tavırlarını kendilerine geri yansıtma yöntemini kullanıyordum. Ama bu, Mark için tamamen farklı bir durumdu. Gerçek bir risk alıyordu ve söylediklerinde dürüsttü. Hisleri hakkında konuşurken çok dikkatli olmak istiyordum.

Sonunda, "Evet, Mark" diyerek söze başladım. "Ben de sana karşı farklı duygular içindeyim ama herhangi bir şekilde bu duyguların üzerine gitmem doğru olmaz."

"Bence, bu çok saçma" dedi. "İnsanlar her yerde karşılaşabilir; biz de terapi koşullarında tanıştık. Eğer seninle başka bir yerde tanışmış olsaydım farklı olabileceğini mi söylüyorsun?"

"Bazen, birlikte olamayacağımız insanlarla aramızda bir bağ kurulabilir."

"Ben psikoloji yönetmeliğine baktım" diye karşılık verdi, Mark. "İki yıl sonra beraber olabiliriz."

"Mark, ben asla seninle bir ilişki düşünmedim. Seninle çalışmak benim için anlamlıydı, senin de bildiğin gibi; ama benim senin hayatındaki rolüm iyileşmeni, gelişmeni sağlamak. Bu sadece geçici bir rol."

Bu, Mark'la yaptığım son seanstı. Artık beraber çalışmamızın faydalı olmayacağında hemfikirdik. Ona başka birini tavsiye edebileceğimi söyledim. Aşağı Doğu Yakası'ndaki bir erkek terapisti önerdim. Bu etik açıdan en uygun iletişim kuralıydı; bu konuma düşeceğimi hiç düşünmemiştim.

Gerçek şu ki, Mark'ın benim peşime düşmesi bazı açılardan onun için bir başarıydı. İçindekileri anlatabilmesi hayranlık uyandırıcıydı; savunmasızlığı, benim reddetme ihtimalime rağmen açılması cesaret işiydi. Kesinlikle, çekici bir durumdu bu. Bakışları kararlıydı. Yeni bir adama bakıyordum. Güçlü görünüyordu. Onun hayran olduğum tarzda bir erkeğe dönüşmesine yardımcı olmuştum; gerçekten istediğim tarzda bir erkeğe.

Mark'a gösterdiğim tepki hakkında dikkatlice düşündüm. İlk zorlu dönemden sonra, sohbetlerimiz genellikle zahmetsiz gerçekleşmişti. Ruh ikizimmiş gibi, tanıdık bir ruhun rahatlığını hissetmiştim. O varken kendimi daha rahat ve hafif hissediyordum; seansları yönetmek ve her zaman bir iş yaptığımı hatırlamak zorunda olsam da bir şekilde onun yanındayken *kendim* oluyordum.

Mark çok farklı biri değildi. Değerli bir insandı; orta halli dış görünüşü, orta halli sağlığı ve orta halli zekâsı olan orta sınıf bir aileden Orta Amerikalı bir erkek. Herhangi bir tasarıya, onu süsleyecek ışıl ışıl fantezilere, uzaklarda yaşanacak maceralara dair bir umuda yer yoktu. İletişim kendi içinde net ve sağlıklıydı. Onu gerçek bir insan olarak gördüm ve varlığından saf bir keyif aldım. Mark kaçırmakta olduğum önemli bir şeyi fark etmemi sağlamıştı: Gerçek bir adamla yaşanacak bir ilişki; sadece ondan ne istediğime dayalı olmayan, ondan nasıl olmasını istediğim ya da dönüştürebileceğimi düşündüğüm kişiye dayalı olmayan gerçek bir adamla kurulan bir ilişki. Bu ilişkinin özü basit bir şekilde, iki insanın gerçekte oldukları haliyle birbirlerini sevmeleri, birbirlerinden keyif almalarıydı.

Yine de, her ne kadar Mark'a karşı ilgi duymuş olsam da bana bu denli benzemesinden rahatsızdım. Tıpkı hastalarıma ayna tutmam gibi, Mark da farkında olmaksızın ama etkili bir şekilde, bana ayna tutmuştu. Onda kendimi görüyordum; reddettiğim tarafımı, Florida'nın küçük bir kasabasındaki sıradan kızı ve bayağı, yavan, ruhsuz olduğunu düşünüp kurtulmak istediğim yaşamımı. Fakat Mark'ta, bu yanlış algıyı söküp atmama ve gerçeğe sarılmama yardımcı olan bir güzellik görmüştüm.

Birkaç hafta sonra Rami aradı. "Meksika'ya bir uçuş rezervasyonu yaptırdım" dedi. "Sürekli sözünü ettiğin bir yer vardı ya oraya, Guanajuato'ya..."

Bill

Hastalar bir terapistle tanışacakları zaman genellikle çok ihtiyatlı olurlar ve ben ilk seanslarda sınanmaya alışkındım. İki kişi ilk kez beraber çıktığında da aralarında benzer bir iletişim gerçekleşir: Romantik bir restoranda karşı karşıya otururken müstakbel çiftin her bir bireyi kendine, "Uyum sağlayabilir miyiz? Birbirimize yakışıyor muyuz? İyi bir ilişki kurabilecek miyiz?" gibi sorular sorar.

Fakat Bill beklemek istemiyordu. Arkasına yaslanırken ellerini göğsünde kavuşturup, "Başlamadan önce, nasıl biri olacağını bilmek istiyorum" dedi. Yargıç seanstaydı ve hükmünü vermeye hazırdı.

Kaşlarımı kaldırıp, gülumseyerek, "Size yardımcı olup olamayacağımı mı merak ediyorsunuz?" dedim.

"Evet, doğru."

Çoğu soru genellikle, yardım edip edemeyeceğimi anlamaya yönelik olurdu. İş geçmişim, hangi okulda okuduğum ya da bir hastanın sorunuyla bağlantılı olarak herhangi bir kişisel sorun yaşayıp yaşamadığıma dair sorular duydum. Yanıt duymak istedikleri gibi olmayabilirdi ama ben kıvrak olmayı öğrenmiştim. "Bekâr bir kadınım ama evli çiftleri başarılı bir şekilde tedavi ettim. Çocuğum yok ama anneleri tedavi ettim. Ereksiyon sorunu yaşayan erkekleri tedavi ettim ki penisim yok. Kişisel olarak sizin yaşam şartlarınızla uyumlu olmayabilirim ama bana benzerlikler yüzünden değil birtakım konularda uzmanlaşmış olmamdan ötürü para ödüyorsunuz."

Nadiren de olsa daha konuşmadan yargılandığım olmuştur. Bir keresinde, bekleme odasına yaşlı bir kadın geldi ve onu karşılamak için kapıyı açtığımda bana şöyle bir bakıp, "Of, hayır" dedi ve hemen çıkıp gitti. Peşinden koridora çıktım ve içeri gelip neler olduğunu anlatmasını istedim. Kabul etti ve içeride, bu kadar genç görünen birinin kendisine yardım edeceğine inanmadığını söyledi. Neyse ki bunu öğrenmemiz için bana bir fırsat verdi ve kendisinden daha genç birinden yardım istemeye utandığı ortaya çıktı. Sonunda benimle çalışmaya başladı ve ilk tepkisini atlattıktan sonra her şey yolunda gitti.

Ama Bill'in bana karşı kuşkuculuğu ortalamanın fazlasıyla üstündeydi; sanki ona faydalı olamayacağımı ya da uygun olmadığımı varsayarak işe başlamış gibiydi. Kimsenin isteklerini yerine getireceğini ummayan, ilgi bekleyen biri gibiydi. Daha başlamadan, kendini savunan kişi konumuna düşmüştüm.

"Bir terapistin nasıl olmasını istediğini anlatır mısın?" diye rica ettim.

Bill, "Birinin karşımda oturup, bir saat boyunca aşağı yukarı başını sallamasını istemiyorum" dedi.

"Yani doğrudan sana rehberlik edilmesini istiyorsun?"

"Evet ama henüz sizinle ilgili kuşkularım var." Değer biçercesine üzerimde göz gezdirdikten sonra, "Sanırım, erkek bir terapiste gitmem daha doğru olacak. Siz benim dikkatimi çok dağıtırsınız."

"Böyle bir durumda, belki de *tam olarak* ihtiyacınız olan kişi ben olabilirim." Bill'e, eğer bir tepkiye neden olan kişi bensem buna benden iyi kim müdahale edebilir ki, diye sordum.

Hafifçe gülerek, "Evet, belki de öyle" diyerek kabul etti. "Sen pek benim tipim değilsin. Tamam. Çok yardıma ihtiyacım var. Belki de her gün gelmeliyim."

Bir başka sınama, her an uygun olup olmadığıma dairdi.

"İstediğin yardıma ulaşma konusunda fazla aceleci davranıyorsun" diyerek gözlemimi dile getirdim.

"Tamam, ben seks bağımlısıyım. Seks bağımlılığının gerçekten nasıl bir şey olduğunu biliyor musun?"

Meydan okuyan tavırlarından rahatsız olmaya başlamıştım ama kendime sabırlı olmam gerektiğini hatırlattım. "Neden sen bana senin açından nasıl bir şey olduğunu anlatmıyorsun?" dedim.

Bill ciddileşti ve anlatmaya başladı. "Benim için nasıl bir şey... Çocuklarımı yatağa yatırmayı seviyorum. Onlara kitap okurken huzur içinde kendilerinden geçişlerini izlemeyi seviyorum. Ama yine de o derin sevgi, onlar uyuduktan sonra yapacaklarıma dair beklentilerimle karışıyor. Kendimi ne yapmak üzere olduğum konusunda suçlu hissetmem gerektiğini düşünebilirsin ama hissetmiyorum. Her şey bitene kadar böyle bir his belirmiyor. O an tek düşünebildiğim şey istediğim şeye ulaşmak."

"Ve o da?"

"Biriyle ilk kez tanışma heyecanı. Semtimden çıkıp, tüm o sessiz banliyö evlerini geçip, Bronx'a giderken yaşadığım hissi seviyorum. Tehlikeli ve maceralı oluyor."

"Heyecan arıyorsun..."

"Ne olacağını hiç bilmiyorum. Gençliğimde Cuma akşamları, arkadaşlarımla heyecan arayışı içinde şehirde dolaştığımız zamanlardaki gibi hissediyorum kendimi. Bazen kız tavlardık bazen de bir kavgaya karışırdık ya da bazı seçkin gece kulüplerine girmeye çalışırdık. Evet, heyecanı seviyorum. Beklentiyi. Ama bazen bir şeyi tüm ritüelleriyle kurgulamak gerçeğinden daha heyecanlıdır."

"Bu nasıl hissetmeni sağlıyor?"

"Hayal kırıklığına uğruyorum. Umut kırıcı. Eskisi gibi hissettirmiyor. Bu yüzden istediğimi elde edene kadar hep daha fazlasını arıyorum."

"Daha fazla ne?" diye sordum.

"Daha fazla kadın. Bir gecede dört ya da beş kadınla beraber olabilirim. Bir gecede en fazla on kadınla beraber oldum."

"İnanılması zor bir şey bu."

"Beni yargılıyor musun?"

"Hayır, şaşırdım sadece. Bu sayı uygulamada zor gibi geldi. Demek ki mümkün..." Gülümsedim. Ayrıca küçümseme, iğrenme ya da onun kırılgan savunmalarını dürtme arzusu hissetmemiş olmama şaşırmıştım. Sakindim ama hissiz değildim. Bill'in söylediklerine hoşgörü gösterebildiğimi ve anlattıklarına odaklanıp, empati kurarak kafa yorduğumu fark ettim; kendi düşüncelerime dalmamıştım. Tam anlamıyla orada, Bill'in yanındaydım ve kendi iç gücümün ve iyiliğin karışımını hissettim. Bunun her zaman benden beklenen bir yaklaşım olduğunu biliyordum; şimdi bunu gerçekten hissediyordum.

"Evet. Ama onlarla seks yapmam gerekmiyor" diye açıkladı Bill. "Eğer biri beni memnun ederse onunla kalıyorum. Bu konuda çok hassas olduğumu anlamalısın. Beni yanlış anlama: Her şeye sahibim. İş konusunda çok şanslıyım. Güzel bir eşim var ve çocuklarımı her şeyden daha çok seviyorum. Ama kendimi huzursuz hissediyorum, sakin olamıyorum. 'Bu mu? Bu kadar mı?' duygusu içindeyim."

Bill ellili yaşlarında, gayrimenkul yatırımcısı, yarı emekli bir adamdı; piyasanın zirvesinde çok para kazanmıştı. Connecticut'ta yaşıyor ve boş zamanlarında Manhattan'da çalışıyordu. Eğlenmek için golf oynuyor ve fahişelerle internet üzerinden sohbet ediyordu. Her zaman cart pembe, kırmızı ve kanarya sarısı gibi oldukça göz alıcı renklerde Ralph Lauren marka kazaklar giyiyordu. Bütünüyle bakıldığında donuk bir hali vardı; sadece gökkuşağı rengindeki kazakları biraz ruhsal ışıltı yayıyordu. Bill zevk almayı biliyordu ama mutluluğu değil. Uzun süre kendine amaç edindiği ve şu an yaşamakta olduğu yaşam tarzının, meşhur "iyi hayat"ın, tüm büyük ve küçük zevklerine dair günlük hazlar içermesine rağmen gerçek bir tatmin yaratmakta başarısız olduğunu keşfetmek onu afallatmıştı. Daha önce bununla karşılaşmıştım ve bunun, çalışmak zorunda olmayan erkeklerin ikilemi olduğuna karar vermiştim. Heyecan yok, ele edilecek bir şey yok, yaratacak bir şey yok. Bunun yerine, planlanmamış günleri ona özgürlük sunuyor ve beraberinde de tüm bu varoluşsal krizlere yol açıyor. Emekli olan Bill, hayallerden ya da istekten yoksundu. Sabahları yataktan kalmak için pek geçerli bir nedeni yoktu. Hiçbir şey ruhunu tutuşturmuyordu; ne bir tutkusu ne bir hevesi ne de bir amacı vardı.

Sonunda, beklenmedik bir duvara çarpmıştı. Bill'in muhasebecisi, son yıllarda elde ettiği gelirin yarısını evlilik dışı maceralarına harcadığını söylemişti. Bill telaşa kapılmış ve tavsiye arayışındayken bir arkadaşı beni önermişti.

"Bu para meselesi gerçekten kontrolden çıktı" dedi. "Önceden tutarlı ve hesaplı harcamalar yapabilirdim; ama artık yapamıyorum. Bunu eşimden nasıl gizleyeceğim?"

"Ne kadar harcadın?"

"İki yüz bin."

Farkında olmadan irkildim.

Birkaç akşam sonra yemekte, kız arkadaşlarıma yeni bir hastam olduğunu söyledim: bir seks bağımlısı. Belki de şarabın etkisiydi ama kahkahalara boğuldular. "Hadi ya!" dedi Margaret. "Gerçekten mi? Erkekler bunu dünya var olduğundan beri yapıyor ve şimdi, ansızın, bu zihinsel bir rahatsızlık mı oldu? Bu, sıradan bir erkek davranışına hastalık teşhisi koymak olmuyor mu?"

"Evet. Bu sadece yapılan hayvanlığı haklı çıkarmak için bir mazeret" dedi Jane. "Bu günümüzün popüler psikoloji teşhisi; böylece o ahmak herifler paçayı kurtaracaklar. Şimdi bir de onlar adına üzülmemiz beklenir. Zavallı erkekler, penislerini donlarının içinde tutamadıkları şu talihsiz hastalığa yakalanmışlar!"

"Sanırım, ben de seks bağımlısıyım" diyerek vardığı sonucu bildirdi ev arkadaşlarımdan biri. Hepimiz durup ona baktık.

"Evet, doğru" dedik yarı şaka yarı ciddi; daha bir gece önce, taksiye binene kadar adını sormayı bile düşünemediği bir erkekle eve geldiğini hatırlamıştık.

Margaret, "Gerçekten onlar için üzülüyor musun, Brandy?" diye sordu; yakın zaman önce aldatılmıştı.

"Aslında bu kez, bu adamla empati kurabildim" dedim.

"O zaman bence bir an önce, bu zavallı serseriler için yardım kampanyası başlatmalısın" dedi.

"Size seks bağımlısı olan erkeklere acıyın demiyorum; ya da davranışları için bahaneler ileri sürmüyorum. Ya da durumu meşrulaştırmak için. Onları size verdikleri zarardan ötürü affetmenizi de beklemiyorum, eğer içinizden gelmiyorsa. Sadece onların hasta olduğunu, hatalar yapabileceklerini ve şefkati hak ettiklerini söylüyorum; en azından benim ofisimin sınırları içinde."

Verdikleri tepkiler beni şaşırtmamıştı. Seks bağımlılığı, hâlâ gelişme aşamasında olan bir çalışma alanıydı. Bu teşhis –resmi olarak DSM psikiyatrik sınıflandırma sisteminde yer almasa da– hâlâ hararetle üzerinde tartışılan bir konuydu.

Öte yandan, bu davranış biçimi açık bir şekilde gerçektir ve zamparalarla seks bağımlıları arasında büyük bir fark vardır. Seks bağımlıları genellikle yaptıklarından utanırlar ve kendilerini kontrolden çıkmış hissederler. Bundan ötürü bunalım yaşarlar. Zamparalar ise kendilerini kontrollü ve harika hissederler. Fark ettim ki, zamparalar benlik hazzı peşindeyken, seks bağımlıları başka bir şey arayışı içindeler.

Seks bağımlıları tüm uyum ve kontrol anlayışlarını kaybedip zorunlu bir cinsel ilişki eylemine girişiyorlar. Bu, seks hizmetlerine bir banka hesabını boşaltacak kadar para harcamak, çok fazla mastürbasyon yapmaktan ötürü organını kanatmak, çalıştığı şirketin hesabından saplantılı biçimde internette porno izlemekten ötürü işini kaybetmek gibi insanın hayatını mahvedecek sonuçlara yol açabiliyor. Davranışlarının sonucunda zarar görüyorlar ama yine de kendilerine engel olamıyorlar. Zamanla bu davranış, bir madde bağımlısının beyninde ortaya çıkan zihinsel değişimlerin aynısını sergileyen psikolojik bir duruma dönüşebiliyor. Herhangi bir bağımlıda olduğu gibi, beynin zevki algılama yetisi hasar görüyor. Bu, "zevk duyarsızlığı" olarak da bilinir. Zevk eşiği değişir ve o kadar yükselir ki, bağımlının hazza ulaşması için daha fazla cinsel ilişki yaşaması gerekir. Bu yüzden, eğer bu davranışın ardındaki duygusal sebepler şüpheciler için yeteri kadar ikna edici değilse bağımlılık fiziksel bir ihtiyaç tarafından daha da kuşatılmış bir hal alıyor.

Bu hastalara, arzularının gerçek doğasını keşfetmeleri konusunda rehberlik ediyorum. Bilinçaltındaki güdüleri bilince çıkarmak istiyorum. Özellikle de erkeklerde, duygusal özlemlerin pek çoğu, bunu bilmiyor ya da kabul etmiyor olsalar da, istedikleri şeyde bir araya geliyor.

~

Bill aynı zevki almak için sürekli daha fazla cinsel ilişkiye girmesi gerektiğini kabul etti. Duyduğu şiddetli arzu gün boyunca aklını meşgul ediyordu ve onu akşamları eşi ve çocuklarıyla zaman geçirmekten alıkoyuyordu. Evdeki bilgisayarında gerçekleştirdiği seanslar, kısa süre içinde, internette tanıştığı kadınlardan aldığı mailleri okumaya dönüşmüştü. "Onları açmam lazım" dedi çaresizce. "Eğer göz ardı edersem takıntı haline getiririm. Bu yüzden de sonuçta, çevrimiçi sohbet etmeye başlıyorum ve bazen o sırada mastürbasyon da yapıyorum. Sonra günün sonunda buluşacak birini ayarlıyorum; eğer istediklerimi yapacağını düşünürsem tabii."

Bill'in yolunu takip ederek, "Nedir o?" diye sordum.

"Baskın olmasını ama aynı zamanda samimi ve sevecen davranmasını istiyorum. Bu bir fahişede kolay bulunamayacak özel bir karışım."

"Tahmin edebiliyorum" dedim. İkilemi tuhaf bir şekilde tanıdıktı.

"Kontrolü elinde bulundurmasını ve ne arzuladığımı bilmesini istiyorum: mesela başımı göğüslerine nasıl yerleştireceği, penisimi okşarken alnımı öpmesi gerektiği gibi şeyleri... Sakinleştirici bir ses tonuyla kulağıma fısıldayarak, rahatlamamı, benimle ilgileneceğini söylemesini istiyorum." Bill'in sesi utançla titredi. "Fahişelerin çoğu bunu yapmak istemez. Bana sanki... bir pislikmişim gibi bakarlar."

Bill'in durumu hakkında istediğiniz yargıya varabilirsiniz; ama her ne kadar içine cinsellik ve fahişeler karıştırılmış olsa da ben Bill'in kadınlığın bu yönünü yaşamak istemesini pis bir davranış olarak görmüyorum. Aslında isteğinin güzel olduğunu düşünüyorum.

Bill, "Fahişelerin tek derdi muamele" diye yakınıyordu. "Gerçek bir baştan çıkarma söz konusu değil. Anlamıyorlar. Önden parayı istiyorlar; sonra ne öpüşme ne de duygusal yakınlık. Onları ayıklamak zorundayım. Bazen bulup, istediğim şeye ödeme yapıyorum. Yine de ruhsuz oluyor. Bir gece boyunca sayısız kez şansımı deneyebilirim."

"Ve bu seni tatmin ediyor, öyle mi? İsteğin yerine gelmiş gibi hissediyorsun?"

"Pek değil. Yorgun düştüğümde bırakıyorum. Sevgi gösterecek bir fahişe bulmaya çalışmak, taşı sıkıp su çıkarmaya çalışmak gibi bir şey. Çok para harcadığım için kendime sürekli kızıyorum. O lanet olası orospulara çalışan bir salak gibi hissediyorum kendimi!"

Bill'in öfkesinin sessiz tonu ilgimi çekmişti ama bunu bir yana bıraktım; çünkü bir şeyler söylemeye çalışıyordu ve bu sırada konuyu başka tarafa çekmek istemiyordum. Bunun yerine öfkesini ona yansıttım. "Yani sana asla bunu sağlamayacak kadınlarla sevgi dolu bir cinsel ilişki yaşamayı bekliyorsun."

"Sanırım öyle. Biraz içtenlik arıyorum... evet, tam olarak durum bu. Daha önce hiç isim koymamıştım ama durum bu. İçtenliğin nasıl bir şey olduğunu hiç bilmedim; dolayısıyla aradığım şeyin bu olduğunu bile fark etmemişim."

O an, benden yirmi yaş büyük bu adam karşımda mutsuz bir çocuk gibi görünüyordu ve ben onu teselli etmek istiyordum. Bu beni her şeyden daha çok şaşırtmıştı; bir zamanlar zorlukla zapt edebildiğim tiksinme duygumu harekete geçiren konuya, sadakatsizliğe dair hikâyesini duymama rağmen onu teselli etmek istiyordum.

"Sen insanı yatıştırıyorsun" dedi, sanki bir şeyi ilk kez fark etmiş gibi.

"Neden böyle söyledin?"

"Bütün bunları sana anlattığıma inanamıyorum."

"Gurur duydum, Bill." Gerçekten gurur duymuştum.

"Ben... kendimi çıplak kalmış gibi hissediyorum."

"Artık çıplaksın. Bu nasıl bir his sence?"

"Rahatsız; ama sen beni rahatlatıyorsun."

"Memnun oldum. Ve kendini rahatsız hissetmene izin vermenden ve yine de kendini bana açmandan da memnunum. *Bu*, cesarettir Bill."

Bill gitti ama ona duyduğum şefkat odada benimle kaldı. Bana karşı ne kadar açık olduğunu düşününce gözlerim doldu. Divanı düzelttim, çay bardağımı yıkadım ve ayrılmadan önce ofisin kapısını kilitledim. Olgunluk böyle bir şey olmalıydı.

~

Bill konusunda bir şey, gerçekten bende birtakım ilkel, kadınsı tepkiler uyandırmıştı; bu yüzden bir sonraki seansımızda bana annesini anlatmasını istedim. Bill annesini bencil bir alkolik olarak tanımladı. "Pek çok erkek arkadaşı vardı, partiler verirdi ve daima göz kamaştırıcı ve mutlu görünürdü. Kendimi ayak altında geziniyormuşum gibi hissederdim. Ertesi gün, her zaman, akşamdan kalma olurdu ve gecelikleriyle evin içinde oraya buraya uzanır, onu rahatsız edecek olursam hemen öfkelenirdi." Bill kendini kötü hissettiğinde annesinin dolabına gidip, uzun saten geceliklerinden birini alır ve kendini rahatlatmak için ona sarılırmış.

Annesi Bill'in günlük ihtiyaçlarını karşılıyor ama ilişkilerini en alt seviyede tutuyormuş. "Ne içten bir sevgi ne yol gösterme ne şefkat ne de..." Bill birden durdu, belki de alışkanlık gereği, geçmişte ihtiyaçlarının karşılanmadığı zamanlarda şansını deneyip annesinin bir tepki vermesini sağlamaya çalışmanın boşuna bir çaba olduğuna inandığı zamanlarda yaptığı gibi. Bunun yerine, geçenlerde çocukluğunu geçirdiği eve gittiğini ve boş evde dolanırken tüm eski duygularını yeniden yaşadığını anlattı: Yalnızlık. İçeriye bakarak dışarıda kalma hissi.

"Eşim de pek sıcak biri değildir ama harika bir uyumumuz var ve iyi bir entelektüel iletişimimiz" dedi. Bunları söylerken Bill'in sesi düştü. Ardından sanki eşinin tutumunu açıklayabilirmiş gibi, "Rus olmasına rağmen" diye ekledi.

"Eşinle cinsel ilişkiniz nasıl?"

"Aslında çok iyi. Sevişme konusunda biraz fazla üzerine gidiyor olabilirim ama haftada en az dört ya da beş kere cinsel ilişki yaşıyoruz. Oldukça fiziksel bir ilişki, pek duygusal değil. Eskiden bu durumdan yakınır ve daha fazla sevişmek isterdim; ama şimdi onu yalnız bırakıyorum."

"Burada bir sorun var gibi görünüyor."

"Annem gibi soğuk kadınları buluyor olmam mı?"

"Duygusal anlamda uygun olmayan bir kadının sana sevgi göstermesi için uğraşman."

"Onları buna nasıl zorlayabilirim..."

"Fahişelere, pek çoğunun vermek istemediği bir şeyi vermeleri için para ödüyorsun ve buna sinirleniyorsun."

"En azından, hükmetme kısmında sorun yaşatmıyorlar."

"Aslında onlara sana hükmetmeleri konusunda emir veriyorsun ki bu da aslında o an, kontrolün senin elinde olduğunu gösterir. Hükmedilen kişi olmanın en çok hangi yönünden hoşlanıyorsun?"

"Sadece başka birinin idareyi ele almasını ve bana ne yapacağımı söylemesini istiyorum. Ama nazik bir tavırla."

"Annenden beklediğin bu muydu?"

"Evet."

"Demek ki anne sevgisine umutsuzca ihtiyaç duyuyorsun."

Bill'in hükmedilme arzusu mazoşist bir istek değildi; bir ebeveynin varlığını hissetmek istiyordu. Ama bu isteği pek gerçekçi değildi. Bill bir annenin *temel niteliklerinin* peşindeydi; her iki cinsiyetin de sahip olduğu ama çoğunlukla annelerle özdeşleştirdiğimiz kadınsı niteliklerin: ilgi, besleyip büyütme, ruhsal dayanıklılık barındıran güven. Bill emekli olmak için yeterli parayı kazanmış olsa da ilişkiler bakımından hiçbir şeye sahip olmayan, evsiz bir adamdı. İnsanın en temel varoluşsal ihtiyaçlarından birinin karşılanmamış olmasına üzülmüştüm. Bu kadınsı sunumlar olmaksızın hepimiz bu dünyada evsiz sayılırız.

Bill, "O sevgiye ihtiyacım var. Yoğun. Hiçbir zaman yeterli gelmiyor" dedi. "Belki de eşimi seks yapma konusunda bu kadar çok zorlamamın nedeni budur."

Sonunda, mesajlarının karmaşık hale geldiği noktaya ulaşmıştık. Neden sevgi peşinde koşan bir adam onu cinsel yollarla aramaya çalışırdı ki? Susadığınız zaman sandviç yer misiniz? Yorgunsanız bir bardak su içer misiniz? İşte bu da, erkeklerin nasıl duygusallığa hayır, cinselliğe evet demeyi öğrendiklerine bir örnek. Bu yüzden, gereksinimlere erişim ve bunların yerine getirilme umudu, cinsellik yoluyla oluyor.

Bu, gerçekten suyu bulanıklaştırıyor. Cinsellik aşkın, hayatın ve erotizmin ifade edilişi olması gerekirken, başka beklentilerle yükü ağırlaştırılıyor. Bill'in sevgiyi seksle ilişkilendirmesi nevrotik bir hal almıştı. Çoğu seks bağımlısının öne sürdüğü "aşırı cinsel istek", "Ben cinselliği seviyorum" açıklamaları, arzuyla maskelenen bir bağımlılık aslında. Aslında olan şey, duygusal anlamdaki fakirlik, biri tarafından sevildiğinden emin olmayı isteme hali. Bu, "Beni seviyor musun? Beni seviyor musun? Emin misin? Sana inanmıyorum. Tekrar söyle" demek gibi bir şey.

Seks bağımlılığı, toplumda mahremiyet bozukluğu olarak kötü bir nam salmış durumda. Seks bağımlılarının yüzde 78'inin "katı bir şekilde ilgisiz" olarak sınıflandırılan ailelerden, yani psikoloji terminolojisiyle söyleyecek olursak, ciddi bir iletişim kopukluğu yaşayan ve bireyin kronik olarak yabancılaştığı ailelerden geldiğini ortaya koyan bir araştırma okumuştum. Hastalar, durmaksızın kırıntıları toplayan şahin, yarı kadın yarı kuş canavar, akbaba gibiler. Her şeyi yiyebilirler. Kadınlar erkeklerin bu fakirliğinin hemen farkına varıyor ve o anda kendilerini kapatıyorlar. Fahişeler ve porno yapımcıları bundan iyi paralar kazanıyor. Ne yazık ki bir evlilikte, insanı bitiren güvensizlik pek erotik olmuyor. Yine de bazı kadınlar erkeğin bu tutumuna razı oluyorlar ve buna rağmen kendi kişisel bağımlılıklarından ötürü, bir çeşit zorunluluk anlayışıyla cinsel ilişkiye giriyorlar. Bill'in karısının durumu bu anlattığıma uyuyor. Eğer doyumsuz gereksinimlerinin bir sonucu olan tüm cinsel taleplerine boyun eğerse onu asla aldatmayacağını düşünüyordu. Yaklaşımının bir seks bağımlısında işe yaramayacağına dair en ufak bir fikri yoktu oysa.

~

Tatile gittim. Guanajuato'ya. Evet! Rami ile gittim. Belki sebebi Meksika'daki en romantik kenti ziyaret ediyor oluşumuzdu. Kent o denli romantizm takıntılıydı ki, gece şehrin dar sokaklarında şarkıcılar döne döne dolaşıyor, aşk şarkıları söylüyor ve insanlar da şarap içip şarkılara eşlik ederek onları takip ediyordu. Yürüyüşü öpücükler vadisinde bitiriyorlar ve insanlar öpüşmenin tadını çıkarıyordu. Burası tam benim tarzımda bir kentti. Eğer bir kent insanın ruh eşi olabilseydi, sonunda onunla tanıştım diyebilirdim. Şehrin merkezindeki pembe kubbeli, büyük, İspanyol koloni dönemi kilisesinde evlenmek istedim. Büyük ayrılma planlarımı unutmuştum elbette ve ilişkimizin en sakin ve dengeli dönemine girmiştik.

Hatta Rami, kendi isteğiyle eşine boşanma davası açmıştı. Çok şaşırmıştım. Ben, eşiyle beraber, boşanmak yerine ayrı yaşama konusunda aldıkları kararın tamamen maddi nedenlerden kaynaklandığını kabullenmiştim. Boşanma kararı büyük bir maddi kayıp yaşaması demekti ve sahip olduklarını elde etmek için ne kadar çok çalıştığını düşününce, bunun onun için ne anlama gelebileceğini tahmin ediyordum. Hayatı, Amerikan Rüya'sının farkına varan göçmenlere dair, efsane hikâyelerden biriydi. Bir sığınma kampında büyümüş ve Amerika'ya, borç olarak aldığı ve geri ödemesini ancak bir yılda yapabildiği bir uçak biletiyle gelmişti. New York'a cebinde altmış yedi dolarla varmış ve sekiz erkekle beraber Brooklyn, Bay Ridge'de iki yatak odası olan bir eve yerleşmişti. Manhattan'da, bir hazır yemek ve şarküteri dükkânında işçi olarak yoğun bir şekilde çalışmış ve bir iş arkadaşıyla beraber kendi dükkânını açabilecek parası olana kadar birikim yapmıştı. Bir dükkân satın almış, tamir etmiş ve kâr edip hayatında hiç görmediği kadar çok para kazanmıştı. Yıllar sonra, pek çok dükkâna ve mülke sahip olmuştu. Artık çalışması gerekmiyordu ama aynı cüzdanı kullanmaya devam etmiş ve altmış yedi doları hep içinde taşımıştı; kazanamayacağı zamanların gelebileceğini hatırlatsın diye. Bu, benden daha düşünmeden hareket eden biri olduğu dikkate alınırsa, iyi bir hatırlatıcıydı. Kararının önemini anlıyordum ve emeğini heba etmesine saygı duyuyordum; her şeyden vazgeçiyor olmasına ve cömertliğine. Bu onun açısından, ilişkimizdeki güveni sağlamak adına ciddi bir adımdı.

Birkaç hafta sonra Bill bana eşinin onu aldattığından kuşkulandığını söyledi ve seanslarımızdan birine katılıp katılamayacağını sordu. Ayrıca eşinin, psikoterapistleri insanların kederlerini para kazanmak için sömüren şarlatanlar olarak gördüğü konusunda beni uyardı. "Sanırım gerçekten terapiye gittiğimden emin olmak istiyor" dedi, "başka kadınlarla görüşmediğimden."

Hastalarımı, tedavi sürecine eşlerini de dahil etmeleri konusunda cesaretlendirirdim. Ayrıca dürüst olmalarını isterdim; ama Bill çoktan bir yalan uydurmuştu bile. Natasha'ya, terapiye hafif derecede depresyon tedavisi için gittiğini söylemişti. Bir eşle tanışmak için zor bir durumdu, özellikle de gerçekte olup bitenlerden habersizken. Bazı terapistler çiftlerle özellikle çalışmıyor bile. Bir hastasının diğerinin sırlarını öğrenmesi konusunda herhangi bir sorumluluk söz konusu değildir.

Natasha orta yaşlı bir kadındı ve ağırbaşlı tavrı gerginliğini maskeliyordu. Sade, resmi, tarz bir gömlek ve rahat bir kumaş pantolon giymişti. Sarı saçı küt kesilmişti. Terapi odasında bulunmaktan rahatsız olduğunu rahatlıkla anlayabiliyordum; ofislerin yer aldığı koridor boyunca sanki bir cadı meclisine girmiş gibi ihtiyatla yürümüştü.

Zar zor gülümsedi ve bakışlarını dikkatle odamda gezdirirken elimi hafifçe sıktı ve divana çekildi.

Bill'in eşi tüm psikoloji girişimlerine şüpheli baksa da kendini korumayı bırakıp rahatladığında Natasha'da, Bill'in onun hakkındaki soğuk duygusal yorumuyla uyuşmayan bir içtenlik hissettim. Pembe, ışıl ışıl yüzü aslında iyi görünüyordu.

İlk dakikalarda konuşmadı ama gözleri benimle yoğun bir sohbet içindeydi. Beni baştan aşağı süzüyor ve ben ona baktığımda da hemen bakışlarını Bill'e çeviriyordu. Bazen ikimize de küçümseyerek bakıyor, sonra kendi içine çekilip boş bakışlarla düşüncelerinde kayboluyordu. Sakince Bill'e, "Burada nelerden bahsettiğinizi anlat" dedi.

"Depresyon."

"Faydası oluyor mu?"

"Evet."

"Evden çok uzaksın, gerçekten orada olduğunda bile. Dışarıda çok fazla zaman geçiriyorsun. Çocuklarını unuttun mu?" Natasha birden ağlamaya başladı. Mendil kutusunu ona doğru uzattım.

Bill, "Her akşam onları ben yatırıyorum" dedi.

"Sonra da çekip gidiyorsun." Elini Bill'in elinin üzerine koydu; elini tutmak istiyordu ama Bill ona karşılık vermedi. Natasha ona çok şey söyleyen gözlerle bakıyordu; bu, bilen bir kadının bakışlarıydı ve kendisine gerçeğin söylenmesi konusunda yalvarıyordu; bu, erkeğin açılmasını sağlayacak iyi niyeti belirten düşünceli bir girişim ile vahim korkunun bir arada bulunduğu bir bakıştı.

Bill çabucak odada gözlerini gezdirdi. "Arkadaşlarımla vakit geçiriyorum. Emekliliğimin tadını çıkarmak istiyorum. Çok çalıştım. Bunu yaşamama izin ver."

"Bu konuda kötü şeyler hissediyorum" dedi Natasha.

Sonra sessizce oturdular; bir çıkmazdaydılar. Bill doğruları söylemiyor ve eşinin ona ulaşma çabalarına karşılık vermiyordu. Bu anlara tanık olmak can yakıcıydı. Sezgi, kadınların sahip olduğu bu kutsal yetenek, şimdi Bill'in yalanlarından oluşan duyarsızlığı karşısında ıstırap kaynağı haline gelmiş, Natasha'yı kendi içindeki pusulasıyla kafası karışık bir halde bırakmıştı. Natasha yalvaran gözlerle bana bakıyordu; ayrıca belli belirsiz küçümser bir tavrı vardı. Sanki bir şeyler bildiğimi seziyor ve kocasının hayatı hakkındaki en önemli şeyleri bana, bu yabancıya, bu genç kadına, bu terapiste anlatmış olmasına gücenmiş gibi görünüyordu. Buna katlanamazdım. Natasha'ya her şeyi anlatmak istedim. Ama yapamadım. Ayrıca bencilliğinin neden olduğu çift yönlü zarardan ötürü Bill'e kızmıştım. Sanki bir kadının kendine olan güveninin parçalara ayrıldığını, algılarının çıplak bırakıldığını ve gerçeğin bulanık bir çarpıtmayla kaybolduğunu izliyormuş gibi hissettim kendimi.

Sadakatsizlik etmiş diğer hastalarım gibi Bill de suçluluk ve pişmanlık hissediyordu ve değerlerine aykırı davrandığını kabullenecek dürüstlüğe ve anlayışa sahipti. Ama bu onu yaptıklarından alıkoymuyordu.

Sıradan insanların nasıl da yozlaştığını düşündüm. Bu yavaş ve sinsi bir süreçti; kişi farkında olmadan başlar, görünüşe göre, muktedir bir güç haline gelene kadar sessizce bir organdan diğerine yayılıp, kişinin kemiklerine ve kanına yerleşirken, bir şeye işaret eden yumuşak ses göz ardı edilir. Girdap gibi dönerek bu güç bedeni işgal eder ve kişinin yüksek idealleri, ahlaki değerleri ve sorumluluklarına aykırı hareket etmesine neden olur; kişinin eşine olan sadakati bulanıklaşır. Ses daha güçlü hale gelir; "İhtiyacım var" ve "İstiyorum" diye bağırmaktadır, kör eden bir baskıya dönüşürken. Bazıları açgözlülükle yozlaşır, bazıları da yalnızlıkla, kıskançlıkla ya da kendinden nefret etmeyle.

Bill sevgiye ihtiyaç duyduğu için yozlaşmıştı.

İçeri girdiğinde Bill'den neler geleceğini hiçbir zaman bilemedim; ama birkaç hafta önce ortaya attığı bomba haber için kesinlikle hazır değildim.

"Sanırım, âşık oluyorum" dedi. "Craigslist ilanlarından birine cevap yazdım ve Bronx'taki bara gittim. İçeri muhteşem bir Latin genç kız girdi."

"Vay!" dedim.

"Gittikçe iyiye gidiyor" diye ekledi Bill.

Sonunda, aynı anda hem ona hükmedecek hem de şefkat gösterecek kadını bulmuş muydu acaba?

"Onu, Yonkers'ta pejmürde bir motele götürdüm" diye devam etti Bill. "Odaya girdiğimizde bana bir zamanlar erkek olduğunu söyledi. Buna inanabiliyor musun?"

Söyleyecek bir söz bulamadım ve Bill anlatmaya devam etti. Sorabileceğim tüm "Nasıl hissettin?" sorularına kendiliğinden cevap vermesine yetecek kadar uzun süreyi birlikte geçirmiştik.

"Yemin ederim, o kadar güzel ki anlatamam. Durum sinirlerimi bozabilirdi ama onda insanı büyüleyen bir şey vardı. Birbirimize bir şekilde tutulmuştuk. Tek yaptığımız, yatakta oturup saatlerce konuşmak oldu. Bana sadece cinsiyet değiştirme ameliyatı için gereken parayı biriktirene kadar fahişelik yapacağını söyledi. Onu okula gitmesi konusunda cesaretlendirdim. Onunla çok fazla zaman geçirdim; sevişmek için, bazen de sadece beraber takılmak için. Hatta diğer heriflere bile bazen onu arabamla ben bıraktım; böylelikle arabadayken de beraber vakit geçirmiş oluyorduk."

Bill'in yüzü ışıl ışıldı. "Bunun nesi farklıydı?" diye sordum.

"Carla bana, beni gerçekten önemsiyormuş gibi davranıyor. Beni dinliyor ve başka hiçbir kadının beni görmediği ve büyük olasılıkla asla göremeyeceği şekilde görüyor. Dün bana, yalnız ve kaybolmuş gibi göründüğümü söyledi. Ben bile bunu fark etmemiştim; ama sanırım haklı. Orada sadece yirmi yaşında olan bu kızla konuşup her şeyin boş olduğuna dair endişelerimi paylaşıyorum ve o bunu anlıyor. Onun aslında erkek olmasını önemsemiyorum."

"Senin neye ihtiyacın olduğunu gerçekten kavramış" dedim. Nasıl da zekice bir manevra. Bu kadın Bill'in aradığı şeyin seks olmadığını anlamıştı.

"Çok zeki biri. Bronx'da değil de Connecticut'ta doğmuş olsaydı, gay gibi davrandığı için komşu çocuklar tarafından tartaklanacağı konusunda endişelenmek zorunda kalmasaydı, daha iyi bir eğitim görme ve seyahat etme fırsatı olsaydı hayatının nasıl olabileceğini düşündüm. Tahmin edersin; Carla Nietzsche, Steinbeck ya da Proust'un kim olduğunu bilmiyor. Ne Başkan Roosevelt ne de Trujillo hakkında bir şey duymuş. Ne de ailesinin ülkesi Dominik Cumhuriyeti'nin tarihi hakkında. New York'tan dışarı hiç çıkmamış ama sana çok keskin zekâlı ve mantıklı biri olduğunu söyleyebilirim; onun fikirlerini kendi arkadaşlarımınkinden daha değerli buluyorum. Keşke zekâsı bir şekilde işlenebilseydi; hayatı ne kadar farklı olurdu..."

Bill Carla'dan erkek olarak mı yoksa kadın olarak mı söz edeceğini, davranışlarının gerçek mi yoksa rol mü olduğunu bilemiyordu. Tek bildiği, kendisini görebilen biriyle tanıştığı ve bu durumun onu yaşama döndürdüğüydü. Ve Carla'ya dair tüm bu anlattıklarında tek bir konu dikkati çekiyordu: Onu üniversiteye gitmeye ikna etmek için çok zaman harcamıştı. Yüksek öğrenim seçeneğini hiç düşünmemiş olmasına inanamıyordu. Ona tarih, edebiyat, şiir üzerine kitaplar satın almaya başlamıştı. Carla'ya tam gün için para ödüyor ve onu kitap okuyabileceği kafelere götürüyordu. Bill Carla'da onu varoluşsal sıkıntılarından kurtaran bir amaç bulmuştu. Aylardır, ona kendini kayıp, yararsız, bıkkın ve hayal gücünden yoksun hissettiren bir dünyadan çıkarmaya çalışıyordum onu. Soyut felsefi tartışmalarımız bir yere varmıyordu. Hayatının anlam kazanmasında Bill'e, Carla'nın varlığı yardımcı olmuştu.

Bill, Carla'nın cinsiyet değişimi ameliyatının masraflarını karşılamayı ve ona üniversitede okuması için mali kaynak sağlamayı planlıyordu. Maddi sorunlarını düşününce bunu başarabileceğinden pek emin değildim; Natasha ve çocuklarından söz etmeye gerek bile yoktu. Belki de tüm bunlar yeni bir bağımlılık belirtisiydi, tıpkı Bill'in bana ilk başta gelme sebebi gibi. Ama içimden bir his, Bill'in özündeki dürtülerin değişmekte olduğunu söylüyordu.

Carla deneyimlerini onunla paylaşırken Bill'i kendi yakınma ve hayal kırıklıklarının ben merkezli dipsiz kuyusundan çekip çıkarmıştı. Connecticut, golf, golf kulübü ve Bermuda'ya yolculukların ötesindeki dünyayı görmüştü artık. Alışık olmadığı yaşam tarzı, hayata geniş çerçeveden bakma konusunda onu aydınlatmıştı ve her ne kadar Carla'nın verdiği mücadeleyi duymak canını sıkmış olsa da onunla ilgili korkunç gerçeklere kulaklarını tıkamayı hiç düşünmemişti. Aksine yeniden canlanmış, aklı birden çözümler ve fikirlerle dolmuştu. Hayata dahil olmak istiyordu. Etki yaratmak. Faydalı hissetmek. Dahası, artık cinsellik aklını eskisi kadar meşgul etmiyordu.

Şimdi aklı uyarılmıştı ve etkili işliyordu.

Ne yazık ki üzerinden çok uzun süre geçmeden Bill'in Carla'nın hayatını değiştirmeye dair coşkulu mutluluğu tiz bir çığlıkla son buldu. Bill telaş içinde ofise geldi.

"Natasha benim mesajlarımı okumuş ve ona gittiğimi söylediğim yerlerde olmadığımı anlamış. Sonra çalışma masamı karıştırmış ve gizli cep telefonumu, motel harcamalarıyla dolu kredi kartlarımı, izlediğim porno web sitelerini ve hediyeleri bulmuş. Çok büyük bir kavga ettik ve ayrılıp, çocukları yanına almakla tehdit etti beni."

Duygusuz görünmek istemiyordum ama ilk olarak, sadece tehdit mi etti, diye düşündüm.

"Neler olduğunu ona anlattın mı?"

"Ona her şeyin doğrusunu anlatmama imkân yok" diye perişan halde kekeledi. "O kadar üzgündüm ki hemen kendimi evden dışarı atıp, üç saatlik mesafedeki annemin evine gittim.

Sinir krizi geçirdiğimi hissediyordum. Ama eve vardığımda annem yoktu."

Bill içine kapanmıştı, mahvolmuştu ve tepkisel olarak evine gidişinin yüzeye çıkardığı, yılların biriktirdiği acıyı tekrar hissediyordu.

"Anlıyorum, Bill. Sonunda ona doğru uzandın ve tekrar, çaresizlik içinde ihtiyaç duyduğun annene ulaşamadın."

"Sonra, cinsel istismarı hatırladım."

Ne? Neden bundan bana daha önce bahsetmemişti? Sakinliğimi korudum çünkü Bill'in herhangi bir yargılama belirtisine karşı vereceği tepkiyi biliyordum.

"O konuda konuşmayı sevmiyorum ama annemin erkek arkadaşlarından biri, on iki yaşındayken beni taciz etti."

Kendi içine çöküyor gibiydi ama ben buna izin veremezdim. "Şimdi bana anlatırken aklına neler geldi?"

"Yoksa gay miyim diye düşündüm. Bir gece, Carla'yla seviştim ve şimdi bu, bütün yaşananları bana tekrar hatırlatıyor. Annemin arkadaşı benimle cinsel ilişkiye girdiğinde o ilişkiden hoşlanmış olabilirim. Yıllardır bunu çözmeye çalışıyorum."

"Bunaltıcı ve kafa karıştırıcı bir durum olmalı" dedim. "Bana o ilişkinin nesinden hoşlandığını anlatabilir misin?"

"Bana ilgi gösterme biçiminden. Çok dostça davranıyordu, beni beysbol maçlarına götürüyordu. Hiç sahip olmadığım babam gibiydi."

"Bu mantıklı, Bill. Umutsuzca bir ebeveyn figürüne ihtiyaç duymuşsun."

"Cinsellik kısmından pek bir şey anlamıyordum. Sanırım yanlış bir şeyler olduğunu biliyordum ama aklım karışıktı. Arkadaş gibiydi. Kötü bir adam gibi durmuyordu." Bill dudaklarını büzdü. "Belki de onun bana dokunmasından bile hoşlanmış olabilirim. Yani, bilmiyorum..."

"Bu pek sıra dışı bir tepki değil" dedim. "Cinsel ilişkiye girmek *istediğin* anlamına gelmez. Annenin arkadaşı, durumu anlama konusundaki yetersizliğini fırsat bilip senden faydalanmış. Ve sen bundan hoşlanmış olsan bile bu senin cinsel eğilimine dair herhangi bir şey ifade etmez."

Bill'in aklı hâlâ karışıktı. "Ama Carla'yla yaşadığım cinsel ilişkiyi gay olduğum için mi yoksa onunla beraber olmaktan keyif aldığım için mi seviyorum, bilemiyorum. Normalde erkekler hakkında fanteziler kurmam. Caddede yürürken kadınlara bakarım."

Zamanla Bill, çocuklukta geçirdiği bu sarsıntıyı dışa vurmanın sebep olduğu birtakım biseksüel eğilimleri olduğuna karar vermişti. Ve cinsel istismara uğramaktan çok, annesinin onu korumamış olmasına üzülmüştü. Aslında annesi, tacizcinin Bill'le ilgilenmesine ve bazen onunla yalnız vakit geçirmesine izin vermişti. Bazen avare parti insanları evin içinde aylak aylak gezinir, kanepelerde ya da yerde uyur ve Bill'in önünde uyuşturucu alırlarken annesi kendini yatak odasına kilitliyormuş. Bu, Bill'in ruhuna güçlü bir şekilde işlemişti. İnsanlar sık sık, "Neden psikoterapide geçmişte yaşananlar tekrar gündeme getirilir?" diye sorar. Bill için geçmişe dönmek, düşüncelerini biçimlendiren o anlarda kadınlar konusunda vardığı sonuçları anlamasına yol açmıştı. Bill'in annesi tutarsızdı ve böylece Bill, sadece bir kadına güvenilemeyeceğini öğrenmişti. Bu fikir, bütün olarak, onu o kadar korkutmuştu ki gerçekte eşinin gerek duygusal gerek cinsel anlamda her zaman hazır *olduğunu* göremiyordu. Bill'in tek yapması gereken, eşinin sunduklarını kabul etme konusunda kendine fırsat vermekti.

Sonunda Bill'e, ona göre, istediğini elde etmesine, Natasha'dan ilgi görmesine engel olan şeyin ne olduğunu sordum. Verdiği yanıt, uyduruk bir bahaneydi: "Onun aklı sürekli çocuklarda."

"Üzgünüm ama sana inanmıyorum" dedim. "Seansa geldi ve sana ulaşmaya çalıştı. O, senin istediğin, *uygun* kadına en yakın kişi. Hadi. Ona yakınlaşmana gerçekten engel olan şey ne?"

"Kendisi" diye ısrar etti Bill.

"Tamam, şu an burada değil; o halde sana bakalım. Bundan sonra Natasha'ya tamamen sadık olursan sence ne gibi şeyler olur?"

Bill bir anlık telaş ve korkuyla onun ihtiyaçlarını karşılayamayacağını düşündüğünü kabullendi.

"Yani ona güvenmiyor musun?"

"Aslında..."

"Bana da güvenmiyorsun."

Bill'in temel algılarının, sanki eğlence yerlerindeki komik aynalara bakıyormuşçasına çarpıtıldığına inanıyordum. "Sevgiye karşı iştahın kabarmış ve çarpıtılmış hâlde; kadınlar ise çok cimri ve sakıngan. Çalışmamızın özü burada yatıyor: Bu güçlü korkularda ve senin umutsuzca sevgi arayışında. Bu, o tacizin sana bıraktığı miras."

İçyüzünü anlamak, hastayı sadece bir yere kadar götürebilir. İlişkilere dair korkularını bir kere kabul ettiklerinde artık yeni görev bu korkularla başa çıkmayı öğrenmektir. Ancak bundan sonra dönüşüm başlar. Bu, uzun bir süreçtir. Bazıları için bir hayat yolculuğudur. İyileşmek, gün yüzüne çıktıklarında bu korkuların farkına varmak ve tepki vermemeye çalışmaktır. Bu, bilişsel bir çalışmadır. Bu süreçte kendinle konuşursun ve korkunun içinden geçerek nefes alırsın. Bill ve ben, bunun üzerinde aylarca çalıştık ve Natasha ile yeniden bir araya gelme yönünde küçük adımlar atarken, yaşadığı rahatsızlığa katlanmayı öğrendi.

Sürecin bir parçası olarak, Natasha'ya her şeyi anlattı ve bu cesaret isteyen dürüstlük, sonunda Natasha'nın da ileriye dönük adımlar atmasını sağladı. Ayrıca Bill, bir daha Carla'yla hiç görüşmedi; her ne kadar tanışmaları çok önemli bir şeyi, hayatında tamamen yeni bir hedef belirleyebileceğini fark etmesini sağlamış olsa da. Carla, Bill'in varoluş konusunda hissettiği boşluğu insanlara yardım etme tutkusuna dönüştürmesinde esin kaynağı olmuştu. Bill, kenar mahalle çocuklarına üniversiteye giriş başvurularında yardım eden bir kurumda gönüllü olarak çalışmaya karar vermişti. Ve Carla için burs sağlamış ve onun adına yıllık fon oluşturmuştu.

Son seansımızda Bill'in gözünde yaşlar vardı.

"Bana böylesine sevgi dolu ve şefkatli davrandığın için sana teşekkür etmek istiyorum" dedi. "Sana ne anlattıysam beni o şekilde kabul ettiğini hissettim. Sevilebilir bir insan gibi hissetmemi sağladın. Bilmeni istiyorum ki beni iyileştiren, tek başına budur."

Kendi gözyaşlarımı sildim ve derin nefes aldım. Baş vurduğum onca yöntemin arasında en etkili olanın, sadece hastaya gerçekten insani bir sevgiyle yaklaşmak olması beni çok şaşırtmıştı. Bu özellikle Bill'le ilgiliydi çünkü hiçbir zaman bir kadına gerçekten tam olarak güvenememişti. Bana göre hiçbir zaman, Bill'le empati kurmak zorunda kalmadım; sohbetteki varlığım samimiydi ve kesinlikle ilişkinin iyileştirici olmasının nedeniydi. Psikoterapide buna "düzeltici duygusal deneyim" denir. Terapistle ilişkisinde hasta o kadar güçlü yeni duygular yaşar ki insanlar ve dünya hakkında uzun süredir benimsemiş olduğu varsayımların, yanılsamaların ve hükümlerin ötesine geçer. Ama bu, kavramsal seviyede bir değişim değildir; daha çok içgüdüsel bir değişimdir ve bir deneyimin sonucunda ortaya çıkar.

Son olarak varılan nokta, umuttur.

Çıkış Bölümü

Bu kitapta bahsedilen her olayı ayrı ayrı düşününce erkeklerle çalıştığım ilk yıllarda benim için en aydınlatıcı şey, kadınların erkekleri anlamaya çalışırken birbirlerine anlattıkları efsanelerin çürütülmesi oldu. Bu masallar öyle destansı noktalara ulaşıyor ki, her ne kadar içten içe yaygın, büyük bir basitleştirme olduğunu bilseniz de size gerçek gibi geliyorlar. Öncelikle, erkeklerin bir şekilde cinselliği aşktan ayırdığına dair yaygın, basmakalıp varsayım söz konusu. Bu klişe, bütün erkeklerin tek istediğinin seks olduğu, her zaman bunu istedikleri ve istedikleri seksin sadece cinsel organlara odaklı olduğu düşünceleriyle destekleniyor. Son olarak, bunların hepsinin, biyolojik olarak erkeklerde varolan, tohumlarını oraya buraya saçma dürtüsünden kaynaklandığı kuramı var. Çoğumuz erkeklerin böyle olduğunu kabul ediyoruz. Fakat tam da bu efsaneleri canlandıran erkeklerle konuştuğumda, erkeklerin cinsel güdülerinin kadınlarınkinden pek de farklı olmadığını ortaya çıkarmak sadece birkaç seans aldı.

Cinselliği aşktan ayırmak erkekler için o kadar da kolay değil. Anladım ki sevgi, insanlığımızın öyle merkezi bir parçası ki kendimizi verme ve alma gereksiniminden ayıramayız. Sevgi gereksinimi cinsellik de dahil her davranışımıza işlemiş durumda. Bağlılık gerektirmeyen deneyimler, isimsiz eşler, barlarda anlamsız buluşmalar, seks işçileri ya da aradıkları her neyse, erkeklerin yine de daha fazla tutku istediklerinden yakındıklarını fark ettim, ki bu, o anki benlik gereksinmesi açısından şehvetten farklıdır. Kısacası burası onu elde ettiğim yer, yani yakınlığı geliştirmeye yönelik bu fikirleri; onlar benim öngörülerim değil, doğrudan erkeklerin tatmin olmamış ağızlarından çıktılar. Onlar bunu talep ediyorlar. Bence insanlar cinselliğin önemli olmasını, özel olmasını istiyorlar.

Cinselliğin *her zaman* sevginin ifadesi olması gerektiğini ya da sevgi olmadan yaşanan cinselliğin kötü ya da yanlış olduğunu söylemiyorum. Aslında, bağ kurulmadan, sadece zevk için yapılan seksin meşru argümanları olduğunu fark ettiğimi söylemek istiyorum... Birine duygusal anlamda bağlılıkla birlikte gelen yük olmaksızın, kimlikten ve kişinin doğasının yalnızca cinsel tarafının tadını çıkarma yeteneğinden kaçış vardır. Bu çeşit etkileşimlerde deneyimlenen, gerçek hazdır. Fakat gerçek şu ki benim divanımdaki erkekler bunu romantik ve çekici bulmuyorlar. Aşk hakkındaki fikirlerimi hastalarıma dayatmama konusunda oldukça bilinçliydim. Başlangıçta, geliş sebepleri ne olursa olsun konuşmayı kaçınılmaz bir şekilde o noktaya getirenler vardı. Bence bu, çoğu cinselliğin aslında bir ilişki dahilinde yaşanmasından kaynaklanıyor ve böylelikle ilişki cinselliğin içine işliyor. Hatta bir ilişki olmadığı zaman bile hâlâ şehvetin ardında cinselliği işgal eden duygusal ihtiyaçlar yatıyor, ki bu noktadan sonrası benim için ilgi çekici hale geliyor.

Hastalarım için cinsellik, sevginin vekili olmuştu. Duygusal anlamda elde edemediklerine, talep edemediklerine cinsellik yoluyla ulaşmaya çalışmışlardı. Cinsellik, benlik mücadelesinin yerine çalışıyordu: özel, önemli, güçlü ve arzulanan biri olma isteğinin. Cinsellik annenin, eşin ya da bir fahişenin sağlamadığı her şeyin yerini alıyordu. Fakat çoğu, içten çağıramadıklarının vekiliydi. Kendilerini önemsemeyi öğrenmek yerine fanteziye yöneliyor, senaryolar yazıp oyunda yer alacak bir kadın oyuncu arıyorlar. Bu rol de erkeğin, o an, ne istediğine göre değişiyor. Bu erkekler, beraber oldukları kadının onun ne istediğini sezip o şeye dönüşmesini umuyorlar. Bunların, gerçek kadınlarla hiçbir bağlantısı yok.

Bu sevgi değil; oyun adına, tüm sahneleri ve yoğunluğuyla ucuzluk marketindeki, yani 7-Eleven'daki kasiyerle aranızda oluşabilecek etkileşimden daha derin değil aslında.

Bir keresinde, çok başarılı bir şarkı sözü yazarı olan bir hastam oldu. İlk seansımızda, "Hayatımı kazanmak için aşk şarkıları yazıyorum ama aşka inanmıyorum. Bu işi sadece para için yapıyorum" demişti.

Söylemek istediği ilk şeyin bu olduğu çok açık, diye düşünmüştüm. Kendisi hakkında ortaya koymayı seçebileceği onca şeyin arasından konuşulmasını istediği buydu.

"Aşk bir yanılsama" diye devam etti. "Feromonlar, dopamin... her şey sonuçta sekse varıyor. Üremeye. Aşk romantik bir fantezi sadece."

Daha bezgin görünemezdi.

"Aşkın gerçek olmasını diler misin?" diye sordum.

"Hayır, ben gerçeklikte yaşamak istiyorum."

"Ve gerçeklik biyolojiden ibaret, öyle mi?"

"Tamam, evet. İnsanlar âşık olmakla ilgili konuştuklarında, 'Bu kişi bana kendimi iyi hissettiriyor' demektedirler aslında. Ama bu aptalca bir onaylanma sadece. Beni yanlış anlama, ben onaylanmayı severim. Aslına bakarsan, bunun için yaşıyorum. Ama insan hiçbir zaman ona sürekli sahip olamıyor; işte bu yüzden şu an kendimi iğrenç hissediyorum. Eski kız arkadaşım berbattı."

"Yani eğer aşka dair her şey biyolojiyse o zaman biz de bunu kabul edelim. Kutlayalım!"

Ayağa kalktı ve odanın içinde dolandı. "Biraz hareket etmem lazım" dedi. "Psikologların şu 'uzanın' lafından nefret ediyorum. Bir işe yaradığı mı düşünülüyor? Ben buraya yardım almak için geldim." Tekrar oturdu ama bu kez ayağımın dibindeki iskemleye ve kısacık mesafede, sessizlik içinde yüzüme baktı; sanki benim hakkımda bir şeyler okumaya çalışıyordu. Ben de gözlerimi ona diktim; kaşlarım kalkmıştı ve hafiften sinirlerim bozulmuştu.

Sonra aniden ayağa kalktı ve tekrar dolanmaya başladı.

"Güzel bir kadınsın, biliyorsun değil mi?"

"Konudan uzaklaşıyorsun" dedim. "Yardım almak için geldiğini sanıyordum."

"Affedersin, bende dikkat eksikliği var ve çok kahve içtim. Neden söz ediyordum, hatırlamıyorum. Kayboldum. Karmakarışığım."

"Aşkın biyolojiye dayalı olduğunu söylüyordun ve ben de 'Öyleyse ne olmuş? Tadını çıkar sen de' diyordum."

Divana geri dönerken, "Hayır, bu çok anlamsız, dostum" dedi.

"O zaman ne istiyorsun?" diye sordum.

"*Anlamlı* olmasını istiyorum."

"O zaman, anlamlı olmasına fırsat ver."

"Ama anlamsız."

"Sanırım, haklısın. Sen varoluşsal bir belasın!"

"Bana kahvemi ve Kierkegaard'ı bırakmamı söylüyorsan, üzgünüm tatlım, bu benim dünyam."

"Tatlım?"

"Affedersin, özür dilerim, Doktor!" diyerek, bir an çapkın bir ifadeyle gülümsedi.

İkimiz de güldük.

"Hiç âşık oldun mu?"

"Evet, sanırım. Eski kız arkadaşıma âşık olduğumu sanmıştım. Aşkın sebep olduğu düşünülen tüm duyguları yaşamıştım."

"Yani bazı duygular *gerçekten* var..."

"Öyle sanırım. Gerçi bunlar sadece kimyasal tepki de olabilir." Cebinden cep telefonunu çıkarıp kurcalamaya başladı.

"Seni hayal kırıklığına mı uğrattı?"

"Hayal kırıklığı da laf mı!"

"Yani seni yüzüstü bıraktı ve sen de aşka dair her şeyi yerden yere vuruyorsun. *Her şeyi* yok sayıyorsun, öyle mi?"

"Eğer müdürüm ararsa açmam gerekir" dedi.

"Sevilmek mi istiyorsun?"

"Evet."

Çoğumuz, aşkı anlamadığımız için, ne gibi beklentiler içinde olmamız gerektiğini bilmiyoruz. İlişkisinde neler yaşadığını henüz bilmiyordum ama şu çok açıktı ki birtakım beklentileri varken umutları boşa çıkmıştı ve bu da felsefi bir saldırıya geçmesiyle sonuçlanmıştı. Fakat hiçbirimiz, aşk dediğimiz şeye yoğun bir açlık duyduğumuzu inkâr edemezdik. Ve ben biliyordum ki özlem deneyimi onun için gerçek olacaktı. Peki ya biyolojik zorunluluklar ve onaylanma ihtiyacı sürecin bir parçasıysa? Hastam aşkın özünü, parçalarının toplamını kaçırmıştı.

"Sevgi, sadece iki kişi arasındaki romantik aşktan çok daha büyüktür" dedim. "Çok daha geniş çaplıdır. Hayvanları, doğayı, çocukları, arkadaşlarınızı sevebilirsiniz. Hepimiz alma ve verme gereksinimiyle doğarız ve bunu sadece bir insana tutunmak, sadece bir nesneyi sevmekten öte, çok çeşitli yollarla gerçekleştirebiliriz. Çevrendeki her şeyi bir şekilde sevebilirsin."

Sözcüklerle karşılık vermedi, sadece kuşkulu gözlerle baktı; bu yüzden açıklamaya devam ettim.

"Bana sevdiğin bir şey söyle."

"Gitar çalmak."

"Gitar çalmanın nesini seviyorsun?"

"Müziğe kendimi kaptırıyorum. Zahmetsiz."

"Bir şey söyleme. Sessizce düşün."

"Tamam..."

"Gitar çalmayı nasıl sevdiğini *hissedebiliyor musun*?"

"Ne tuhaf şey bu. Benden ne yapmamı istiyorsun?"

"Bana ayak uydur."

Durdu. "Tamam. Evet, içimin ısındığını hissediyorum."

"Şimdi o hissi büyütmeye çalış."

"Ah... pekâlâ."

"Şimdi sevdiğin başka bir şeyi düşün."

"Kız kardeşim."

"Burada dur. Bırak içine yerleşsin."

Gözleri doldu.

"İşte, onu ürettin. İstediğin zaman, istediğin kadar sevgi yeşertebilirsin içinde."

Bir süre bu şekilde devam ettik ve sevdiği pek çok şeyi öğrendim; bunların arasında ölmüş köpeği Sherman ve ortası kremalı dondurmalar da vardı. Kendimi rahatsız hissediyordum çünkü yönlendirmelerimi takip ederken bile lütfettiğini düşündüğünü hissedebiliyordum. Kesinlikle, aşk konusunda tam bir Pollyanna olduğumu düşünüyordu. Böylelikle, alıştırmaları tekrar tekrar uyguladık, pek çok insanı ve etkinliği anarak... Ve sonunda aşk duygusunu ortaya çıkarıp koruyabildi. Bu, aşk hissinin üretilebileceği konusunda benim olduğum noktaya varmasını sağlamıştı. En azından onun gerçek, somut bir şey olduğunu kabul etmesini istiyordum. Bedenindeki bu hisse güvenebilirdi. Ve sonuçta, bu duygunun iyi hissettirdiğini kabul etti.

Bundan sonra, sadece bir kez daha görüştük; ardından, Avrupa'ya seyahat etmek için aniden tedaviyi bıraktı. Son seansa geldiğinde nasıl ayrılmak zorunda kaldığını ama bundan pek etkilenmediğini çünkü artık onu hiçbir şeyin etkilemediğini anlattı. "Dünya bütünüyle anlamsız." Ama belki de, zamanımız sona ermeden benden ona bir umut pırıltısı sunmamı bekleyerek gelmişti.

"Doktor, bana aşkı tarif edebilir misin?"

Köşeye sıkıştırılmıştım ve telaş içinde, söyleyecek bir şey bulmaya çalıştım. "Bizim romantik ve çekici olarak tanımladığımız aşk zevkli bir şey, içgüdüsel bir his; sevmek ise geniş bir davranışlar ve duygular dizisi..."

Ellerini kaldırdı. "Doktor, lütfen dur. Gerçekten mi? İnsanlara söyleyeceklerin bu mu? Bence bunlardan daha iyi fikirler bulmalısın. Hatırlaması kolay şeyler, kısa bir mantra belki ve lütfen bu kadar bilimsel olmasın!"

Haklıydı. Gerçekten sıkıcıydım.

"Pekâlâ, tamam, tamam" dedim. "Aşk, etrafındaki her şey ve herkesteki güzelliği görmektir. Ve senin tekrar esin kaynağını bulmak, yaratmak, şarkı sözü yazmak için aşka ihtiyacın var."

Bir ay sonra ondan bir mail aldım; Brüksel'deydi. Bana teşekkür ediyordu. Ayrıca, "Son bir sorum var. Ya bir daha asla aşkı bulamazsam?" yazmıştı.

Şöyle yanıtladım: "Bulacağına inanıyorum. Kesin olarak bildiğim bir şey varsa o da herkesin sevgiye ihtiyacı olduğudur; almaya ve vermeye de. Bir ilişki son bulduğunda bu da son bulmaz. Aşk, bir kişiden daha büyüktür."

Ayrıca, son sohbetimiz üzerine düşündükten sonra, Sartre okumayı bırakıp birkaç Mevlana kitabı aldığını yazmıştı.

Aşk konusundaki fikirlerde bu değişim çok sık oluyordu ve bu beni mutlu ediyordu. Gerçekten de, bana, "Artık aşkı aramıyorum. Aşkın kendisi olmak istiyorum" diyen erkek hastalarım oldu. "Kadınlar fahişedir" gibi en yaygın ifadelerden, "Sevilip sevilmediğimi merak ederdim. Şimdi ise hiç sevdim mi diye soruyorum kendime" düşüncesi yönündeki bu gelişmeler beni şaşkına çeviriyordu. Erkeklerin karşımda böyle cümleler kurduğuna inanamıyordum. İlgileri, başkalarından almaya değil başkalarına vermeye yöneliyordu ve ben bundan oldukça memnundum.

~

Bir süredir Rami ile ilişkimiz durağandı ve bu yüzden, bu uzak mesafeli ilişkinin bir son bulması gerektiğine karar verdik. Eğer ilişkimiz devam edecekse ikimizden birinin taşınması gerekiyordu. Sonra, tam da kendi tarzıyla Rami kapımdaydı ve "Ben New York'a taşınıyorum" dedi. Birkaç eşyasını arabasına yükleyip Florida'dan ayrılmıştı. "Sen benim hayatımın aşkısın" dedi. "Bedeli ne olursa olsun beraber olacağız."

Mutluluktan havalara uçtum. Sonunda, kim taşınacak düşüncesinin yarattığı gerginlik bitecekti ve ben Rami'ye de New York'a da sahip olacaktım. Times Square'deki ev arkadaşlarıma veda edip, ikimiz için Yukarı Batı Yakası'nda bir yer kiraladım. Her gün akşam yemeğinde onu görüyordum ve sonunda her gece beraber yatacaktık. Fakat bu hayallerim yaklaşık iki ay sürdü. Ayrıntılara girip sizi sıkmayacağım ama sonrası aşağı yukarı şu şekilde gelişti: Bir nişan yüzüğü aldı. Tartıştık. Yüzüğü geri verdi ve kendine bir Rolex aldı. Tartıştık. Rolex'i Hudson Nehri'ne fırlattı. Florida'ya geri döndü.

New York'ta ilk kez kendime ait bir evdeydim.

Bu bir ayrılık değildi ve kendimi kötü hissetmiyordum. Sadece, uzak mesafeli ilişkimize geri dönmüştük. Rami Florida'daki büyük evini özlemişti; insanların Manhattan'da yaşadığı şekilde yaşayamadığını söyledi.

Rami'nin neler söylediğini düşünürken stüdyo dairemde uzanıyordum. O kadar dar bir odaydı ki yatağımdan uzanıp buzdolabının kapısını açabiliyordum. Kendi yaşam standardıma göre daha iyi bir evde kalabileceğimi fark ettim; telefon kulübesi boyutlarında mutfağı ve uyurken etrafta gezinen fareleri olan bir evde daha ne zamana kadar yaşayacaktım ki?.. (Anahtarlarımı ve ayakkabılarımı yatağımın yanına koyardım ki gecenin orta yerinde gerekirse onlara fırlatayım.)

Bir yılı New York'ta geçirdikten sonra Florida'ya geri döneceğime dair verdiğim sözü hatırladım ve gitmememin gerçek sebebini. Güven sorunumuz vardı. Kendimi güvende hissetmiyordum; bu yüzden böyle bir riske girmeye hazır değildim. Rami'nin yanına taşınma konusundaki endişelerimle yüzleşmek yerine New York'ta kalmaya karar vermiştim. Bu delilik, diye düşündüm. Hastalarımı sevdikleri insanlar konusunda cesur olmaları için kışkırtıyordum. Artık benim için de riske girme zamanının geldiğine karar verdim.

Rami'yi aradım ve Florida'ya taşınacağımı söyledim. İşyerimi devrettim, evime başka bir kiracı buldum ve arkadaşlarıma veda ettim.

"Sen delirdin mi?" diye soruyorlardı. Yukarı Batı Yakası'nda bir barda, kararımı bildirmek için hepsini bir araya toplamıştım. Şoke olmalarına rağmen kendimi huzurlu hissediyordum, sonunda eşiği atlayıp bir karara varabildiğiniz zamanlardaki gibi. Rami'yle birlikte, yeni hayatımıza ilişkin heyecanla planlar yapıyorduk.

Birkaç gün sonra, ben eşyaları toplamaya başladığımda Rami aradı.

"Belki de benim yanıma taşınmaktansa burada başka bir eve yerleşsen daha iyi olur" dedi.

"Ne? Neden?"

"Ya birbirimizden sıkılırsak?" dedi. "Kendimi kapana kısılmış gibi hissetmek istemiyorum." Pek de anlamlı olmayan karmaşık şeyler söyledi ama kötü bahanelerdi. O kadar şaşkındım ki söylediklerini zar zor duyuyordum.

"Belki de sana, finansal olarak senden sorumlu olmadığıma dair bir kâğıt imzalatsam iyi olur" diye geveledi.

Telefon elimden kaydı, yere yığıldım, ağlamaya başladım.

Rami tökezlemişti; tıpkı taksi şoförü Mohinder'in eğer kendimi ona bu denli açarsam olacağını söylediği gibi.

Eğer ben bir adım atarsam sonunda dengeli bir ilişkimiz olabileceğine inanmıştım. Onca sene kendimi çekerek, her ne kadar uzakta olduğum için *beni* suçlamışsa da, aslında Rami'nin kendini rahat hissetmesi için yeterli olan mesafeyi korumuştum.

Sonra bir an, beynimden vurulmuşa döndüm. Tanrım! İşyerim! İşyerimi başka birine daha yeni devretmiştim. Ayrıca iki hafta içinde evimden çıkmak zorundaydım. Tüm hayatımı, aşk adına cesur bir karar aldığıma inanarak tamamen değiştirmiştim.

Kendimi topladım ve her zaman gitmek istediğim yere, Kaliforniya'ya bir uçak bileti ayırttım. Birkaç gün içinde, sahilin karşısında güzel bir evde bir oda kiraladım ve kalan eşyalarımı toparlamak için New York'a döndüm. Her şeyi kolilere koyup kendi adresime postalamaya karar vermiştim. Kolilerin üzerine San Diego adresini yazarken, kapıda Rami'yi görünce şaşırmadım; konuşmak istiyordu. Bu kez ondan sadece, benim için kolileri postaneye götürmesini istedim. Çok ağırlar, dedim.

İşte bu.

Evet, Rami beni çok kırmıştı. Yalanlar, zamparalık, reddedilme. Fakat asla taşınma kararımdan ötürü ya da bu adamı sevdiğim için aptal olduğumu düşünmedim. Çünkü benim sadakatim, aşkın dürüstlüğü adınaydı. Evet, beni yüzüstü bırakmıştı; ama bu, onun kendi sevme mücadelesinden ötürü böyle olmuştu. Ben cesur kararımla ve aşka bağlılığımla gurur duyuyordum. Her ne kadar bu konuda kusursuz olmasam da her defasında biraz daha ilerliyorum.

Aşk acısı çeken gerek kadın gerek erkek hastaların sorduğu en yaygın sorulardan biri şudur: Neden tekrar deneyeyim? Neden açılmalıyım? Bu insanlar aşkta sorun yaşama olasılığının her zaman var olduğu ama yine de ona muhtaç oldukları gerçeğiyle uzlaşmaya çalışıyorlar. Ama korkuya teslim olmak ve ilişkiye başlamayı reddetmek onları korumaz; çünkü diğer seçenek yalnız kalmak ve yine acı çekmektir. Bu yüzden dürüstçe cevap veririm: Evet, kalbiniz kırılacak ve işte tam da bu yüzden aşka dair öğrenmemiz gereken en önemli derslerden biri, acının bu sürecin bir parçası olduğunu kabul etmektir. Öte yandan, aşka dair en zorlu duygularda bile bir güzellik vardır.

Bezgin ya da alaycı bir tavır benimseyemezdim; bu asla benim tarzım olmadı. Romantizmi üstün tutmaya devam ettim ve dahası erkeklerle çalışmam sonucu, bu tavrıma daha zengin ve daha gerçekçi bakış açıları eklemiş oldum. Rami, gerçekten kötü olduğu sonucuna vardığım her defasında, bana erdemlilik konusundaki büyük yeteneğini gösterdi. Bu ikilem aklımı uzun bir süre meşgul etti, ta ki aslında pek karmaşık olmadığını, bunun insanın doğası olduğunu anlayana kadar. Bu farkındalık bende özgürlük hissi uyandırmış ve yargılamanın ötesinde bir noktaya varmama yardım etmişti. Onunla on kez ayrılmak zorunda kalmış olabilirim; ama bu süreçten geçmek, erkek hastalarımın gerçeklikleriyle iddialı yüzleşmemle benzerdi. Şefkatli ve anlayışlı olmak için, içimde büyüttükleri güvensizliklerin üstesinden gelmem gerekiyordu.

Oldukça uzun sürdü ve çok uğraştırdı ama bu erkekler bana sabırlı, cesur ve hoşgörülü olmayı öğretti. Bu erdemlerin herhangi birinin benim değerli romantik sevdalanmalarım kadar baş döndürücü ya da etkileyici olacağını hiç düşünmemiştim; ama bu erdemler, aşkın eğlenceli kısımlarının devam etmesini olanaklı kılan temelin yapı taşlarıydı. Erkeklerin aşkın doğası hakkında sordukları sorulara yanıt vermekte zorlanarak çıkmıştım yola ama her biriyle iletişimim boyunca, nihayetinde aşkı, hem hasta hem doktor için tedavi edici nitelikteki bir aşkı, tanımlayabilmiştik.

Not

Rami değerli bekâr hayatına ve seyahatlerine geri döndü. Fakat artık, gelişmekte olan ülkelerde yetimhaneler yaptırıyor.

Ben Los Angeles'ta kendi muayenehanemi açtım ve hayatıma saçma hayallerimin sunabileceğinden daha fazla macera katan bir adamla mutlu bir evlilik sürdürüyorum. Eşim Iowa'lı.

Teşekkürler
Brandy:

Bu kitabı yazma fikri, New York'tan gelişimi takip eden Noel'de, Los Angeles'tan çöldeki küçük bir kasabaya tek başıma giderken ortaya çıktı. Çıplak bir manzara her zaman zihnimi yatıştırır ve bu kitaba ilişkin fikirler zihnimde o kadar hızlı belirdi ki arabamı bir Walgreens'in park yerine çekip hemen taslağımı yazdım. Kaliforniya'daki ilk arkadaşlarım Sue Schrader ve Matt Johnston'a, yazdığım bu ilk taslağı okuduktan sonra devam edip kitabı yazmam konusunda beni yüreklendirdikleri için teşekkür etmek istiyorum. Söylemek zorunda olduklarım konusundaki inançları, bu yolda yürümemde büyük rol oynadı. Teşekkürler.

Ayrıca, ilişkimizin ayrıntılarının ortaya dökülmesini istemediği için adını burada değiştirdiğim Rami'ye de içten teşekkürlerimi iletmek istiyorum. Eklemek isterim ki bu kitap, tamamen benim bakış açımla yazıldı. Bununla beraber, Rami hakkındaki her bir hikâye için, her defasında onu arayıp onayını aldım. Tek söylediği şuydu: "Seni hâlâ sevdiğimi mutlaka yaz." Ben ise şöyle karşılık veriyordum: "Ciddiyim, bu kitap yayımlanacak!" Her zamanki gibi cömertti; kitabı ve kendi gerçeğimi anlatmamı desteklediğini söyledi. Ama sürekli, "Okurun, seni çok sevdiğimi bilmesini sağla" diye ekliyordu. İlişkimizin en can yakıcı yanlarını herkese anlatmış olmama rağmen umarım bu dileği gerçekleşmiştir.

David Rensin'e duyduğum minnettarlığı da dile getirmek istiyorum. İlk yazarlık deneyimimde saygın bir yazarla çalışmak gerçekten gurur vericiydi. Tanınmayan bir yazarla riskli bir projenin sorumluluğunu üzerine almıştı çünkü sık sık söylediğine göre, malzemeye güveniyordu. Bu seçimi yaptığı için ona derinden minnettarım. Cinsellik psikolojisine olan ilgisinden, bu kitapta bahsedilen hastalara sarsılmaz saygısından ve onların mücadelelerini insancıllaştırma yeteneğinden ötürü de ona teşekkür borçluyum. David, ilgili ve sabırlı bir rehberdi, bana yazma sanatını rahat rahat öğrenebileceğim bir ortam sağladı. Beni konuşturma konusunda olağanüstü bir yeteneğe sahip. Kişisel hikâyemi başkalarıyla paylaşmama konusunda inatçı biriyim aslında; ama David beni dürttü, mesleki kişiliğimin ardındaki kadının ortaya çıkmasına izin verene kadar bana dil döktü ve aklımı çelip ikna etti. Ve bu süreçte, endişelerimi, gerçeği anlatma konusundaki endişelerimi aşmaya çalışırken her adımda, daima yanımda durup bana destek oldu. Benim hastalarıma yaptığım gibi o da beni, gerçekçi ve dolayısıyla kırılgan olmam konusunda cesaretlendirdi.

Temsilcim Brian DeFiore'ye, iyi günde kötü günde bu kitaba dair tereddütsüz inancı için teşekkürler ve *Berkley Books*'tan Denise Silvestro'ya, bana şans tanıdığı için teşekkürler.

Teşekkür ederim Suzie Peterson, Amy Alkon ve Stephanie Willen, dikkatli okumalarınız ve düzeltmeleriniz için.

Creative Artists Agency'den Brian Pike: Kitaba olan yoğun ilgin ve bu malzemeden iyi bir televizyon dizisi çıkabileceği konusundaki özgün görüşün benim için çok değerli.

Bu projeyi destekleyen sevgili kız arkadaşlarıma teşekkürler: Suzy Coyle'a, bilgeliğin ve içgörün için. Karen Sandoval'a, savunmasızlığımın utanılacak değil, güzel bir şey olduğunu söylediği için. Amy Reichenbach'e, sürekli yaptığın esprilerin yanı sıra düşündürdüğün ve esin kaynağı olduğun için. Diğer arkadaşlarım, Beth ve Laura Reichenbach, Wendy McCarty, Mary Van Lent, Steve Smith, Robert Slusarenko, Jamie Cook-Tate'e, beni daima destekledikleri ve yüreklendirdikleri için.

Kitapta kendisinden bahsedilen ya da bahsedilmeyen tüm hastalarıma, yolculuklarının bir parçası olmama izin verdikleri için teşekkürler. Şahsi öğrenme sürecimde sizin katılımınız ilerlememe çok yardım edecek ve sonraki hastalarım sizin sayenizde emin ellerde olacak.

Annem Irene Dunn'a: Beni çok sevdin ve böylelikle benim sevme yetim, başkalarını tedavi etmede güçlü bir araç oldu. Robert Dunn, Brian Dunn ve Carla Spooner'a, kitaba fayda sağlayan esprili anlayışları için teşekkürler.

Son olarak, Francis Engler'a, eşime, sevgiler ve teşekkürler. Çöle yaptığım o yalnız araba yolculuğunda seninle seyahat etmeyi reddetmiştim; iki uzun yıl boyunca ayrı kalmamıza sebep olan ciddi bir karardı. Bu kitabı meşgul olmak ve seni özlemenin acısını dindirmek için yazmaya karar verdim. Bu kitabı yazma konusundaki kararım karşısında bana verdiğin sonsuz desteğin ve başarabileceğime dair sonsuz güvenin beni gururlandırdı ve etkiledi. Bu kitaptan aldığım dersler ve aşk konusunda şahsıma yöneltilen sorular, bütünüyle beni sana yönlendirdi.

David:

Brian DeFiore'ye çok teşekkürler. Bu olağandışı kitabı yaratma aşamasında, Brandy'yi ortaya çıkarma konusundaki heyecanıma en başından beri inanıp, bana kararlılıkla rehberlik etmesi, beraberinde başarıyı getirdi.

Manevi destekleri, dostlukları, neşeleri ve iki yıldır bu kitap hakkındaki tüm gevezeliklerimi dinledikleri -aralarından bazıları alkolden destek almak zorunda kalsa da!- için teşekkürler: Cynthia Price, Amy Alkon (farkında olduğundan fazlası için), Nancy Rommelmann, Lisa Kusel, Zorianna Kit, Sara Grace, Erika Schickel, Steve Randall, Jane Ayer, Joseph Mailander, Lisa Strum Sweetingham, Greg Crister, Eric Estrin, Bill Zehme, Denise Silvestro ve Berkley'deki mükemmel takımı,

Judd Klinger, Roman Genn, Joe Rensin, Jill Stewart, Jane Gary Peterson, George and Charlotte Clington, Gravtee, SA Jeniffer Lauire (her zaman), Steve Oney ve Francis Engler. Eğer unuttuğum birileri varsa kesinlikle istemeden ve büyük olasılıkla iyi uyuyamadığımdan olmuştur.

Bir iş arkadaşı olarak bana güvendiği için Dr. Brandy Engler'a minnettarım. Cesurca kendini gösterdi ve kendi özel yaşamını ve aşklarını bu kitaba farklı bir yön vermek için paylaştı. Çalışmamız gereken zamanlarda doyumsuz merakım ve daimi tutkum yüzünden cinsellik, aşk ve ilişkiler psikolojisi üzerine felsefi tartışmalarda kaybolup, konuyu saptırdığım zamanlarda bile beni hoş görüp, güler yüzüyle karşılık verdi. İtiraf ediyorum, benim düşündüğüm şeyler hakkında onun neler düşündüğünü duymak istiyordum ve onun uzmanlığını arsızca sömürdüm. Brandy bana önyargısız, sorgulayan ve sürekli tazelenen bir bakış açısı kazandırdı. Hepsi kitaba sindirildi; yani sanırım zaten hep çalışıyorduk.

Hepinize, Brandy'nin divanına oturmanızı öneririm.

Son olarak, her zamanki gibi eşim Suzie Peterson ve oğlum Emmett Rensin'e duyduğum aşk ve minnettarlığı dile getireceğim. Onların varlığı, benim bu dünyada sahip olduğum en değerli ödül. İnsanlar bana her şeyden söz edebilir ama siz benim için her şeyi ifade ediyorsunuz.